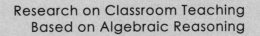

Research on Classroom Teaching
Based on Algebraic Reasoning

基于代数推理的课堂教学研究

姜杉 著

中国科学技术大学出版社

内 容 简 介

本书为北京市海淀区教育科学"十四五"规划课题及依托于北京教育学院的"协同创新学校计划"项目的研究成果。全书分两部分：第一部分梳理代数的主要内容和代数推理的相关理论。在梳理已有的国内外相关研究成果的基础上，提出代数推理概念以及与代数推理相关的概念界定、代数推理对学生数学学习的重要性、学生在代数推理中存在的困难、代数推理教学面临的现实困境。第二部分将数与代数内容分为符号语言、常量与变量、方程与不等式、模型与函数四章，以每章内容的重要性及对学生数学学习的意义作为每一章的前言，分别从课标分析、学业水平分析、学习困难分析、教学策略分析及教学案例等方面与阐述代数推理在课堂教学中的着力点与建议。本书旨在为一线教师提供关于代数推理的课堂教学研究的路径和方法。

图书在版编目(CIP)数据

基于代数推理的课堂教学研究 / 姜杉著. -- 合肥：中国科学技术大学出版社，2024.10. -- ISBN 978-7-312-06060-1

Ⅰ. G633.602

中国国家版本馆 CIP 数据核字第 2024M8L232 号

基于代数推理的课堂教学研究
JIYU DAISHU TUILI DE KETANG JIAOXUE YANJIU

出版	中国科学技术大学出版社
	安徽省合肥市金寨路 96 号,230026
	http://press.ustc.edu.cn
	http://zgkxjsdxcbs.tmall.com
印刷	安徽国文彩印有限公司
发行	中国科学技术大学出版社
开本	710 mm×1000 mm　1/16
印张	15
字数	285 千
版次	2024 年 10 月第 1 版
印次	2024 年 10 月第 1 次印刷
定价	60.00 元

序

在世界各国的中小学数学课程中,代数内容一直处于重要地位。代数是数学的重要基础,《义务教育数学课程标准(2011年版)》就曾指出要在代数内容中发展学生的推理能力。"数量之间的关系"和"代数推理"在数学中无处不在。让学生学会代数推理,对其未来的代数学习,乃至数学学习都有重要的影响。我们先通过一个例子说明代数推理的含义。

在小学数学课程中我们学习了自然数、分数和小数,并掌握了它们的加、减、乘、除运算以及一些重要的性质,包括:加法的结合律、交换律,乘法的结合律、交换律,以及乘法对加法的分配律,还掌握了数"0"的性质,0乘以任何数都为0。这些性质对数的运算是非常重要的。在数的拓展中这些性质是需要保持的。初中数学一个重要的任务是进行"数"的拓展,首先,依托大量具有相反意义的量引入负数,紧接着建立这些数的运算,"$1+(-1)$=?"依据负数的实际意义,$1+(-1)=0$ 是合理的,这个事实很像几何中的公理。我们可以依据前面的分析推出很多的结果。例如,$(-1)\times(-1)=1$。下面我们就来证明一下:

我们可以计算得出

$$(-1)\times(-1)+(-1)=(-1)\times[(-1)+1]=(-1)\times0=0$$

根据 $1+(-1)=0$,就证明了 $(-1)\times(-1)=1$。

这个推理过程就是典型的代数演绎推理。在实际教学中,依据学生实际情况老师也可以采用归纳方式,例如,5×4 表示 4 个 5 相加,显然,$(-5)\times4$ 就是 4 个 -5 相加,结果是 -20。这样就可以得到以下规律:

$(-1)\times5=-5$;
$(-1)\times4=-4$;
$(-1)\times3=-3$;
$(-1)\times2=-2$;
$(-1)\times1=-1$;
$(-1)\times0=0$;
$(-1)\times(-1)=?$;

上述一系列算式中,每一列比上一列值增加1,为了保持这个规律,故$(-1)\times(-1)=1$。这是一个典型的归纳推理案例。

《普通高中数学课程标准(2017年版)》中把逻辑推理定义为"从一些事实和命题出发,依据规则推出其他命题的素养",包括"以归纳、类比为形式的从特殊到一般的推理"和"以演绎为形式的从一般到特殊的推理"。这些要求的实质是在代数学习中要讲道理,讲道理就容易理解,讲道理会理解得深入一些。在"数与代数"中需要讲道理的地方比比皆是,自此,强调代数推理就显得特别重要。

初中内容中"数与代数"有两条主线:一条是"数、字母与运算",另一条是"量、关系与模型"。前者强调运算,从自然数到分数(小数),从非负分数到负数,从有理数到实数,从数到字母(代数式),层层递进,逐步深入,这些就是逻辑推理基础。"量、关系与模型"是从实际中的量到抽象的量(常量、变量),从常量到常量的等量关系、不等量关系,再到变量之间的函数关系,从而得到方程、不等式、函数模型,逻辑依然清晰。代数推理能力就是依照数与代数推进逻辑掌握数与代数的知识、方法、思想的基本能力。

姜杉老师依据学校实际情况,探索了代数推理的实施规律,具有很好的参考价值。希望不断深化,创造出更多好的经验。

王尚志

首都师范大学教授

前　言

《义务教育数学课程标准(2011年版)》指出:"无论是'数与代数''图形与几何'还是'统计与概率'的内容编排中,都要尽可能地为学生提供观察、操作、归纳、类比、猜测、证明的机会,发展学生的推理能力。"《义务教育数学课程标准(2022年版)》明确提出"了解代数推理"。代数推理的引入有益于鼓励学生超越具体运算和公式运用的基础上理解数学,同时引导一线教师在代数教学中关注的不仅仅是计算,还有学会思考、理解算理,并在具体的情境中理解方程、不等式、函数的意义,进一步拓展代数推理更广阔的发展空间。

代数推理是推理的一个分支,具有推理的特点,同时又有其独特性。在本书中,我们将代数推理界定为:在数与代数的学习中,通过推理这种解决问题的逻辑,将琐碎、零散的知识统一起来,形成新的方法论,即代数推理。在此定义下,代数推理可以看成一种方法论,为数与代数的学习提供了一种思维范式。根据给出的定义,代数推理作为一种方法论,实际上包含两个关键词:一个是"推理",一个是"数与代数"。

数与代数是数学知识体系的基础之一,也是学生认识数量关系、探索数学规律以及建立数学模型的基本工具。它可以帮助学生从数量的角度更准确清晰地认识、理解和表达现实世界。数与代数领域的学习,有助于学生形成抽象能力、推理能力和模型观念,发展几何直观和运算能力。代数推理能力包括发现数量关系、使用符号表示数量关系、论证结果的准确性等技能。如果按照学生进行代数推理的过程来排序,则代数推理能力包括一般化(归纳数学规律)、表征(运用符号表述)、论证(对推理的过程进行证明)。发展学生的代数推理能力,可以依据推理的过程有序进行。有序发展的起点,是知道代数推理的一般形式,其形式包括根据事实推断、依据规则推理等,教学中要呈现推理形式的完整闭环。有序发展的进阶,是积累代数推理的活动经验,包括:搭建有序思考阶梯,积累推断经验;体会不同语言转换,积累表述经验;熟悉单一知识推理,积累论证经验。有序发展的跨越,是体会代数推理的逻辑体系,其体系包括等式的基本性质、运算律等基本事实,运算、方程中存在的法则结构与法则关联。

代数作为一种语言体系,其在表现方式上,属于形式化的符号操作,因此需要较高的符号操作能力;在思维形式上,是一种基于规则的推理,需要建立起一整套形式化规则,这些规则包括运算法则、公式、限制条件、判定条件等,这些规则构成了代数的知识体系;从活动过程上,实质上是一种数学建模活动,即借助代数语言描述实际的情境,形成数学模型。代数的这些特点,使得代数推理教学面临困境,本书旨在为一线教师提供关于代数推理的课堂教学研究的路径和方法。

全书共分为两个部分:第一部分梳理代数的主要内容和代数推理的相关理论。在梳理已有的国内外相关研究成果的基础上,主要从理论角度,提出本研究中的代数推理概念以及与代数推理相关的概念界定、代数推理对学生数学学习的重要性、学生在代数推理中存在的困难、代数推理教学面临现实困境。第二部分将数与代数内容分为符号语言、常量与变量、方程与不等式、模型与函数四部分,每部分以内容的重要性及对学生数学学习的意义作为每一章的前言,分别从课标分析、学业水平分析、学习困难分析、教学策略分析及教学案例,分析与阐述代数推理在课堂教学的着力点与建议。

本书涉及的内容研究依托于北京教育学院"协同创新学校计划"项目,也是北京市海淀区教育科学"十四五"规划课题成果。参与本书编写的教师有邢玲、刘岑、陈琳、李佳、王秀丽、于珊、严鸥鸿、史中燕、贾彤彤、杨举(排名不分先后)。教学案例来自于北京市八一学校及北京市八一学校附属玉泉中学数学教师基于代数推理的课堂教学实践,每篇案例都对教学设计进行了详细分析与阐述说明。

本书撰写过程中得到首都师范大学王尚志教授、北京教育学院数学与科学教育学院副院长刘春艳教授、北京教育学院教师曹辰博士、南京信息工程大学付钰博士的悉心指导与帮助,本书的出版得到中国科学技术大学出版社的大力支持,在此一并表示深深的感谢!

由于作者水平有限,疏漏在所难免,不足之处诚恳希望数学教育界同仁批评指正。

姜 杉

2023 年 12 月

目 录

序 ··· (ⅰ)
前言 ··· (ⅲ)

第一部分　理论研究

第一章　代数是什么 ··· (1)
第一节　从数学史看代数的形成与发展 ······························· (1)
第二节　从数学教育领域看代数的主要内容 ··························· (2)

第二章　代数推理 ··· (6)
第一节　代数推理概念 ··· (6)
第二节　代数推理对学生数学学习的重要性 ··························· (9)
第三节　学生在代数推理中存在的困难 ······························· (10)
第四节　代数推理教学面临现实困境 ································· (14)

第三章　与代数推理相关的概念界定 ································· (18)
第一节　代数思维 ··· (18)
第二节　关系推理 ··· (20)
第三节　归纳推理 ··· (21)

第四章　代数推理的相关研究 ······································· (23)
第一节　国内相关研究 ··· (23)
第二节　国外相关研究 ··· (25)

第二部分　教学实践

第五章　符号语言 ··· (28)
引言　"符号语言"的重要性及对学生数学学习的意义 ··················· (28)
第一节　"符号语言"课标分析 ······································· (30)
第二节　"符号语言"学业水平分析 ··································· (35)

第三节 "符号语言"学习困难分析 ……………………………（40）
　　第四节 "符号语言"教学策略分析 ……………………………（42）
　　第五节 "符号语言"教学案例 …………………………………（44）

第六章　常量与变量 ……………………………………………（63）
　　引言　"常量与变量"的重要性及对数学学习的意义 …………（63）
　　第一节 "常量与变量"课标分析 ………………………………（64）
　　第二节 "常量与变量"学业水平分析 …………………………（70）
　　第三节 "常量与变量"学习困难分析 …………………………（77）
　　第四节 "常量与变量"教学策略分析 …………………………（78）
　　第五节 "常量与变量"教学案例 ………………………………（81）

第七章　方程与不等式 …………………………………………（105）
　　引言　"方程与不等式"的重要性及对学生数学学习的意义 …（105）
　　第一节 "方程与不等式"课标分析 ……………………………（107）
　　第二节 "方程与不等式"学业水平分析 ………………………（110）
　　第三节 "方程与不等式"学习困难分析 ………………………（117）
　　第四节 "方程与不等式"教学策略分析 ………………………（121）
　　第五节 "方程与不等式"教学案例 ……………………………（126）

第八章　模型与函数 ……………………………………………（160）
　　引言　"模型与函数"的重要性及对学生数学学习的意义 ……（160）
　　第一节 "模型与函数"课标分析 ………………………………（162）
　　第二节 "模型与函数"学业水平分析 …………………………（164）
　　第三节 "模型与函数"学习困难分析 …………………………（165）
　　第四节 "模型与函数"教学策略分析 …………………………（167）
　　第五节 "模型与函数"教学案例 ………………………………（169）

参考文献 …………………………………………………………（229）

第一部分 理论研究

第一章 代数是什么

第一节 从数学史看代数的形成与发展

从数学史上看,关于"代数是什么"以及"代数的基本问题是什么"这两个问题的观点经历了几次变迁。

在埃及的草纸书、中国的纸书和美索不达米亚的泥板文书中,已经有了非常类似的问题(方程)以及代数解法。但是当时还没有符号语言,是以文字来描述的,这个代数的早期阶段被约翰·塔巴克称为言辞代数。例如,四千年前的美索不达米亚的数学家们已经试图解决这样的问题:"已知矩形的面积和周长,求它的边长。"由此可以发现,尽管是早期代数,但是已经有了抽象的趋势。

自公元 3 世纪到 16 世纪,由丢番图(Diophantus)开始了由缩写、文字以及符号混合而成的简写代数(syncopated algebra)阶段。当时,人们所关心的仍是特定的数(方程中的未知数),符号表示的是具体量而不是一般的量。但是在这个阶段代数的抽象水平得到了极大的提高,方程已经凭着自身的优势开始作为一种值得研究的对象显示出来。

在 16 世纪后期,韦达引进了字母表示法,当时人们把代数看成关于字母的计算、由字母组成的公式的变换以及关于求解代数方程等的科学,寻找一般方程的解的系数表达公式成为一个主要的问题,由此进入到符号代数阶段。

在 18 世纪末到 19 世纪初,代数学的中心问题之一即代数方程的结构性质问题(方程的根与系数的关系、n 次多项式的线性分解的存在且唯一性),渐渐被人们认为是中心问题,人们把代数理解为研究方程理论的科学,代数基本定理的证明使方程理论发展到顶点。

到了 19 世纪上半叶,英国数学家提出了有关代数的认识论问题。一部分人认为代数是算术的推广,代数的意义来源于它的算术基础。在处理量和运算的过程中,算术的量的性质被推广为一般、抽象的性质。另一部分人认为,代数不是算术的一般化,代数是一个纯符号体系,它可以按照任意规定的法则,在系统中处理任意的符号及其关系。

到 19 世纪后半叶,代数学又被理解为研究各种代数结构的科学,也就是所谓公理化的或抽象的代数,群、环、域成为重要的研究对象。

第二节 从数学教育领域看代数的主要内容

美国数学教师协会(NCTM)提出的《学校数学的标准和原则》确定了学校代数的四个主题:函数与关系,模型建立,结构以及语言和表征。

美国数学教师协会在 2005 年提出了以下十个代数核心思想:数,运算方法和关系,性质,比例,等价,比较,变量,模式,关系和函数,方程和不等式。它们被界定为代数学习的核心概念,将对多种代数形式的理解整合为互相关联的整体。

在全美数学专家组报告(NMPA)中,列出了学生在中学毕业之前应该学习的代数主要内容为:符号和表达式,线性方程,二次方程,函数和多项式代数。其中,符号和表达式中的主要内容包括:多项式,有理式,算术级数和有限几何级数;线性方程中的主要内容包括:数轴上的实数点,线性方程及其图像,用线性方程解决问题,线性不等式及其图像,线性方程组的作图和求解;二次方程中的主要内容包括:整数系数二次多项式及其图像,二次多项式的配方,二次方程的求根公式和一般二次多项式的因式分解,以及使用求根公式解二次方程;函数方面的主要内容包括:线性函数,二次函数及二次函数的应用题,二次函数的图像及配方,简单非线性函数(平方根和立方根函数,绝对值函数,有理函数,分段函数),有理指数,根式,指数函数,对数函数,三角函数,简单的数学模型拟合;多项式代数的主要内容包括:多项式的根及因式分解,复数及其运算,代数基本定理,二项式系数(帕斯卡三角形),数学归纳法和二项式定理。

尤西斯金(Usiskin)将学校中的代数观念概括为如下四个观点:① 代数是算术的一般化。这种观点认为变量是模式的一般化产物,例如 $2+8=8+2$ ——

般化为 $a+b=b+a$。② 代数是解决某些类型问题过程的研究。这种观点认为变量是一个未知数或常量,例如求解方程。③ 代数是数量之间关系的研究。这种观点认为代数是研究变量之间的关系。④ 代数是结构的研究。这种观点认为代数是对实数和多项式运算结构的研究,例如,分解因式:$3x^2+4ax-132a^2=(3x+22a)(x-6a)$。

我国《义务教育数学课程标准(2022年版)》提出,"数与代数"是数学知识体系的基础之一,也是学生认识数量关系、探索数学规律以及建立数学模型的基本工具。它可以帮助学生从数量的角度,更准确、更清晰地认识、理解和表达现实世界。"数与代数"领域的学习,有助于学生形成抽象能力、推理能力和模型观念,发展几何直观和运算能力。

与小学阶段"数与代数"领域分为"数与运算""数量关系"不同,初中阶段"数与代数"领域包括"数与式""方程与不等式"和"函数"三个主题(如表1.1所示),是学生通过符号运算、形式推理来理解表达现实世界中事物的本质、关系和规律的重要载体。在小学阶段学生已经学习了正有理数及其四则运算、字母表示数、数量关系以及规律的基础上,初中阶段在相关知识的深度和广度方面有所增加,学生将认识负数、无理数,学习负数、无理数的四则运算,还将学习代数式、方程、不等式、函数等相关内容。

表 1.1 数与代数内容领域在各学段包含的主题

领 域	学 段			
	第一学段 (一至二年级)	第二学段 (三至四年级)	第三学段 (五至六年级)	第四学段 (七至九年级)
数与代数	1. 数与运算 2. 数量关系	1. 数与运算 2. 数量关系	1. 数与运算 2. 数量关系	1. 数与式 2. 方程与不等式 3. 函数

"数与式"是代数的基本语言,初中阶段关注用字母表示代数式以及代数式的运算,字母可以像数一样进行运算和推理,通过字母运算和推理得到的结论具有一般性;"方程与不等式"揭示了数学中最基本的数量关系(即相等关系和不等关系),是一类应用广泛的数学工具;"函数"主要研究变量之间的关系,探索事物变化的规律,可以用函数认识方程和不等式。

概括来说,从学习内容角度,"数与代数"最核心的内容包含符号、运算、关系和模型。其中符号包括数、字母和代数式,运算包括数、代数式及其四则运算、乘方、开方运算,关系包括相等关系、不等关系和函数关系,模型包括方程和方程组、不等式和不等式组、函数。从运算的角度,初中"数与代数"的运算具体包括运算法则、运算律和运算过程;运算内容有数、式的运算,分解因式,解方程与方程组,解不等式与不等式组。

《普通高中数学课程标准(2017年版2020年修订)》在"内容主题一"中提到以义务教育阶段数学课程内容为载体,结合集合、常用逻辑用语、相等关系与不等关系、从函数观点看一元一次方程和一元二次不等式等内容的学习,为高中数学课程做好学习心理、学习方式和知识技能等方面的准备,帮助学生完成初高中数学学习的过渡。内容包括:集合、常用逻辑用语、相等关系与不等关系、从函数观点看一元二次方程和一元二次不等式。"内容主题二"中提出函数是最基本的概念,是描述客观世界中变量关系和规律的最为基本的数学语言和工具,在解决实际问题中发挥重要作用。函数是贯穿高中数学课程的主线。内容包括:函数概念与性质,幂函数、指数函数、对数函数,三角函数,函数应用。"内容主题三"中指出几何与代数是高中数学课程的主线之一。在必修课程与选择性必修课程中,突出几何直观与代数运算之间的融合,即通过形与数的结合,感悟数学知识之间的关联,加强对数学整体性的理解。内容包括:平面向量及其应用、复数、立体几何初步。

实际上,作为教育内容的代数,不论是哪个国家的代数课程中,都会含有以下几个核心的代数概念。

一、符号语言

没有符号语言,就不可能有现代的代数。符号可以表达数、数量关系和变化规律,使用符号表达可以进行一般性地运算和推理,因此符号语言的学习是代数式学习的一个重要目标。符号语言的学习包含几个方面,一是用符号去表达数学的意义与结构;另一方面是解释符号所表达的数学意义和结构;三是对符号进行演算变换(代数式、方程和不等式的恒等变形、化简);四是运用符号进行思维,从而发现新的数学意义和结构,如由 $(x-a)(x-b) = x^2 - (a+b)x + ab$ 发现根与系数的关系。

符号语言学习中的一个直接的困难在于,被赋予特定意义的符号并不是单一意义,这在代数学中非常的普遍,这往往给学生学习造成极大的混乱。例如"−"既可以是符号,也可以是运算符表示"减法";字母 e 可以表示未知的特定的常量,也可以表示变量,还可以表示特定的自然对数的底;求根公式中的 a, b, c 在一元二次方程中分别表示二次项系数、一次项系数和常数项,但是在具体问题中,它们也可能出现在其他位置,如 $x^2 - ax + b = 0$。

二、常量与变量

尤西斯金认为在中小学数学中,变量主要有三种用法:① 作为特别的未知数,这常在方程中使用,例如先是表示为 $8 + \square = 12$,随后再运用规范的写法:如

果 $3x+2=4x-1$,求解 x;② 作为普遍的规则,用来说明所有数字都适用,如 $a\times b=b\times a$;③ 作为一组相关变量中的一个量。变量的相关性表现为一个变量的改变,会导致另一个变量的改变。例如函数关系中的变量。当然,公式也是一个相关变量的例子,如圆的周长公式。

三、方程与不等式

从数学史来看,方程的产生是为了解决日常生活中的问题。从埃及的草纸书、中国的纸书和美索不达米亚的泥板文书中所记载的数学来看,尽管他们还不懂得使用未知数列出方程,但已经知道使用假设法来推出答案,这里实际上已经蕴含着方程的思想。早期的代数学就是围绕着方程的研究而得到发展的。方程理论发展的过程中,伴随着代数符号系统的建立,到17世纪,方程理论与代数符号系统已基本成熟。以至于法国的数学家笛卡儿(Déscartes)曾认为:"一切问题都可以转化为数学问题,一切数学问题都可以转化为代数问题,一切代数问题都可以转化为方程,于是,一切问题都将迎刃而解。"可见,方程在当时数学中的重要地位和价值。

方程的学习涉及以下几个难点:一是对等号"＝"的理解,需要从算术思维中的单方向的"输出结果"符号意义过渡到代数思维中的双向的"相等关系"符号意义,建立方程的前提是建立等价表达式,即对情境中的量进行分析并借由已知量和所设未知量从不同角度去表达那些还未得以表达出的量;二是对"未知数"概念的理解,需要由算术思维中的"空盒""空位"的认识过渡到代数思维中的与已知数一样可以进行运算操作的对象;三是对"方程"概念的理解,需要从"程序化观点"(从等号一端向另一端反拆)过渡到"结构化观点"(当成一个整体对象进行操作)。

不等式的运算性质和等式的运算性质既有相同的部分也有不同的部分,这经常成为学生学习的困难。

四、模式与函数

模式反映的是对象之间隐藏的某种规律和关系,这些对象可以是图形,也可以是数字,或是抽象的关系,甚至是思维方式。对于中小学来说,最重要的模式就是函数。尽管函数内容的正式出现是在初中的高年级阶段,但是函数思维却是萌芽于小学低年级阶段的一些数学内容之中,例如一列数或图形中的数量变化模式的问题。实际上,小学阶段的很多内容中都存在着函数思维的萌芽,小学阶段学习的一些内容会成为正式学习函数概念时重要的经验性素材。

第二章 代数推理

随着社会的发展、科学的进步、人工智能的普及,数学推理能力不仅仅是数学这一门学科中独有的能力,其在我们的日常生活和工作中也发挥着重要的作用。因此,我们每个人都要具备一定的数学推理能力。数学推理不仅存在于图形和几何知识中,也存在于数与代数中,实际上,在概率与统计中也存在着数学推理,可见代数推理是数学推理中的一种。因此不论学生以后是否从事数学相关工作,培养学生的代数推理能力,对其都是必要和必需的。《义务教育数学课程标准(2011年版)》指出要在代数中发展学生的代数推理能力。《义务教育数学课程标准(2022年版)》明确提出"增加代数推理"。由此可见,在教学中关注代数推理是与时俱进的,也是中学教师不得不考量的。

第一节 代数推理概念

推理,逻辑学指思维的基本形式之一,是由一个或几个已知的判断(前提)推出新判断(结论)的过程。新课标指出:"推理能力主要是指从一些事实和命题出发,依据规则推出其他命题或结论的能力"。由此可知:推理主要是指从一些已知的事实和命题出发,依据规则推出其他命题或结论。其中,已知的事实和命题是推理所基于的前提命题,根据已知的判断推出的新命题是推理得到的结论命题。这里需要强调的是,推理是否正确,不是依据结论命题的正确与否进行判断的,而是取决于根据已知的前提,推理过程是否合乎逻辑。因此,虽然结论命题可能违背事实,但是推理是正确的;结论命题可能是正确的,但是推理却是错误的。例如:由"天气晴朗,一定不会下雨"这个前提命题,得到"天气没有下雨,那么天气一定晴朗"这个结论命题,就是一个错误推理。因此,推理也叫作逻辑推理。波利亚的《数学与猜想》中认为,数学有论证推理和合情推理两种形式,论证推理肯定数学知识,合情推理为猜想提供依据。《普通高中数学课程标准(2003年版)》中指出,推理一般包括合情推理和演绎推理。合情推理常用的思维方法是归纳、类比;演绎推理是按照严格的逻辑法则得到新结论的推理。而《普通高中数学课程标准（2017年版）》中将逻辑推理定义为："从一些事实和命题出发，依据规则推出其他命题的素养"，包括"以归纳、类比为形式的从特殊到一般的推理"和"以演绎为形式的从一般到特殊的推理"。

代数推理是推理的一个分支，具有推理的特点，同时又有其独特性。对于代数推理的涵义，新课标中没有给出明确的解释，只是强调了"在数与代数领域也有推理或证明的内容"，也没有权威对代数推理作出一个明确的定义。聂艳军提到，代数推理是以符号（数）运算为表征的逻辑推理形式，是逻辑推理在数与代数中的具体运演。杨张彩认为代数推理就是通过归纳类比得到结论，侧重于对数与式的分析和变形。在引用国外文献的基础上，张景中院士指出：代数推理是对常数以及变化的未知量进行的定量推理，而"定量推理可被看成是对一个情境中确定的量或者未知量进行的心理操作，其目的是创建新的量以及构建各个量之间的关系"。谢春艳认为，探讨代数推理离不开代数思维，在此前提下，代数推理可定义为解决代数问题的一种推理，即人们在代数观念系统作用下，能由若干数学条件，结合一定的数学知识、方法，按照某些规定的法则，寻求某些数学或现实的问题情境的模式，推断某一数学对象的关系或结构的思维操作过程。黄秀旺等人根据新课标关于代数推理的说明给出代数推理的定义：从一定的条件出发，依据代数定义、代数公式、运算法则、运算律、等式的性质、不等式的性质等，得到具体数和代数式结构、数量上的相等关系和不等关系等。同时把代数推理分为运算推理和命题推理，并强调运算推理主要是从已知的数或式出发，依据运算法则和运算律，形成运算过程，获得运算结果的推理，是一种演绎推理；命题推理是指从若干代数命题（主要是假设的、运算带来的或现实事物的属性中蕴含的数量关系）出发，依据规则推出新的代数命题的推理，它包括归纳推理、类比推理和演绎推理。钱德春在《关于初中代数推理的理解与教学思考》中明确指出，代数推理是数学推理的一种类型，是从数学条件出发，利用代数定义、代数公式、代数运算法则得到结论的一种数学转化过程。曹一鸣等将代数思维教学分成发展数学思维工具和学习基本代数思想两部分内容，其中数学思维工具包涵问题解决技能、表征技能、推理技能三个范畴。推理能力是学习数学的基础，推理往往包括考察特定的案例的归纳推理和类比推理，以及侧重考察问题结构的演绎推理。逻辑的数学问题解决通常要准确地掌握和利用这些形式的推理。王彦蓉将代数推理定义为从已知条件出发，利用代数定义、代数公式、代数运算法则得到结论的推理形式，是代数思维的一个重要组成部分。

由此可见，多数学者都将推理与"数与代数"这个模块的知识、方法等相关理论结合起来得到了代数推理的概念。同几何推理相比，几何推理更多的是对图与几何的证明推理，是比较直观和自然的，因此不论是从教师角度还是学生角度,关注得比较多的是几何推理。事实上,虽然代数推理的提出比几何推理晚,但是代数推理一直同数与代数如影随形,只不过在数与代数的学习中,我们比较忽略推理二字,更加注重的是知识的学习。随着核心素养的提出,不再提倡死记硬背知识,而是更加注重其灵活性以及对数学思维的培养,更加注重学生的身心健康发展。基于以上分析,在本研究中,我们将代数推理界定为:在数与代数的学习中,通过推理这种解决问题的逻辑将琐碎、零散的知识统一起来,形成新的方法论,即代数推理。在此定义下,代数推理可以看成一种方法论,为数与代数的学习提供了一种思维范式。

根据给出的定义,代数推理作为一种方法论,实际上包含两个关键词,一个是"推理",一个是"数与代数",下面从关键词的角度进一步对代数推理作出解释。

首先,对"推理"进行解释。范德瓦尔(van der Walle)将逻辑规则、符号表征、变量及方程式和不等式作为代数中的核心概念,实际上逻辑规则是推理的前提。因此推理是基于逻辑规则进行的,而不是随心所欲的。基兰(Kieran)认为:① 代数是算术的一般化。算术主要进行的是数值运算,将数值运算推广到符号运算后,发生的本质变化是:从实施程序变成了对象操作。这时,除了要考虑对象本身的结构、特点和限制外,还得处理不同对象之间的关系。因此,代数符号运算的核心成分是推理。② 代数是一种言语的、图形的、符号的表征系统。这意味着代数具有强大的表征能力,这为代数推理构建了坚实的基础。③ 代数是一个规则的集合。代数中充满了各类形式规则:从等式的基本性质,到线性方程组的克拉默(Cramer)法则,再到群、环、域的公理系统,这些规则构成了代数推理的基础。如果说合情推理可以借鉴以往的经验,几何推理可以借助直观,那么代数推理则只能依据代数的规则。[19]

其次,对"数与代数"进行解释。曹一鸣指出基本代数思想包括:① 代数作为抽象的算术:概念上以计算策略为主,以比率和性质为辅。② 代数作为数学语言所包含的内容有:变量和含义、变化表达;解决的含义;理解和使用数字体系的性质;用代数的习惯读、写,熟练地操作数字和符号;用等价的符号表示处理公式、表达式、方程、不等式。③ 代数作为数学方程和数学建模的工具:在真实世界的情境中,探索、表达、概括形式和规则;用方程、表格、曲线图或词语表达数学思想;输入、输出;坐标图像的技术。由此可以看出数与代数内容的丰富。从学校数学教育的不同学段来看,曹一鸣指出:基本代数思想的第一部分将代数作为概括和抽象的算术,在小学高年级、初中阶段更具代表性和研究价值,主要涉及字母表示数、代数式等。在高中阶段,对学生的学习和教师的教学来说,后两个部分则更有研究价值。代数作为数学语言,它包括的核心思想有等价、比较、变量。

第二节 代数推理对学生数学学习的重要性

"数学是一门抽象性的逻辑推理学科,包括对现实世界的空间形式、数量关系、变化规律进行一定程度的抽象,还包括对概念和符号的推理"。代数推理作为数学学习的一种方法,对学生学习数学具有重要的作用。根据我们给出的代数推理定义,代数推理作为一种方法论,从学习知识层面来说,不仅是能够帮助学生解决某一个题、某一类题,而是对于几乎所有题来说,其都是可行的解题方法。从学习阶段来说,代数推理不仅仅限于义务教育阶段以及高中学习,对学生大学时期甚至研究生时期的学习,都是一种不可不考虑的方法。由此可知,代数推理对学生学习数学至关重要。但我们的研究主要聚焦于中学,因此下面主要是针对中学时期的学习而言的。

在调研中发现,许多教师在长期的教学生涯中都有一种体验:不少在小学阶段学习较为优秀的学生,进入初中以后却出现了学习茫然、困难的现象,知识、能力、心态的缺漏凸显无遗。相当一部分小学毕业生升入中学后对数学学习感到很不适应,有的要经过半学期乃至一学期的时间才能逐步适应中学的学习。相当一部分学生逐渐淡化了对学习的兴趣,有的学生甚至产生厌学情绪,形成了中小学教学上的一个"断层"。对于初中生向高中生转变的过程,也存在这样的问题。相比于初中,高中数学知识难度加剧,知识量增多,抽象性更加突出,很多高一学生在最开始的学习中存在困难,导致最后高二、高三的学习也差强人意。因此,如何降低甚至避免这种现象的发生,是值得我们高度重视和认真研究的课题。代数推理作为一种方法论,在解决数学问题中能够有效地帮助学生达到举一反三、触类旁通的效果,从而帮助学生完美的实现学段过渡,在解决问题的同时,获得成就感,激发学习数学的兴趣。另一方面,代数推理在整个数学的学习中,都发挥着不可替代的作用,能够帮助学生有条理、有方法地分析试题,高效率地促进学生对知识的掌握。然而代数推理这种方法论并不是一蹴而就的,需要不断进行培养,循序渐进练习才可以逐渐内化于心、外化于行。

随着"双减"政策的落地,学生学习不再提倡题海战术,更多的是注重学生核心素养的培养。这就要求教师在教学过程中,要注重学生的身心发展规律,使得学生对于知识的学习与掌握更加灵活,在以后的学习、生活与工作中能够将所学进行灵活的应用。所谓"授之以鱼,不如授之以渔",因此学生对于数学学习中方法论的掌握显得尤为重要。代数推理作为一种重要的方法论,对学生数学的学习发挥着不可替代的作用。为了更好实现教学内容上代数推理能力的培养,教师需要通过不断磨课,调整、改进教学内容等方式完成一个个课例的展示,帮助学生提高代数推理能力,通过在课堂教学中不断渗透研究问题的思路与方法逐渐提升学生代数推理能力。

代数的概念往往具有双重属性,代数概念既是"过程"也是"对象",过程突出其"程序性"属性,对象突出其作为一个整体的"结构性"属性。由过程向对象过渡,这在代数学习中占有极其重要的地位。在小学阶段,分数是一个典型的双重属性代数概念,$\frac{2}{3}$既表示2除以3的运算过程,也表示2除以3所得的结果这一对象。$\frac{2}{3}$作为一个整体的对象,表现出其自身结构所具有的性质(分子和分母扩大相同的倍数结果不变)。要想看穿形式符号背后的代数结构,关键是能够将"过程"凝聚(心理学上称为内化和压缩)为"对象"。但是,正如郑毓信所指出的,实际的数学活动又并非唯一的由"过程"向"对象"转化组成的,这也就是说,相应的数学学习不应被看成是单向的运动,毋宁说,这两者事实上构成了同一个数学概念心理表征的不同侧面,而这正是数学学习的一个重要特征,即我们应当善于依据不同情景在这两者之间作出必要的转换,包括由"过程"转向"对象",以及由"对象"重新回到"过程"。例如,当我们考察分数$\frac{4}{6}$这一对象的结构属性时,我们需要回到分数的过程属性,即分数所表达的程序性意义,也就是"2除以3"和"4除以6",或者是"单位1等分成3份后的其中的2份"和"单位1等分成6份后其中的4份"。

此外,如下的问题场景有助于学生对"过程"和"对象"是同一表征的两个侧面进行理解。考察对象6可以由2+4得到,也可以由2×3得到,还可以由9-3得到,那么2+4,2×3和9-3是怎样的关系?对象6和这些算式的关系突出了算式的过程性属性,而算式之间的关系突出了算式的对象性属性。

通过以上分析可以发现,代数的双重属性即"过程"与"对象"属性是代数推理的基石,而代数推理将代数的双重属性进行了深化,可以帮助学生更加深刻地理解代数的双重属性,从而更能够抓住数学学习的本质,对数学知识的理解上升到一定高度,达到灵活应用的效果。可见,代数推理不仅是学生解决数学问题的方法,也是深化代数知识的一种途径。

第三节 学生在代数推理中存在的困难

在代数学习中,学生由"程序性观点"向"结构性观点"的转变往往是在不自觉的状态下实现的。例如,用字母表示数,往往是与算术密切关联,按着算术运算的规则处理用字母表示的数和具体的数就形成了代数式,在这个意义上,代数式在最初往往被看成是对所实施运算的一般化表达,一旦赋予字母一个确定的数值,就可以计算出一个确定的结果。此时,对代数式的认识就是"程序性观点"。然而当我们直接面对这些代数式之间的关系时,需要把它当作一个整体的对象,两个代数式间的"运算"可否实现(形式上等价变换)则取决于代数式的结构性特征(字母构成、次数等)。也就是说,对两个代数式要实施运算的这一需求推动学生对代数式的看法从"程序性观点"转变到"结构性观点",但是学生自己对这种观点的变化是隐性的未觉察状态。也正因为这是一种不自觉的行为,造成了学生的代数推理困难。

这里以一个小学应用题案例来阐述学生在代数推理中存在的困难,如图2.1和图2.2所示。应用题是目前小学教学的一个内容,同时因为其在小升初的选拔性测试中是一类重要的题型,因此,应用题在小学的高年级阶段普遍受到重视。如果我们从关注算术法解应用题的结果正确性上挣脱出来,而去关注学生解应用题的思维过程,就会发现其中蕴含着代数推理的成分,只不过这在学生思维中是隐性存在,并未得到学生主体认知上的关注而已。

图 2.1　学生作答样例　　　　图 2.2　学生作答样例

观察上面两位学生的解题过程,表面上,前者是列方程求解,而且涉及了合并同类项运算,使用了代数方法,后者是算术解法,但是从书面表达来分析两位学生的思维过程,实际上没有什么实质上的不同,唯一的不同是对解题过程的表达形式。两者都是在对文字叙述问题中的量的关系进行了分析,并用图示将其可视化;而后是在此数量关系的认识基础上,依据逆运算的意义,由已知的数据260和3来构建枣树棵数的计算途径。前者的合并同类项的操作(小学阶段是没有这一概念的)是基于一种朴素的理解,即在具体情境下对3棵枣树的量和1棵枣树的量的算术加法,而真正代数思维中的合并同类项是脱离具体情境的形式化操作,但是这种具体情境下的操作显然为今后代数推理中的形式化操作积累了具体经验。

那么,上述应用题中代数推理体现在哪里呢?那就是对去背景化的抽象量的关系进行处理,即将代数中根据抽象量的关系(已知命题)依据一定的逻辑,得到结论(结论命题)。即有两个量 a,b,围绕这两个量 a,b 有如下关系:和关系"$a+b=260$",倍数关系"$a=3b$"。当我们把其中一个量 b 表达出来后,就可以得到一个由该量和已知各量借助运算建立起的等量关系式。这个等量关系式一旦建立起来,就可以脱离这个具体的果树背景,按照形式化规则从形式化操作上(推理过程)求得该量。由此可见,在由"程序性观点"向"结构性观点"转变这个过程中体现为得出形式化的和倍关系"$x+y=m$""$x=ky$"(其中 m,k 是已知量),有了解决这个和倍关系的方法(代数推理方法论),也就解决了任意背景下的有关两个量的和倍问题。

显然,小学生很难做到去背景化对问题进行抽象,更多是通过具体的数来解决当下的某一个问题,这达不到培养学生代数推理能力的目的。实际上,不仅仅是小学生,对于初高中学生来说,也存在这样的困难。根据以上分析,可以发现学生在代数推理中存在以下困难:

一、在从文字描述中提取信息建立关系环节存在障碍

学生对以上问题中的每一句话,换成自己的语言逐一进行表达,要求是越简洁、越清楚就越好。这就要求学生能够深刻的理解题意,并且顺利地转化为数学符号语言,例如:学生对第一句话"某农庄有梨树和枣树共 260 棵"的表达形式为:"梨树 + 枣树 = 260";对第二句话"梨树的棵数是枣树的 3 倍"的表达形式为:"梨树 = 3 × 枣树"等。接着将具体的关系抽象为更具有统一性的直观表达"$x+y=m$","$x=ky$"(其中 m,k 是已知量)。在上述的应用题求解过程中,突出对"关系"的抽象与表达,也能让学生初步体验到把握住一般关系的价值和意义,从而逐步突破在代数推理过程中遇到的阻碍。

二、根据抽象出来的数量(变量)关系确定求解方法(代数推理过程)存在困难

从形式上看,代数推理是一种基于形式规则的符号操作。代数的符号语言要求学生要以一种新的方式来看待符号表达式,能够借助具体的符号实现抽象的思维活动。符号意识的建立需要学生懂得符号在代数中的功能和意义,不仅要知道符号可以表示数学的对象和模型,也要明白符号所表达的对象不仅表示一般化的程序,也具有特定的结构上的意义。在此处,突出"正确的符号意识"是想突出如下一点,正因为符号具有一般性的意义,因此对符号的使用和阅读理解时,就要特别关注符号使用的条件或者其所隐含的范围,很多学生在初步适应了符号表达的形式之后,非常容易忽视符号所表达的范围或者其使用的条件。例如根号符号、分数线符号、对数符号等,此外还有表达式中的字母所表达

的变量的取值范围。

基于以上分析,将具体的数量关系抽象为更具有概括性的数量或者变量关系后,如何根据抽象出来的数量(变量)关系确定求解方法(代数推理过程)存在困难。对于学生来说,同时关注多个待求的未知量,显然不如关注单一待求未知量简单,因此,将复杂的多量问题转化为单量问题,有助于学生解决问题,但是这个过程也不是轻而易举就可得出的。一方面,对于学生学习而言,看到一个字母符号,它代表的是常量还是变量呢?这其实很难说!因为,在数学的思维中,把一个字母表示的量看作常量还是变量,需要视其所处的情境。例如,$x+y=1$ 中的 x,y,如果单从 $x+y=1$ 表达的形式关系来看,就是具有不确定性的变量,如果放在 $\begin{cases} x+y=1 \\ x=2y \end{cases}$ 中来看,x,y 就是待求的具有确定性的常量。另一方面,对于已知的数量关系,如何根据已有的规则(比如运算律、性质及约定俗成的规定等)通过逻辑推理(代数推理)得出需要求解的结论呢?这对学生来说是存在一定困难的。

三、在数学符号化语言的理解方面不到位

代数作为数学语言来讲,数学符号化表达的意义构建是非常重要且基础的。但是,正如前面分析学生在代数推理中面临的困难所提及的,对于符号表达的数学形式化对象,对于其中的字母的意义理解往往是一个难点,学生经常会误认为公式中的字母仅表示某些未知的数,而不知它可以代表其他代数式!这不仅仅存在于小学阶段中,对于初高中学生依然存在这样问题。例如,在均值不等式的研究课上,学生无论如何都不能把题目中的 $\frac{a}{b}+\frac{b}{a} \geqslant 2$ 和均值不等式 $a+b \geqslant 2\sqrt{ab}$ 建立联系,认识不到 $\frac{a}{b}, \frac{b}{a}$ 就是公式中的 a,b。在函数的学习中,学生在面对符号语言"由 $f(x+1)=f(x)+1, f(0)=0$,求 $f(3)$",或者是"由 $f(x+1)=x^2+x$,求 $f(x)=?$"等问题中,会产生一定的困难。在数列的学习中,对数列 $1,2,4,7,11,\cdots$ 的规律进行描述,不能很好地使用符号 a_n 来描述。学生对于符号化语言理解不到位,导致学生不能合理地进行代数推理。

四、代数思维习惯的欠缺

黄荣金等人认为代数思维习惯包括:① 寻找代数表征。特别当面对一个表面上不必要用数学的问题或情境。② 分解代数式的习惯。理解代数式及其结构,它由运算优先级所决定;学会通过一个子结构作为一个整体来对待,来寻找符号表征中的结构。③ 不用具体计算预期运算的结果。例如,不必展开,可以预测 $(x+1)^5$ 展开式中的 x^4 的系数。④ 建立不同表征之间的联系,在不同表

征中灵活转化,或同一表征的不同形式。⑤ 当一个变量值在不断变化时,想象公式变量之间的不变关系。⑥ 代数表达式的去背景化。由于学生自身没有形成良好的代数思维习惯,造成了不能顺利地进行代数推理,或者直接导致代数推理无法进行,从而推理失败。

五、无法深刻理解解决代数问题的常用策略

解决代数问题的常用策略有:① 等价变形。即从数学对象的一种形式变形为另一种等价形式,其中包括:化简、变不熟悉的形式为熟悉的形式、凸显表达式的意义等。例如,解方程、不等式的同解变形;等价变形函数解析式研究函数性质,如将 $y=\sin x+\cos x$ 变形成 $y=\sqrt{2}\sin\left(x+\dfrac{\pi}{4}\right)$,将 $y=\dfrac{x-1}{x+1}$ 变形成 $y=1-\dfrac{2}{x+1}$,将 $y=x^2+2x-3$ 变形成 $y=(x+1)^2-4$ 或者 $y=(x-1)(x+3)$。② 换元法。即引入中间变量或参数,以实现变换研究对象,或将对象简化或将对象转换到其他知识背景下,揭示隐含条件,沟通条件与结论的联系。③ 待定系数法。即通过分析可以明确所研究的问题所属的数学模型的情况下,可以借助已知信息,通过待定系数法确定模型中的相关系数。待定系数法实质上是方程思想的使用。④ 一般化与特殊化。即对于一般性问题,通过特殊化去感知猜想结论,通过对具体问题的一般化使其在一般化结论中得到解决。⑤ 分类讨论。即对于因由变量的取值而产生不确定性结论或不确定下一步操作的情况下,分而治之,逐一论述。⑥ 模型转换。即对代数形式呈现的某一领域的数学模型,转换到其他领域下进行新的意义解读,从而实现问题解决。例如,方程、不等式模型可转化到函数模型下解决,方程模型还可以转化到解几何下的曲线进行研究,反之亦然。

正所谓"说起来容易,做起来难",这些代数中的常见解题策略,对于概念理解是容易的,但难点是在具体代数推理中的使用。一方面是学生本身对于这些方法掌握不到位,使用起来缺乏灵活性,造成代数推理困难;另一方面,对于数学知识本身的学习没有到位,不清楚用什么策略去解决问题,找不到正确的代数推理逻辑依据。这都是学生在代数推理中遇到的困难。

第四节 代数推理教学面临现实困境

在代数的教学中,需要教师更加关注数学的符号化表达,关注形式化数学对象的意义构建,发展代数问题解决的策略与方法,为代数推理打好基础。代

数作为一种语言体系,在表现方式上,属于形式化的符号操作,因此需要较高的符号操作能力;在思维形式上,其是一种基于规则的推理,需要建立起一整套形式化规则,这些规则包括:各种运算法则、各种公式、各种限制条件、各种判定条件等,这些规则构成了代数的知识体系;在活动过程上,实质上是一种数学建模活动,即借助代数语言描述实际的情境,形成数学模型。代数的这些特点,使得代数推理教学面临困境。

一、在算术教学中缺乏一般化的关系或关联的建构

一般化关系或关联的建构是代数推理的基础。在小学阶段,数与代数的主体内容是算术,考虑到小学生对知识的接受能力以及教师对代数推理的理解不到位,教师在教学中,很容易侧重算术思维,即更加关注数的计算以及计算结果的正确性,这样学生的思维就会在获得正确答案后停滞不前。学生自身不会意识到算术中的一般性的运算性质,这些运算性质既有基本的运算律——加法和乘法的交换律、结合律,乘法对加减法的分配律,还有其他的性质,如被减数和减数同加或同减一个数后结果不变等,这样导致学生无法完成一般化的关系或者关联的构建,不利于代数推理能力的培养。因此,在算术教学中,要把关注点从仅关注计算结果的正确性放眼到一般化的关系或者关联的构建上来。代数思维的核心是一般化,只有教师在算术教学中开始关注学生算术问题的思考过程,即关注学生思考过程的观念和方式,才能更好地渗透代数思维的观念,使学生逐渐意识到关注一般化的关系或联系的价值和意义,为代数推理提供依据。在这样的认识之下,教学中就可以跳出知识训练计算技能的圈子,在算术教学中渗透代数推理,也就是把代数作为抽象的算术,在算术问题中去关注蕴含其中的一般规律与模式。即在教学中关注学生思维过程,使学生在感知、寻找、表达一般化关系的过程中,去发展学生对"量"的认识,促进对量的符号化表达的再创造,发展符号意识,体会感悟数学的符号化的意义,为代数推理做准备。如教师可以设计出如下的情境:让低年级学生考察算式 $3+2+5, 3+5+2, 5+3+2, 2+5+3$,从而发现规律,为代数推理提供依据。

实际上,从思维的实质来讲,大脑思维的对象或材料是外部事物在人脑内部的心理表征,以及这些表征派生出来的各种观念、意象,且这些观念、意象本身就是以心理表征存在的。大脑思维活动的基本指向就是建构关系或关联性。正是这一思维的核心指向,思维活动的产物表现为:形成概念、由此及彼、提出新命题、构建新理论,使问题得以解决。由此可见思维活动与代数推理紧密相连。这些思维产物的核心特征就是建立或发现了心理表征单元间的关系。邓铸将思维定义为:思维就是通过建构心理表征单元间的关联性而实现的对客观事物之间联系的反映。因此,在培养学生代数推理能力过程中,注重一般化的

关系或关联的建构是符合科学规律的。

二、在教学中没有做到"引而弗牵"

在数学教学中要突出渗透代数推理，也就是教师不能直接给出推理过程，忽略学生数学推理思维的培养过程，而是需要把握好度，学生的思维发展有其自身的规律，不能操之过急。在《礼记·学记》中就对教学之理给出了精辟的阐述："君子之教，喻也。道而弗牵，强而弗抑，开而弗达，道而弗牵则和，强而弗抑则易，开而弗达则思，和易以思，可谓善喻也。"这段话的意思是说，要引导学生而不是牵着学生走，要鼓励学生而不是压抑他们，要指导学生学习门径，而不是替代学生作出结论。

实际上，各个学段，由于学生学习自律性和能力的差异特征、教学内容与课时安排的限制，在教学过程中，如果留给学生充分时间去探究，则教学内容无法按时完成；想完成教学内容，则留给学生的时间变少，更多的是教师的自我输出，这与"学生是主体，教师是主导"的原则相违背。有时为了兼顾教学内容与发挥学生主体作用，一些学习任务教师会放到课下让学生自主完成，然而由于学生的自律性或者学习能力，实际上大部分学生即使完成了课下的学习任务，也没有起到积极的培养学生推理能力的作用。

因此，如何在完成教学内容的基础上，培养学生的代数推理能力，这就要求教师充分备课，多读书，多思考教学过程。在数学教学中，教师要创设情境引导学生去思考一般性关系或关联，但是不要急于过早地出现抽象的符号语言，教师要善于启发鼓励学生创造性地发展自己的语言系统来描述和表达所发现的蕴含在"运作"中的一般关系或关联。对此，有研究者提出需要用"准变量表达式"来发展学生的代数思维。在卡彭特和利维的研究中，他们曾给一年级和二年级的小学生介绍过关于"数字语句"的真假概念。例如，"78－49＋49＝78"就是他们所运用的一个语句，当他们提问小学生这是不是一个真语句时，除了一个孩子外，其余的都回答是真语句。而且，有一个小学生说道："我确信这是真语句，因为你拿走了49之后，随即又把它带回来了。"这类数字语句已经把孩子们的注意力吸引到它所蕴含的潜在的代数结构上了。学者把数字的这种运用定义为"准变量（表达式）（Quasi-variable（expressions））"。因此，在我们运用准变量这一概念时就意味着：一个或一组数字语句，它（们）蕴含着一个潜在的数学关系，在这种关系中，不管它所包含的数字是什么，这（些）语句都是真的。

毛新薇认为：准变量思维作为算术思维和代数思维之间的中介，是学生的数学思维从算术思维发展到代数思维的桥梁和纽带，能促进算术学习与代数学习的有效联结。她对准变量思维的内涵诠释如下：准变量思维作为学生算术程序思维的最近发展区，它的对象主要是准变量（表达式）及其代数关系与结构的非符号化陈述,核心是超越算术的思维方式,充分利用算术中所隐含的代数关系与结构,识别、提取出关键的数字和包含在表达式中的关系性元素,对潜在的结构进行表达和转换,对算术及其问题进行"代数地思考"。可见,将准变量思维用在教学中,可以有效培养学生的代数推理能力。

三、在教学中"结构性观念"渗透存在困难

代数推理过程中,结构性观点非常重要。代数推理离不开代数思维做支撑,代数思维的核心是一般化思想,而一般化思想的本质就是结构观念。因此,探讨代数推理离不开结构性观念。有了结构性的观点,在理解了绝对值符号的意义的情况下,即使第一次见到 $2|x|-1=3$ 也会求解;学习了 $\sqrt{a}$ 的意义,后面对"求满足 $\sqrt{a-1}=2$ 的 a 值"就不会不知所措;见到 $\begin{cases} \dfrac{x}{3}+\dfrac{y}{2}=2 \\ \dfrac{2x}{3}-\dfrac{y}{2}=1 \end{cases}$ 就不会僵化地去套用去分母的程序;想研究函数 $y=x(x+2)$ 的性质,就知道要变形成 $y=(x+1)^2-1$,但是要解方程 $x(x+2)=0$ 就不需要变形。实际上,代数研究的对象本质上是在各种模式基础上进一步抽象出来的代数结构。因此,在教学中,需要有意识地去发展学生的结构性意识,而这在我们当前教学中存在困难,一方面是教师对结构性观念认知的欠缺,忽略了学生结构性意识的培养;另一方面,是学生自身的能力,对于教师发展结构性意识的教学设计不能理解到位,或者仅限于某个具体的问题,无法做到迁移,学生在遇到其他问题时,仍然缺少结构性观点来解题。例如,将一个复杂符号表达视为一个整体对象去处理;将代数式看成表达各量间运算关系的结构;将方程、公式看成一种表示等量关系的结构,关注了结构,才能根据问题解决的需要选择代数对象的恰当的表征形式。

小学阶段,数学问题从生活经验中抽象出来,是数学化的过程,体现了对生活经验材料的数学组织。中学的问题是非真实问题,需要识别或辨认,更多的是在演绎化的知识体系下展开的。这也注定了中学比小学更加抽象,解题策略更加复杂,对代数推理能力要求更高。例如,初中生对表征变换、换元法的代数解题策略的理解是不够的,而这些策略在代数推理中发挥着重要的作用,因此在代数推理过程中,学生就会遇到困难。实际上,这些知识是可以通过对 $\sqrt{a}$,$|a|$ 概念进行结构性教学来深刻理解的。所以,结构性教学对代数推理的作用不可小觑。

第三章 与代数推理相关的概念界定

第一节 代数思维

卡帕特是早期代数研究的先驱,多年来一直试图根据一般方法来研究代数和代数思维[26],他从三个不同的角度来定义代数:① 代数是一种广义的算术;② 代数是对函数、关系和相关变量的研究;③ 代数是一种数学语言。相应地,在这三种形式的代数中,代数推理表现为三种不同的形式:① 从具体的算术运算中抽象概括出适用于整个数学系统的一般计算法则以及运算性质;② 发现情境中的相关数量并归纳概括出数量之间的函数关系,这种推理形式也可以称作函数思维(functional thinking);③ 用一般化的数学模型来表示归纳得到的函数关系,并且验证模型的合理性。进而,卡帕特等人采用了象征(symbolization)的观点,提出代数推理的核心是复杂的符号化过程,一方面是从特殊的数字中寻找一般化的规律以及用符号表达的一般化,另一方面是对符号进行语法操作,即按照代数规则进行操作和计算。[27]

关于这两个核心方面在代数推理中的地位,存在着很多不同的意见。有些学者将对符号进行语法操作视为代数推理的标志。另一些学者则对皮亚杰(Piaget)的"过早的形式主义[28]"持谨慎态度,他们淡化了传统语法,支持通过任何可用的手段进行概括,特别是自然语言和图像[29]。他们认为只有学生对这些形式的表达有了丰富的经验后,才可以进一步学习图像、代数等表示法。

鲍建生、周超在《数学学习的心理基础与过程》一书中指出,代数思维具有以下四个特征:

一、代数思维是一种形式化的符号操作

1. 表征

表征,即用符号或由符号组成的代数式、方程、不等式、函数去表示数学(其他学科或现实生活)中的对象或结构。其中包括:① 能够用自然语言表示的条件或命题写成符号形式,如三个连续的自然数表示为 $n-1, n, n+1$;② 根据题

设的相等关系、不等关系和函数关系分别列出方程、不等式和函数解析式;③ 能够用自然语言去解释符号操作的过程与结果。

2. 符号变换

符号变换,即各种表征之间的等价或不等价的转化。其中包括:① 代数式的赋值、化简和恒等变形的技能;② 解方程或不等式的技能;③ 换元法。

3. 意义建构

意义建构,是指解释或发现形式化符号表达式背后的数学结构、实际模型以及各种符号操作的意义和作用。

二、代数思维是一种基于规则的推理

首先,代数是算术的一般化。算术主要进行的是数值运算,将数值运算推广到符号运算后,发生的本质变化是:从实施程序变成了对象操作。这时,除了要考虑对象本身的结构、特点和限制外,还得处理不同对象之间的关系。因此,代数符号运算的核心成分是推理。其次,代数是一种代数规则导向的形式操作。代数中充满了各类形式规则:从等式的基本性质,到线性方程组的克拉默法则,再到群、环、域的公理系统。这些规则构成了代数推理的基础。如果说合情推理可以借鉴以往的经验,几何推理可以借助直观,那么代数推理则只能依据代数的规则。

三、代数思维是一种数学建模活动

经过多次抽象和形式化的处理,代数本身没有具体的意义,它提供的是一种问题解决的方法,而要用代数方法解决实际问题,必须根据实际情景找到或者构造相应的代数模型,因此,代数思维是一种建模活动。

四、代数思维的核心是一般化的思想

一般化的思想在代数中是无所不在的,从最简单的"以符代数",到一元二次方程的公式解,再到抽象代数中的各种代数系统,事实上,代数的本质就是发现处理问题的一般模式。因此,一般化的思想应该成为代数学习的基础。

综上所述,代数作为一种认识世界和改造世界的工具,它是对现实世界中数与量的关系刻画,这种刻画离不开代数思维。代数思维的核心是实现一般化的表达,表达的结果就是一种形式结构,而代数研究所关注的恰恰是形式结构的特征规律及结构之间的关系,由此可见,研究代数离不开代数思维。代数思维在问题的解决上表现为基于规则的推理,因此代数推理若能够顺利进行,则要求学习者具备代数思维。

在实际教学中,往往会将代数思维与算术思维进行区分,以期更好地完成教学,培养学生的代数推理能力。表 3.1 呈现了二者的特征。

表 3.1　算术思维与代数思维特征

算 术 思 维	代 数 思 维
通过已知量的运算得出未知的量	同时操作已知量和未知量
通过一系列的、连续的运算得出答案	进行一系列的等价或者不等价的符号变换
未知量是暂时的,表示中间过程	在整个问题解决的过程中,未知量是设定的、固定的
方程(如果有的话)被看作用于计算的公式或是对数的产生的一种描述	方程被看作对不同量之间的某种关系的描述
中间量有明确的含义	中间量不一定有明确的含义

实际上,代数思维的发展是具有渐进性、连续性和累积质变性的,小学阶段学习算术内容过程中的算术思维和中学阶段学习代数内容过程中的代数思维不是截然分开、黑白分明的,在学生学习数学的思维活动中往往呈现一个混合的灰色状态,即使是对同一个学生而言,在同一个问题的思考的某些阶段可能表现为算术思维特点,而在另一阶段可能表现出代数思维特点。因此,算术思维和代数思维并不是割裂的两种思维,而是既有区别又有相融的,需要我们辩证看待。

第二节　关　系　推　理

关系推理(relational inference)是演绎推理的一种形式,起源于逻辑学领域,是将关系判断作为前提或结论的推理,并依据关系的逻辑性质进行推演的推理。关系推理亦称关系判断的推理,是与关系有关的一种推理,指以关系判断为前提和结论的推理。例如,$a=b$,所以 $b=a$。关系推理可分为纯关系推理和混合关系推理两类,在纯关系推理中又可分为直接关系推理和间接关系推理。关系推理在日常思维和科学研究中有很重要的作用,在数学中就经常要使用这种推理。在逻辑史上很早就有人提出过关系推理(例如亚里士多德),但在传统逻辑中,关系推理长期被忽视。传统逻辑往往把关系命题还原为直言命题,从而把关系推理还原为前提与结论都是直言命题的推理。这种处理方法是很不自然的。直到 19 世纪末,关系推理才为人们所重视,并得到迅速发展。关系推理的形式很多,有些也很复杂,在符号逻辑中得到了较充分的研究。

关系推理分为纯关系推理和混合关系推理。纯关系推理指前提与结论都是关系命题的推理,如 $a>b$,$b>c$,所以 $a>c$。混合关系推理指前提中既有直言命题又有关系命题的推理,即前提中既有关系判断又有性质判断,结论是关系判断的推理。如"小张不喜欢一切水果,苹果是水果,所以,小张不喜欢苹果"。

按照前提是一个还是两个或两个以上关系判断,纯关系推理可分为直接关系推理和间接关系推理。直接关系推理包括对称关系推理和反对称推理,对称关系推理形如:aRb,所以 bRa。例如 $a=b$,所以 $b=a$。反对称关系推理形如:aRb,所以 $b\bar{R}a$。例如小王比小陈胖,所以小陈不比小王胖。间接关系推理包括传递性关系推理和反传递性关系推理。传递性关系推理形如:aRb,bRc,所以 aRc。例如 $2x+2=12$,则 $2x=10$,如果 $2x=10$,则 $x=5$。所以,如果 $2x+2=12$,则 $x=5$。传递性关系推理可以扩充到多个前提的情况,解代数方程的过程就是不断地使用传递性关系推理的过程。反传递性关系推理形如:aRb,bRc,所以 $a\bar{R}c$。即 a 与 b,b 与 c 存在某种关系 R 时,则 a 与 c 之间不存在关系 R。例如小赵比小李高2厘米,小李比小张高2厘米,所以小赵不比小张高2厘米。再比如李华是李嘉的父亲,李嘉是李琳的父亲,所以李华不是李琳的父亲。

混合关系推理的结构式为:所有的 a 与所有的 b 有 R 关系,所有的 c 都是 b,所以,所有的 a 与所有的 c 有 R 关系。混合关系推理的规则是:中项在前提中至少要周延一次;在前提中不周延的项在结论中不得周延;前提中的性质判断必须是肯定判断;结论中关系判断的性质(肯定或否定)要与前提中关系判断的性质(肯定或否定)相同;结论中关系判断的项(前项或后项)要与前提中关系判断的项(前项或后项)相同。例如,所有高一的同学都比高二的同学小1岁,穿蓝色校服同学的都是高二同学,所以所有的高一同学都比穿蓝色校服的同学小1岁。

在数与代数领域,"运算"的背后体现的是关系推理,可以看出,关系推理是代数推理的一部分,实际上关系推理不仅存在于代数推理中,在公务员等选拔人才的考试中也有一席之地;同时关系推理在人工智能领域也有广泛的应用。

第三节 归 纳 推 理

归纳推理是由特殊到一般的推理。代数学习的主要思想是"一般化",中学代数的主要内容有方程、不等式及函数,在学习过程中,通过观察特殊内容,归纳出相关的性质、定理与变化规律等,这个过程离不开归纳推理,因此归纳推理是代数推理的一个重要组成部分。

　　传统上,根据前提所考察对象范围的不同,把归纳推理分为完全归纳推理和不完全归纳推理,并进一步根据前提是否揭示对象与其属性间的因果联系,把不完全归纳推理分为简单枚举归纳推理和科学归纳推理。顾名思义,完全归纳推理是考查了研究内容的全部对象后得出结论,具体来说,完全归纳推理是根据某类事物每一对象都具有某种属性,从而推出该类事物都具有该种属性的结论。例如,已知男人有 206 块骨头,女人有 206 块骨头,而男人和女人是人的全部对象,所以人有 206 块骨头。不完全归纳推理则是仅仅考察了研究内容的部分对象得出结论。具体来说,不完全归纳推理是根据某类事物部分对象都具有某种属性,从而推出该类事物都具有该种属性的结论。例如,$1+2=2+1,3+4=4+3,5+6=6+5,3+6=6+3,12+45=45+12,109+87=87+109$,由此推出 $a+b=b+a$。其中 a,b 表示任意数。不完全归纳推理中的简单枚举归纳推理指在一类事物中,根据已观察到的部分对象都具有某种属性,并且没有遇到任何反例,从而推出该类事物都具有该种属性的结论。"哥德巴赫猜想"是通过简单枚举归纳推理得到的。德国数学家哥德巴赫发现,一些奇数都分别等于三个素数之和,如 $17=3+3+11,41=11+13+17,77=7+17+53,461=5+7+449$,由此提出了猜想:所有大于 5 的奇数都可以分解为三个素数的和。不完全归纳推理中的科学归纳推理是根据某类事物中部分对象与某种属性间因果联系的分析,推出该类事物具有该种属性的推理。例如,冬夜,室内的水蒸气常在窗玻璃上凝华成冰晶,这个过程放热;钨蒸气在灯光泡壁上凝华成极薄的一层固态钨,这个过程放热;树枝上出现"雾凇"的过程,是放热过程。因为凝华过程物质跳过液态直接从气态变为固态,因此该过程物质放出热量,以上三个示例都是凝华现象,所以凝华放热。

　　由于归纳推理是由特殊归纳总结出一般规律,因此,归纳推理的前提是结论的必要条件,从集合的角度来看,即归纳推理的前提是结论的子集。需要注意的一点是,归纳推理的前提是正确的,但是由其归纳得到的结论却未必正确,可能是假命题。如小区里第一天种了 10 棵树,第二天种了 10 棵树,第三天种了 10 棵树,则推出,小区里每天种 10 棵树。显然该结论是假命题。

第四章 代数推理的相关研究

《义务教育阶段数学课程标准（2011年版）》提到数学课程应当注重发展学生的推理能力，无论是"数与代数""图形与几何"还是"统计与概率"的内容编排中，都要尽可能地为学生提供观察、操作、类比、猜测和证明的机会，发展学生的推理能力。[4] 可见，《课程标准》重视培养学生的推理能力，但其关于推理能力的课例展示主要体现在几何推理，未明确提及代数推理，而在《义务教育阶段数学课程标准（2022版）》中则明确提出"增加代数推理"[5]，并增加了有关代数推理的示例展示，如例66中运用归纳推理猜想和演绎推理论证3的倍数特征，例67中运用数学符号对韦达定理进行一般性推理论证，感悟符号对于数学发展的作用等，给代数推理教学提供了相关借鉴。本章从国内、国外两个角度综述代数推理相关研究，试图明晰代数推理相关研究进展。

第一节　国内相关研究

在中国知网以关键词"代数推理"进行精确搜索，运用SATI文献题录信息统计分析工具（Statistical Analysis Toolkit for Informetrics）进行代数推理相关研究关键词频次时间序列与文献来源频率时间序列分析，如图4.1所示。

由图4.1可知，从20世纪90年代开始，国内学者开始关注代数推理，从2020年起对代数推理的关注度逐步提升，代数推理相关研究主要集中在初中阶段，以二次函数内容为载体研究代数推理的相关教学策略的文章较多。在此基础上，进行高频关键词分析，如图4.2所示。

在梳理国内对推理能力相关研究后，发现国内对代数推理的研究主要集中在以下三个方面：

第一，国内学者在"代数推理中不同学段发挥重要的作用"方面达成了共识。孔凡哲强调在整式加减运算之中提高学生的代数推理能力，让学生逐步体会利用字母分析研究问题的优势，并结合具体试题分析代数推理的过程。[35] 李娜认为,初中阶段几何推理占主导地位,高中阶段几何推理与代数推理能力已趋于成熟,此阶段着重培养对几何推理与代数推理的灵活运用能力,其中数形结合是连接这两种推理的主导思想。[36]

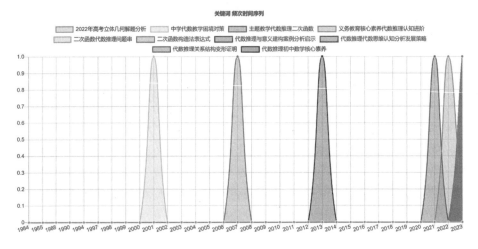

图 4.1 国内代数推理相关研究关键词频次时间序列

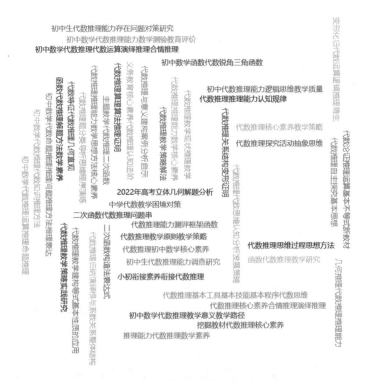

图 4.2 代数推理相关研究高频关键词

第二,分析试题中如何考查学生的代数推理能力,以及学生在解决问题中可能遇到的困难。华志远对代数推理成为高考热点的原因、代数推理陷入困境的原因进行分析,得到走出代数推理教学困境的策略。[37]黄泽认为,2006年全国高考数学的18套理科代数推理题均以考查学生的逻辑推理能力和综合运用知识分析问题、解决问题的能力为重点。[38]吴宝莹结合具体试题梳理了解决代数推理问题的思维过程,以及代数推理题目解题的思想方法。[39]张海强分析了2017年江苏高考试题如何体现代数推理,如何考查学生抽象思维能力的层次,并就如何提升学生的代数推理能力提出了建议。[40]金雯雯、张宗余分析"数与式"相关试题,发现了"关注数的发展、考查运算法则、类比数的运算、根植数学文化、融入真实情境"五个方面的命题特点,提出"凸显素养导向、突出运算能力、加强逻辑论证和探索跨学科试题"四个命题思考。建议教师在复习教学过程中除了要重视对学生运算能力和代数推理能力的训练外,还要关注代数学习中的一般观念,关注运算的一致性。[41]

第三,以核心知识点为载体,着重提高学生的代数推理能力。黄辉、韩劲松文以一节初三复习课"与二次函数有关的代数推理"为例,通过精心设计问题串,旨在提升学生的代数推理能力,并为呈现核心素养目标下代数的逻辑推理的教学设计作出尝试性探索。[42]张宗余通过对四节"代数推理"课例的教学环节进行比较分析,从"代数与符号""推理与思维""内容与方式"三个维度探讨代数推理的内涵。[43]丁银杰论述聚焦二次函数在数学内部综合运用的创新教学实践,旨在通过代数模型相互转化、数形结合表征对象、函数思想迁移应用,发展学生的代数推理能力与创新意识。[44]

第二节 国外相关研究

国外代数推理的相关研究起源于20世纪90年代末,在研究的初期重视对代数、早期代数、教师专业发展、学习策略的研究。2000年以后,早期代数研究开始掀起热潮,2001年12月在澳大利亚墨尔本举行的国际数学教育委员会第12届系列专题会议(ICMI-12)上,"早期代数工作组(The Early Algebra Working Group,简称:EAWG)"正式成立,这是早期代数研究首次以专门工作组的形式出现在国际专题会议上。这次会议标志着早期代数研究登上了数学教育研究的国际舞台(Kaput,Blanton)。[45]

一、代数推理的概念研究

卡帕特是早期代数研究的先驱,他和布兰顿(Blanton,Kaput)[46]认为代数推理是一个过程,在这个过程中学生通过观察和分析从一些特定的实例中概括（generalize）得到一般的数学规律,然后来论证（justify）这些概括得到的规律的准确性,并以越来越形式化和适合他们年龄的方式进行表达（represent）。例如,在描述一个小组成员握手总数的情境中,小组中的每个人都与其他人握手一次,然后推广到小组成员为任意人数时的握手总次数。根据学生的经验水平,可以用文字或符号来表示小组的握手总数,并且学生通过对递归模式的观察,该递归模式描述了如何从当前握手获得下一次握手总数,或者组中的人数和握手总数之间的函数关系（例如,"握手的总数是从'1'到少于该组人数1的数字之和",或"一个有 n 个人的组的握手总数是$\frac{n(n-1)}{2}$"）。在这个过程中,学生正在展现自己的代数推理能力。尤西斯金没有采取广泛的象征主义观点,但他试图用熟悉的字母（未知量、变量、参数等）来描述代数推理（Usiskin）[47];基兰将代数推理定义为"以一种关系方式处理定量情况的各种表示形式的使用"（Kieran）[48]。

研究者们认为符号对于代数推理而言具有重要的意义,因此在对代数推理的定义中突出了"符号"的重要性。克里斯特默等人认为代数推理是发现代数情境中的相关数量、猜想数量之间的关系,使用符号将情境中有关系的数量以及它们之间的数量关系表示出来的操作,并遵循了基兰对代数推理的定义"以一种关系方式处理定量情况的各种表示形式的使用"（Chrysostomou, Pitta-Pantazi, Tsingi, et al.）[49]。

二、代数推理的评价及影响因素研究

1. 对"等号"的理解

形成"等号可以作为一种相等关系"的观念对于学习代数是至关重要的,因为这个概念是形成归纳和发展代数推理的基础,而缺乏对等号的深入认识将会阻碍学生从算术过渡到代数（Kieran）。[50]赫斯科维奇和林切夫斯基分析了22名七年级学生关于解方程问题发现,大多数学生使用算术而不是代数来解方程,并且无法将变量作为未知量,学生也不能把等号看成是一种等价的陈述。[51]

2. 解方程

基兰将学生解方程的策略分为程序化和结构化两类,采用程序化手段的学生通过执行算术运算来解方程,其基本策略是右边到左边的"反拆",此时未知数的符号是没有意义的。[52]基兰指出,使用这种策略的学生不是把方程作为结构化对象来处理的,并没有意识到方程的对称性。因此,在面临解决多步骤的方程时往往遭遇策略选择上的困难。使用结构化手段的学生则把方程看作两个等价的部分,学生解决方程的一个方法就是试误,他们猜测一个未知数的答案,计算并注意是否得到了正确的解。学生也能够用一般的结构化方法对方程的两边施行操作。无论哪种方法,他们在进行操作之前实际上已经认识到方程的两边是相等的,这些操作仍然保持方程的平衡。此外,基兰的研究还表明,并不是所有学生都能够轻易地从方程的程序化观点过渡到结构化观点。类似地,皮莱等研究者(Pillay, Wilss, Boulton-Lewis)在一项为期三年的纵向质性研究中跟踪调查了 51 名七年级至九年级的学生,研究发现七年级和八年级的学生没有完全理解解代数方程过程中所必需的交换律和分配律。[53] 由于代数的抽象性质,12~14 岁的学生可能还没有达到形式运算的水平,还没有充分准备好适应这些知识。

3. 应用方程解决实际问题

鲍威尔等学者对 789 名二年级学生进行了 12 项运算和应用题筛查测试,研究从中确定了具有典型表现(运算困难、应用题困难、运算和应用题困难)的 148 名学生为主要研究对象,进而进行了路径分析。研究结果表明,应用题困难与进行代数推理前的困难有更强的相关性(Powel, Fuchs)。[54] 富克斯等学者在对 547 名三年级学生的研究中得出了类似的结论(Fuchs, et al.)[55],运算困难的学生在解决问题的速度上慢于文字困难的学生,而运算困难的学生在解决包含运算问题的语言理解题目上的得分低于同龄学生的得分。

不仅小学阶段的学生在应用方程解决实际问题时存在一定的困难,即使在中学阶段,许多学生也没有理解单词问题中涉及的代数模型和算术计算之间的对应关系。麦克格里格和斯黛西(Macgregor, Stacey)[56] 研究发现,学生将文字问题转译成代数式可能发生以下错误:① 语法直译(syntactic translation);② 文字符号的误解(misinterpretation of algebra letters);③ 来自自然语言的冲突(interference from natural language)。学生在解决代数方程方面的困难是由多方面原因造成的,其中包括对等式的看法(Owen)[57]、对等价方程的概念的理解(Steinberg, et al.)[58] 等。

4. 对"变量"的理解

学习代数的一个基本问题是对字母的理解。字母是一种符号,它被指定可以代表任何事物。字母"x""y""n"表示特定的对象,即变量。变量不是算术意义上的数字,例如,数字 8 本身是没有变化的。一些研究结果表明,变量的不同概念对学生来说有不同的难度。"作为未知的字母"对于学生来说较为简单,即使是 8 岁和 9 岁的学生也能对代数中的未知数有一定的理解(Carraher, Schliemann, Brizuela)[59]。然而学生对广义数和函数关系中变量的概念的理解遇到了较大的困难。大多数 13 至 15 岁的学生在将表达式或方程中的字母视为广义数字或函数关系中的变量之前,先将它们视为特定的未知数(Küchemann)[60]。

第二部分 教 学 实 践

第五章 符 号 语 言

引言 "符号语言"的重要性及对学生数学学习的意义

一、符号语言的重要性

《普通高中数学课程标准(2017年版2020年修订)》第一次提出了基于数学"三会"的核心素养:会用数学的眼光观察现实世界,会用数学的思维思考现实世界,会用数学的语言表达现实世界;《义务教育数学课程标准(2022年版)》把"三会"本身作为核心素养,将6个词和10个核心词作为核心素养在不同学习阶段的表现。对"数学语言"的内涵阐述包括两层含义:① 在数学内部能够用数学语言清晰、准确、严谨地表达数学研究对象(概念、关系和结构)及思想方法,利用数学语言进行思考、交流和解决问题;② 用数学描述、解释和解决现实世界中的实际问题。

语言是思维的载体,数学语言承载着数学的基本思想,是表达科学思想的通用工具。另外,数学语言是一种高度抽象的人工符号系统,是由一些符号和数学术语组成的,可以精确地表达和处理数学问题。如$\triangle ABC$(元素符号);$a\times(b+c)=a\times b+a\times c$(运算符号);$2<3$(关系符号)等。数学语言又可归结为文字语言、符号语言、图形语言三类,都各自有自身的优越性。如平面与平面垂直的性质定理:

文字语言:如果两个平面相互垂直,那么在一个平面内垂直于它们交线的直线垂直于另一个平面。

符号语言：如果 $\alpha\perp\beta, \alpha\cap\beta=m, AO\subset\alpha, AO\perp m$，则 $AO\perp\beta$。

图形语言：如图 5.1 所示。

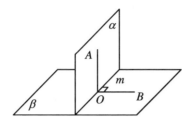

图 5.1　图形语言示例

文字语言，定义严密，揭示本质属性，完整规范；符号语言，指意简明，书写方便，且集中表达数学内容，有助运算，便于思考；图形语言，表现直观，有助记忆，有助思维，有益于问题解决。

张奠宙先生在谈到数学语言和数学学习之间的关系时，就认为"可能存在这样一种循环要弄懂语言才会理解意义，而语言又是在掌握意义的过程中学的。"对于数学语言的重要组成部分——数学符号语言，也是如此，即要掌握一定的数学符号语言才会保障数学学习的顺利进行，而掌握一定的数学符号语言却又要依赖数学学习的顺利进行。[61]代数学作为数学的一个重要分支，从最开始的文字叙述到规范的符号语言，可以说没有符号语言，就不可能有现代的代数。使用符号可以表示具体量到一般量的变化，可以表达数、数量关系和变化规律，还可以进行一般性的运算和推理，因此符号语言的学习是代数学习的一个重要目标。

二、符号语言对学生数学学习的意义

数学语言是数学知识的载体，各种定义、定理、公式、法则和性质等，无不通过适当的数学语言来表述。从数学学习的角度看，学生"数学语言"的特点及其掌握水平决定了学生能否准确、迅速地理解问题，也是决定学生数学学习效率高低的重要因素。科学家伽利略是第一个用数学语言讲述了最具现实意义的自然界的故事，用数学的语言给出了一个全新的认识世界的方法。他给出的论述："真正的哲学是被写在展现于我们眼前的伟大之书上，这本书就是宇宙，就是自然本身，人们必须读懂它。但是，如果我们不首先学会用来书写它的语言和符号，我们就无法理解它。这本书是以数学语言书写的，没有这些符号的帮助，我们简直无法理解它的片言只语；没有这些符号，我们只能在黑暗的迷宫中徒劳地摸索。"而符号语言是数学特有的通用语言，是人类数学思维长期发展形成的一种语言表达形式，是数学语言的典型代表。很多时候谈论的数学语言都会被默认为数学符号语言。数学符号语言的根本在于符号构成的具有数学意义的关系、结构、模型,这是数学语言用于表达世界的基本形式。

新课标要求学生会用数学的语言表达世界,让学生体会到数学语言的简洁与优美。学生关于符号语言的学习包含几个方面,一是用符号去表达数学的意义与结构;二是解释符号所表达的数学意义和结构,如在初中阶段:对于"互为相反数的两个数和为0"这个规律,如果用 a,b 两个字母表示具有相反关系的两个数或式子,用符号语言就可以简单地表示成 $a+b=0$;如果用 a,b 表示两个未知数,这个等式又可以看作一个二元一次方程;三是对符号进行演算变换(代数式、方程和不等式的恒等变形、化简);四是运用符号进行思维,从而发现新的数学意义和结构,如:由等式 $(x-a)(x-b)=x^2-(a+b)x+ab$ 可以发现一元二次方程根与系数的关系。

随着数学抽象程度的不断提高,特别是采用字母和各种符号表示量和形及其相互关系,"符号语言"就成了数学的一种专门语言。"符号语言"不仅具有语言的一般特征,而且较文字语言更具有精确、简洁、通用等优点。因此,"符号语言"的教学,就成了现代数学教学的一项重要任务。[62]

第一节 "符号语言"课标分析

一、内容要求

在《义务教育数学课程标准(2011年版)》提出发展学生数学素养的10个"核心词"中,数感、符号意识、推理能力这3个与数与代数有关的关键词,与现在所说的核心素养密切相关。符号意识是形成抽象能力和推理能力的经验基础。

小学阶段数学核心素养关于符号语言的内涵分为:① 具有符号意识,能够感悟符号的数学功能;② 知道符号表达的现实意义;③ 能够初步运用符号表示数量、关系和一般规律;④ 知道用符号表达的运算规律和推理结论具有一般性;⑤ 初步体会符号的使用是数学表达和数学思考的重要形式。

初中阶段数与代数内容的演变,在《义务教育数学课程标准(2022年版)》中,更加注重培养学生的以下几个方面:① 更加重视发展学生的数感;② 更加重视发展学生的代数推理能力;③ 更加注重培养学生的模型观念;④ 更加注重发展学生的符号意识;⑤ 更加注重培养学生的应用意识。

《义务教育数学课程标准(2022年版)》的小学阶段数与代数领域最大变化

是将"数的认识"和"数的运算"合并成为"数与运算",旨在使学生整体理解数与数的运算,在形成符号意识的同时,发展运算能力。"数与运算"初步体会数是对数量的抽象,感悟数的概念本质上的一致性,形成数感和符号意识;另一个主题"数量关系"主要是用符号(包括数)或含有符号的式子表达数量之间的关系或规律。《义务教育数学课程标准(2022年版)》中各个学段在数与代数领域关于"符号语言"和"推理能力"在内容要求方面新增的内容如表5.1所示。

表 5.1 《义务教育数学课程标准(2022年版)》中各个学段在数与代数领域关于"符号语言"和"推理能力"在内容要求方面新增的内容

学 段	内 容 要 求
第一学段	1. 数与运算 (1) 了解符号<, =, >的含义,会比较万以内的数的大小;通过数的大小比较,感悟相等和不等关系; (2) 在解决生活情境问题的过程中,体会数和运算的意义,形成初步的符号意识、数感、运算能力和初步的推理意识 2. 数量关系 (1) 在简单的生活情境中,运用数和数的运算解决问题,能解释结果的实际意义,形成初步的应用意识; (2) 探索用数或符号表达简单情境中的变化规律
第二学段	1. 数与运算 (1) 能用字母表示运算律; (2) 会应用数描述生活情境中事物的特征,逐步形成数感、运算能力和初步的推理意识 2. 数量关系 能解决生活中的简单问题,并能对结果的实际意义作出解释,经历探索简单规律的过程,形成初步的模型意识和应用意识
第三学段	1. 数与运算 (1) 感悟计数单位,进一步发展数感和符号意识; (2) 感悟运算的一致性,发展运算能力和推理意识 2. 数量关系 在具体情境中,探索用字母表示事物的关系、性质和规律的方法,感悟用字母表示的一般性
第四学段	(1) 会把具体数代入代数式进行计算; (2) 理解平方差公式和完全平方公式,了解公式的几何背景,能利用公式进行简单的计算和推理; (3) 了解代数推理

《普通高中数学课程标准(2017年版2020年修订)》将发展学生核心素养作为高中教育的主要目标,明确高中教育的素质教育属性。根据数学学科素养水平,进而制定学业质量标准。如高中数学学业质量分为三个水平:水平一是高中毕业应达到的要求,也是高中毕业的数学学业水平考试的命题依据;水平二是高考的要求,也是数学高考的命题依据;水平三是基于必修、选择性必修和选修课程的某些内容对数学学科核心素养的达成提出的要求,可以作为大学自主招生的参考。

数学抽象素养水平一要求学生能够了解用数学语言表达的推理和论证;水平二要求学生能够理解用数学语言表达的概念、规则、推理和论证;水平三要求学生在现实问题中,能够把握研究对象的数学特征,并用准确的数学语言予以表达。逻辑推理素养水平二要求学生能够在关联的情境中,发现并提出数学问题,用数学语言予以表达;能够对与学过的知识有关联的数学命题,通过对其条件与结论的分析,探索论证的思路,选择合适的论证方法予以证明,并能用准确的数学语言表述论证过程;水平三要求学生对较复杂的数学问题,能够通过构建过渡性命题,探索论证的途径,解决问题,并会用严谨的数学语言表达论证过程。数学建模素养水平一要求学生对学过的数学模型,能够感悟数学表达对于数学建模的重要性;水平二要求学生能够在关联的情境中,运用数学语言,表述数学建模过程中的问题以及解决问题的过程和结果,形成研究报告,展示研究成果;水平三要求学生能够运用数学语言,清晰、准确地表达数学建模的过程和结果。

二、教学要求与学业要求

1. 教学要求

(1) 小学阶段的教学要求

用字母表示的教学要设计合理的教学情境,引导学生会用字母或字母的式子表示数量之间的关系、性质和规律,例如,用字母表示常见数量关系及其变形,"路程 = 速度 × 时间"表示为 $s = v \times t$,这个关系的变式表示为 $v = s \div t$, $t = s \div v$。

运用数和字母表达数量关系,通过运算或推理解决问题。让学生经历用字母表示变化规律的过程,培养符号意识。例如,1 张餐桌可坐 4 人,2 张餐桌拼在一起可坐 6 人,3 张餐桌拼在一起可坐 8 人,以此类推,n 张餐桌拼在一起可坐 $(2n+2)$ 人。如果用字母表示这个问题中的数量关系,用 a 表示餐桌数,b 表示人数,根据问题的背景,可以建立关系式:$b = 2a + 2$。引导学生理解,如果知道其中两个量中的一个量,就可以通过对关系式的四则运算得到另一个量,反之亦然。在这样的过程中,启发学生进一步感悟可以用字母表示数量关系,让学生初步经历通过具体数值的计算归纳一般关系的过程[63]。

(2) 初中阶段的教学要求

初中阶段数与代数领域包括:"数与式""方程与不等式"和"函数"三个主题,是学生理解数学符号,以及感悟用数学符号表达事物的性质、关系和规律的关键内容,是学生初步形成抽象能力和推理能力、感悟用数学的语言表达现实世界的重要载体。

在数与式的教学中,通过代数式和代数式运算的教学,让学生进一步理解字母表示数的意义,通过基于符号的运算和推理,建立符号意识,感悟数学结论的一般性,理解运算方法和运算律的关系,提升运算能力。

初中阶段对"代数式"的部分内容教学要求:借助现实情境了解代数式,进一步理解用字母表示数的意义;能分析具体问题中的简单数量关系,并用代数式表示,能根据特定的问题查阅资料,找到所需的公式;会把具体数代入代数式进行计算;了解公式的几何背景,能利用公式进行简单的计算和推理;了解代数推理。例如:设$\overline{abcd}$是一个四位数,若$a+b+c+d$可以被3整除,则这个数可以被3整除[63]。证明如下:$\overline{abcd} = 1000a + 100b + 10c + d = (999a + 99b + 9c) + (a+b+c+d)$,显然$999a + 99b + 9c$能被3整除,因此,如果$a+b+c+d$能被3整除,那么$\overline{abcd}$就能被3整除。这个例子是小学数学学习过的,初中阶段可以论证结论的正确性,让学生在逻辑论证的过程中,逐步形成推理能力,培养科学精神。在论证过程中,引导学生感悟对于具有规律性的事物,无论是用数字还是用字母都可以反映相同的规律,只是表达形式不同。通过代数推理,让学生进一步提升符号意识,养成利用数学符号解决问题的习惯。再比如,《义务教育数学课程标准(2022年版)》中明确说明一元二次方程根与系数的关系不再作为选学内容,知道一元二次方程的根与系数的关系,能通过系数表示方程的根,能用方程的根表示系数,用字母表示方程的系数,可以写出方程根的表达式,这样的表达是算术变为代数的"分水岭"。

(3) 高中阶段的教学要求

高中阶段,六大数学学科核心素养是数学课程目标的集中体现,是数学素养的具体化,是经历高中学习后,将伴随学生一生发展的正确价值观、必备品格和关键能力。其中数学抽象和直观想象是观察世界的数学思维;逻辑推理与运算是思考世界的数学思维;数学建模与数据分析是描述和解决世界中问题的数学思维。伴随着直观想象和数学抽象的过程,符号语言使得问题的表述更加严谨,而逻辑推理和数学运算也需要符号语言作为工具来呈现。所以,理解、运用符号语言是高中数学学习的基础,也是高中数学学科核心素养发展必不可少的部分。

高中阶段采用"主线—主题—核心内容"的方式展开内容,设计了"函数"

"几何与代数""概率与统计""数学建模活动与数学探究活动"四条主线。在高中数学课程中，集合是刻画一类事物的语言和工具，通过学习，可以帮助学生使用集合的语言简洁、准确地表述数学的研究对象，学会用数学的语言表达和交流，积累数学抽象的经验。内容包括集合的概念与表示、集合的基本关系、集合的基本运算。常用逻辑用语是数学语言的重要组成部分，是数学表达和交流的工具，是逻辑思维的基本语言，通过学习，学生可以用常用逻辑用语表达数学对象、进行数学推理，体会常用逻辑用语在表述教学内容和论证数学结论中的作用，提高交流的严谨性与准确性。内容包括：必要条件、充分条件、充要条件，全称量词与存在量词，全称量词命题与存在量词命题的否定。

2. 学业要求

按感知规律，数学符号分为三种：象形符号、缩写符号、约定符号。单独的符号只是字符的一种，数学符号语言的根本在于符号构成的具有数学意义的关系、结构、模型，这是数学语言用于表达世界的基本形式。常见的身份证号、车牌号等，严格来说，都不是数学的应用或数学语言的表达，因为它不具有数学意义，只是按某种构成规则使用或部分使用数学符号来表达而已，是数学符号非数学意义上的使用方式。同一个数学对象的数学符号语言表达，可能因不同背景而有不同形式。

数量关系是指能在具体情境中，用字母或由字母组成的式子表示数量之间的关系、性质和规律，感悟用字母表示具有一般性。《义务教育数学课程标准（2022年版）》提出要适当加强代数推理，中学代数的本质特征是符号运算，而符号运算是数学学习的一个重要基本功；加强代数推理有助于学生理解代数及其运算的意义，小学阶段对符号意识与推理意识的培养为初中阶段的代数推理提供了一些准备。逻辑推理是数学思维的重要内容，学生的相关能力发展与心智水平密切相关：在小学阶段，学生只需要感悟数学的说理。到了初中阶段，学生要用数学的符号表达数学道理，并会基于这样的道理证明一些数学命题。高中阶段，对学生的要求进一步提高，要求学生能够在现实情境或数学情境中，概括出数学对象的一般特征，并用集合语言予以表达；要求学生初步学会用三种语言表达数学研究对象，能够借助常用逻辑用语进行数学表达、论证和交流。如函数的单调性的教学，初中是定性地从直观的图形语言到自然语言来给出单调性的定义的，到了高中，学生经历从具体到抽象，由图形和文字语言到借助集合、全称量词、存在量词等符号语言的表述和证明过程，要求学生能够从两个变量之间的依赖关系、实数集合之间的对应关系、函数图像的几何直观等多个角度，理解函数的意义与数学表达；理解函数符号表达与抽象定义之间的关联，重点培养学生的数学抽象、逻辑推理和数学运算素养。

第二节 "符号语言"学业水平分析

一、初中阶段典型试题分析

北京卷历来注重真实情境的创设,从生活情境、科学情境和数学情境等方面入手,选择贴近学生生活经验、符合学生年龄特点和认知加工特点的素材,搭建起数学知识与问题之间的桥梁,引导学生在问题解决中经历数学观察、数学思考、数学表达、概括归纳、迁移运用等过程,体会数学是认识、理解、表达真实世界的工具、方法和语言,增强认识真实世界、解决真实问题的能力,同时感受数学在现实世界的广泛应用,体会数学的价值。北京中考试题主要考查"数与代数"知识领域的相关内容,考查学生是否掌握相关的运算求解方法,能否从生活情境、数学情境中抽象概括出数与式、方程与不等式、函数的概念和规则,并且解释运算结果。要求学生具备一定的运算能力、推理能力和抽象能力。下面节选的是近5年北京中考试卷中部分考查数与代数的试题。

1. 用符号语言表达的不等关系

(2019年第7题)用三个不等式 $a>b, ab>0, \dfrac{1}{a}<\dfrac{1}{b}$ 中的两个不等式作为题设,余下的一个不等式作为结论组成一个命题,组成真命题的个数为(　　)。

A. 0　　　　　B. 1　　　　　C. 2　　　　　D. 3

(2020年第6题)实数 a 在数轴上的对应点的位置如图5.2所示,若实数 b 满足 $-a<b<a$,则 b 的值可以是(　　)。

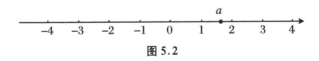

图5.2

A. 2　　　　　B. -1　　　　C. -2　　　　D. -3

(2021年第5题)实数 a,b 在数轴上的对应点的位置如图5.3所示,下列结论中正确的是(　　)。

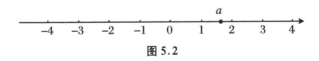

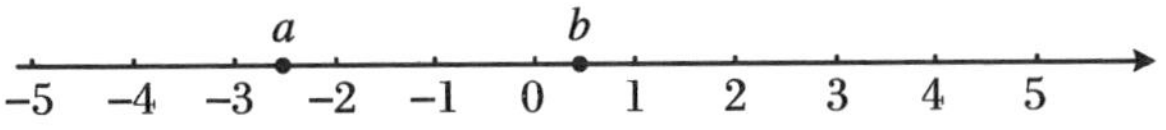

图5.3

A. $a>-2$　　B. $|a|>b$　　C. $a+b>0$　　D. $b-a<0$

(2022年第4题)实数 a,b 在数轴上的对应点的位置如图 5.4 所示,下列结论中正确的是( )。

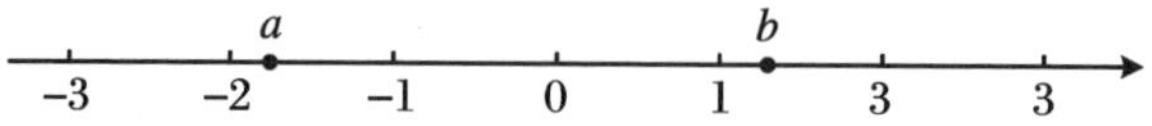

图 5.4

A. $a<-2$　　　B. $b<1$　　　C. $a>b$　　　D. $-a>b$

(2023年第4题)已知 $a-1>0$,则下列结论正确的是( )。

A. $-1<-a<a<1$　　　　B. $-a<-1<1<a$
C. $-a<-1<a<1$　　　　D. $-1<-a<1<a$

2. 用符号语言求解的数学运算

整体代入求代数式的值:对运算能力的考查,侧重于选择合理简洁的运算策略进行运算。如 2023 年北京中考数学第 19 题,既可以通过代入消元求出结果,也可以运用因式分解、分式的基本性质将代数式化简后,通过整体代入更简洁地求得运算结果。引导教学在根据法则和运算律进行正确运算的基础上,学会观察、分析运算条件选择简洁的运算途径,通过计算促进数学推理能力的发展,形成规范化思考问题的品质。

(2019年第6题)如果 $m+n=1$,那么代数式 $\left(\dfrac{2m+n}{m^2-mn}+\dfrac{1}{m}\right)\cdot(m^2-n^2)$ 的值为( )。

A. -3　　　B. -1　　　C. 1　　　D. 3

(2020年第19题)已知 $5x^2-x-1=0$,求代数式 $(3x+2)(3x-2)+x(x-2)$ 的值。

(2021年第19题)已知 $a^2+2b^2-1=0$,求代数式 $(a-b)^2+b(2a+b)$ 的值。

(2022年第19题)已知 $x^2+2x-2=0$,求代数式 $x(x+2)+(x+1)^2$ 的值。

(2023年第19题)已知 $x+2y-1=0$,求代数式 $\dfrac{2x+4y}{x^2+4xy+4y^2}$ 的值。

3. 用符号语言表达的数学推理

对推理能力的考查,侧重于依据推理的基本形式和规则,探索论证过程并有逻辑的表达,考查学生"会用数学的思维思考现实世界""会用数学的语言表达现实世界"。引导教学在数与代数块板、图形与几何板块关注推理或证明的内容,培养学生形成重论据、有条理、合乎逻辑的思维品质。

(2019年第23题)小云想用 7 天的时间背诵若干首诗词,背诵计划(表5.2)如下:

① 将诗词分成 4 组,第 i 组有 x_i 首,$i=1,2,3,4$;
② 对于第 i 组诗词,第 i 天背诵第一遍,第 $(i+1)$ 天背诵第二遍,第 $(i+3)$ 天背诵第三遍,三遍后完成背诵,其他天无须背诵,$i=1,2,3,4$;

表 5.2

	第1天	第2天	第3天	第4天	第5天	第6天	第7天
第1组	x_1	x_1		x_1			
第2组		x_2	x_2		x_2		
第3组							
第4组				x_4	x_4		x_4

③ 每天最多背诵 14 首,最少背诵 4 首。
解答下列问题:
① 填入 x_3 补全表 5.2;
② 若 $x_1=4, x_2=3, x_3=4$,则 x_4 的所有可能取值为_____;
③ 7 天后,小云背诵的诗词最多为_____首。

本题考查了数字的变化类,不等式的应用,读懂符号所代表的意义。数学正确理解题意是解题的关键。第①问根据表中的规律即可得到结论;第②问根据题意列不等式即可得到结论;第③问根据题意列不等式,即可得到结论。考查学生对学科本质的理解,从数学的角度思考问题和运用数学知识解决实际问题。通过让学生经历阅读、观察、实验、推理等活动,考查学生在数学学习过程中所积累的学习经验,尤其是思维经验,让学生"外显"在学习过程中形成的思维品质。

(2023 年第 8 题)如图 5.5,点 A,B,C 在同一条线上,点 B 在点 A,C 之间,点 D,E 在直线 AC 同侧,$AB<BC$,$\angle A=\angle C=90°$,$\triangle EAB \cong \triangle BCD$,连接 DE,设 $AB=a, BC=b, DE=c$,给出下面三个结论:① $a+b<c$;② $a+b>\sqrt{a^2+b^2}$;③ $\sqrt{2}(a+b)>c$;上述结论中,所有正确结论的序号是(　　)。

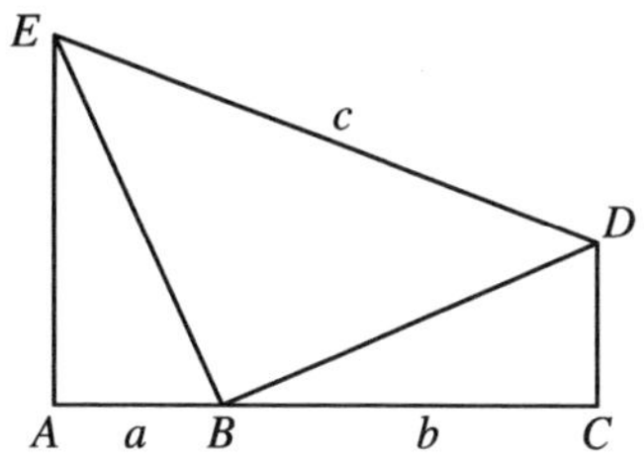

图 5.5

A. ①②　　B. ①③　　C. ②③　　D. ①②③

2023 年的第 8 题题型相较于前几年的中考试题发生了一个变化,以勾股定理证明过程的图形为背景,用符号语言推导图形中的数量关系,让学生了解核心概念与重要方法产生、发展和应用的过程,在探究中感悟数学的价值。

4．用符号语言表达的函数关系

函数是数与代数板块的主干知识，是研究运动变化的数学模型，它来源于实际又服务于实际，从实际中抽象出函数的有关概念，又运用函数知识解决实际问题。函数的图像与性质是函数的主体，从函数的数量特征和几何特征（图像）来刻画每一类具体函数的性质，充分体现了数形结合是研究每一类函数的基本思路与方法。近几年的北京中考 26 题，都是以二次函数为背景的代数综合题：

（2020 年第 26 题）在平面直角坐标系 xOy 中，$M(x_1, y_1)$，$N(x_2, y_2)$ 为抛物线 $y = ax^2 + bx + c(a>0)$ 上任意两点，其中 $x_1 < x_2$。

① 若抛物线的对称轴为 $x = 1$，当 x_1，x_2 为何值时，$y_1 = y_2 = c$；

② 设抛物线的对称轴为 $x = t$，若对于 $x_1 + x_2 > 3$，都有 $y_1 < y_2$，求 t 的取值范围。

（2021 年第 26 题）在平面直角坐标系 xOy 中，点 $(1, m)$ 和点 $(3, n)$ 在抛物线 $y = ax^2 + bx + c(a>0)$ 上。

① 若 $m = 3$，$n = 15$，求该抛物线的对称轴；

② 已知点 $(-1, y_1)$，$(2, y_2)$，$(4, y_3)$ 在该抛物线上。若 $mn < 0$，比较 y_1，y_2，y_3 的大小，并说明理由。

（2022 年第 26 题）在平面直角坐标系 xOy 中，点 $(1, m)$，$(3, n)$ 在抛物线 $y = ax^2 + bx + c(a>0)$ 上，设抛物线的对称轴为直线 $x = t$。

① 当 $c = 2$，$m = n$ 时，求抛物线与 y 轴交点的坐标及 t 的值；

② 点 $(x_0, m)(x_0 \neq 1)$ 在抛物线上，若 $m < n < c$，求 t 的取值范围及 x_0 的取值范围。

（2023 年第 26 题）在平面直角坐标系 xOy 中，$M(x_1, y_1)$，$N(x_2, y_2)$ 是抛物线 $y = ax^2 + bx + c(a>0)$ 上任意两点，设抛物线的对称轴为 $x = t$。

① 若对于 $x_1 = 1$，$x_2 = 2$ 有 $y_1 = y_2$，求 t 的值；

② 若对于 $0 < x_1 < 1$，$1 < x_2 < 2$，都有 $y_1 < y_2$，求 t 的取值范围。

二、高中阶段典型试题分析

初中数学学习更加侧重具体、特殊，对概念和性质、法则侧重直观发现、认可和直接运用，而高中学习则更加侧重抽象、一般化，对概念、性质、法则更侧重理解、推理、证明、应用和迁移，对代数推理和运算能力都有了更高的要求。所以《普通高中数学课程标准（2017 年版 2020 年修订）》的课程目标除要求"四基"（基本知识、基本技能、基本活动经验、基本思想方法）、"四能"（发现和提出问题、分析和解决问题）、"六个数学学科核心素养"（数学抽象、逻辑推理、数学建模、直观想象、数学运算、数据分析）之外，还特别强调了自主学习、敢于质疑、善于思考、实践能力、创新意识等。下面节选的是近 5 年北京高考试卷中蕴含符号语言理解的部分典型试题。

1. 对符号意义的理解

(2020 年第 1 题)已知集合 $A=\{-1,0,1,2\}$，$B=\{x\mid 0<x<3\}$，则 $A\cap B$ =（　　）。

A. $\{-1,0,1\}$　　B. $\{0,1\}$　　C. $\{-1,1,2\}$　　D. $\{1,2\}$

(2023 年第 20 题)已知数列 $\{a_n\}$，$\{b_n\}$ 的项数均为 $m(m>2)$，且 a_n，b_n $\in\{1,2,\cdots,m\}$，$\{a_n\}$，$\{b_n\}$ 的前 n 项和分别为 A_n，B_n，并规定 $A_0=B_0=0$。对于 $k\in\{1,2,\cdots,m\}$，定义 $r_k=\max\{i\mid B_i\leqslant A_k,i\in\{0,1,2,\cdots,m\}\}$，其中，$\max M$ 表示数集 M 中最大的数。

① 若 $a_1=2,a_2=1,a_3=3,b_1=1,b_2=3,b_3=3$，求 r_0,r_1,r_2,r_3 的值；

② 若 $a_1\geqslant b_1$，且 $2r_j\leqslant r_{j+1}+r_{j-1}$，$j=1,2,\cdots,m-1$，求 r_n；

③ 证明：存在 $p,q,s,t\in\{0,1,2,\cdots,m\}$，满足 $p>q,s>t$，使得 $A_p+B_t=A_q+B_s$。

集合语言可以帮助我们简洁、准确地表述数学对象及其研究范围，逻辑用语是我们全面地理解数学概念，正确地进行数学表达、判断和推理必不可少的工具，这是高中数学学习也是今后继续学习的基础。从近 5 年北京高考题看，第 1 题基本都是考察集合知识，要求学生正确理解符号的含义，并在此基础上正确运算，合理推理，属于简单题；而 2023 年第 20 题是新定义，在题干中符号语言比较多，相比于第 1 题，抽象度更高，难度也更大，只有正确理解符号含义才能读懂题意，进而解决问题。

2. 符号中的代数运算

(2023 年第 5 题)$\left(2x-\dfrac{1}{x}\right)^5$ 的展开式中 x 的系数为（　　）。

A. -80　　B. -40　　C. 40　　D. 80

(2022 年第 8 题)若 $(2x-1)^4=a_4x^4+a_3x^3+a_2x^2+a_1x+a_0$，则 $a_0+a_2+a_4=$（　　）。

A. 40　　B. 41　　C. -40　　D. -41

二项式定理内容一般出现在选择、填空来考察，需要学生理解二项式定理内容，掌握字母代表的含义，熟记公式，并在此基础上根据具体问题，对比或赋值从而求解得到正确答案。对比初中符号一般代表特殊的规律(如完全平方公式和平方差公式)，进入高中，经过代数推理和论证，字母代表的代数结构和规律推广一般化(如二项式定理)，对学生不仅要求其对公式的简单记忆，还对运算能力提出了更高要求，使学生的思维和认知逐步得到发展、突破和调整，发展了其辩证逻辑思维。

3. 符号中的逻辑推理

（2023年第8题）若 $xy \neq 0$，则"$x+y=0$"是"$\dfrac{y}{x}+\dfrac{x}{y}=-2$"的（　　）。

A．充分而不必要条件　　B．必要而不充分条件
C．充要条件　　D．既不充分也不必要条件

（2022年第15题）已知数列 $\{a_n\}$ 的各项均为正数，其前 n 项的和 S_n 满足 $a_n \cdot S_n = 9(n=1,2,\cdots)$。给出下列四个结论：

① $\{a_n\}$ 的第2项小于3；② 为等比数列；③ 为递减数列；④ $\{a_n\}$ 中存在小于 $\dfrac{1}{100}$ 的项。

其中正确结论的序号为_____。

关于充分条件、必要条件、充要条件的考查，会以其他基础知识为载体。一般都是从充分性和必要性两个方面考虑，分类讨论，考查学生的运算能力和逻辑推理能力。而2022年第15题是研究一个无穷正数数列，考查数列的基本概念、研究数列的增减性、估计数列项的范围、判断数列是否为等比数列等均为正数的新数列，对学生对定义的掌握、运算能力和逻辑推理素养都有比较高的要求。

第三节　"符号语言"学习困难分析

符号意识是数学抽象的心理基础。形成符号意识是小学阶段的一个学习难点，其中主要原因就是数学符号的抽象性与形式化，初中数学课程从一开始就进入代数学习，需要适应大量的符号表示、符号运算和符号推理，这对学生来说具有相当的挑战性，从而导致部分学生不能很快适应初中阶段的数学学习。通常所说的"看不见、摸不着"的东西，都是"抽象"的，初中阶段的核心素养的一个关键词"抽象能力"，一方面是小学阶段"数感""量感""符号意识"的进一步发展，另一方面为高中阶段更为严谨、形式化的"数学抽象"打下基础。

例如"-"既可以是符号，也可以是运算符表示"减法"；字母 e 可以表示未知的特定的常量，也可以表示变量，还可以表示特定的自然对数的底；求根公式中的 a,b,c 在一元二次方程中分别表示二次项系数、一次项系数和常数项，但是在具体问题中，它们也可能出现其他位置，如 $x^2-ax+b=0$。就小初、初高衔接而言，学生从小学以算术为主到初、高中对代数进行系统学习，正是由于学生由"程序性观点"向"结构性观点"转化往往是在不自觉的状态下实现的，加剧了学生代数思维学习的困难。所以在小初衔接的预备年级需要在学生熟悉的

算术运算的基础上不断渗透方程思想、代数思维。如在北师大版六上教材第一单元"圆"的教学中,对于半径(直径)的字母表达 r(和 d)要让学生明确字母的意思,r 既可以表示一个特定圆的半径,也可以表示半径分别是 1 或 2 或 3 的圆。在第二单元"分数的混合运算"和第四单元"百分数"、第七单元"百分数的应用"教学中:对于分数方程或百分数方程的求解问题,小学主要还是从逆运算的角度来讲解的,与此同时可以启发学生去思考,其一,方程里面的未知数 x 表示一个特定的值,可以求解出来;另一个方面如果单纯看等号带着未知数的一侧,赋予未知数 x 不同的值,这一侧就可以求出不同的值,所以这一侧的式子其实可以表示一个变化的值。

周颖娴通过对错误类型的分析,发现学生对于字母符号及代数式学习中存在如下困难。[64]

一、学生对代数符号存在理解障碍

符号是数学的语言,是人们进行表示、计算推理、交流和解决问题的工具。《数学课程标准》强调发展学生的符号感,并指出"符号感主要表现在:能从具体情境中抽象出数量关系和变化规律,并用符号来表示;理解符号所代表的数量关系和变化规律;会进行符号间的转换;能选择适当的程序和方法解决用符号所表示的问题。"符号到底代表什么,很多学生对其认识只停留在关于文字符号的六种不同的使用层次的较低层次,一旦问题变得复杂,他们的解题过程就变得机械,无法体会其含义。

二、学生对文字语言和符号语言之间的转化存在一定困难

学生对于某些"关键字"的意义有其直觉反应;学生对于文字叙述下的意义不明白;学生对于题目中的说明或条件容易忽略;学生会认为题目中提到的数字都是要用到运算中的;学生认为同一句叙述里提到的数字就是要同时用到;学生面对较长或关系较复杂的数学问题时,常不知重点。学生普遍认为解决具体数值的问题比带有字母符号的数学题更简单操作,所以学生用具体数字代替字母来列代数式,说明学生对用字母表示数还存在一定的理解障碍,学生对数学理解仅仅停留在操作性理解的基础上。

三、学生在程序性知识上的错误概念

列代数式包括之后的解代数方程式问题中,最常出现的问题是移项时产生错误;学生在去括号时常发生错误;大多数学生在解题时一旦前面的式子能正确列出,那么大多能解出正确答案来;学生仍不太熟悉负数的计算;学生对于文字符号的表示仍有困难,所以在代数文字题中列式子时,会把未知数 x 忘了,而

在解方程的过程中,也会出现这样的情况。

四、学生固有迷思概念和错误的固着知识导致出现过渡困难

学生常凭直觉或自以为合理的合理化理由,而使用了错误的基础知识;学生缺乏负数的数学概念;学生对于二者比较的关系容易搞错对象;学生缺乏因果关系的基础知识;学生缺乏位置的基础知识;学生对于文字符号的表示的基础知识不熟练;学生作假设的基础知识不熟练,所以常没有假设未知数就直接列式,也不了解作假设是为了列出式子解决问题;有些学生的思考模式和基础知识,有功能固着的现象,造成他们在解答数学文字问题时不管问题的性质,都会固定的套用他们习惯使用的基础知识。

五、学生在策略知识方面的困难

有些学生了解题意,但无法将题目中的条件加以表征和组织成完整的数学语言;大部分学生的解题策略只有一个,若策略无法成功,便放弃而不再寻求其他策略;学生对于文字题仍习惯于算术解题。这可能以下几方面的原因:首先,老师平时对学生的训练过于模式化,学生机械地记住把"谁比谁多,谁是谁的几倍",把"比"字、"是"字后边的量设为单位"1",本题并没有用文字语言叙述,而是在图上给出"加量25%"这一信息,学生就不能分析出到底谁是单位"1",应该是和谁比较得到的数据。其次,学生审题不仔细,没有看到图上给出的数据。再有,学生缺乏应用意识,不能将这一实际问题抽象成数学问题,无法将文字语言转化为数学的符号语言。

第四节 "符号语言"教学策略分析

符号化是数学概念形成的基本途径,也是数学抽象能力的表现之一。小学阶段对符号化水平不能要求过高,但应当在可行的情况下让学生尽早接触数学符号,因为学生对数学符号的认识和习惯通常都需要一个较长的时期。在小学阶段帮助学生消除对数学符号的陌生感,初步适应符号的表示与运算,体验数学符号的意义和优越性,发展符号意识,将有助于他们适应初中阶段的数学学习。

符号意识是形成抽象能力和推理能力的经验基础,在教学中应该渗透数学符号的应用,知道符号表达的现实意义,能够用符号表示数量、关系和一般规律,知道符号表达的运算规律和推理结论具有一般性。从具体到抽象是培养学

生符号意识的基本途径。首先,关注数学概念的发生发展过程,是学生经历"实物操作—表象操作—符号操作"的抽象过程。其次,在正式引入数学符号之前可以先用一些缩写或者形象符号作为过渡。经历"文字代数—简写代数—符号代数"的过程。最后,对数学符号的学习与迁移往往涉及不同的认知水平。符号意识的发展需要一个循序渐进的过程,小学阶段主要是对各种符号及其意义的初步认识,其水平将随着学习的不断深入而逐步提高。初中阶段要进一步发展符号意识,理解代数是算术的一般化,能用代数解决问题,能够对符号进行运算和变换。能够利用符号发现一般规律。教学时可采取的教学策略如下:

一、提高应用意识

《义务教育数学课程标准》对应用意识的界定是:有两个方面的含义,一方面有意识利用数学的概念、原理和方法解释现实世界中的现象,解决现实世界中的问题,也就是指学生的数学知识现实化;另一方面,认识到现实生活中蕴含着大量与数量和图形有关的问题,这些问题可以抽象成数学问题,用数学的方法予以解决,也就是学生的现实问题数学化。因此,我们在现实的教学中要发展学生的应用意识,变知识为智慧。

二、去模式化

要让学生真正地把握数学本质,培养思维品质。变机械地记结论为真正地理解变化过程,"增加25%,是与谁比较的增加?与原来速度比,那么原来速度就是单位'1'"(图5.6)。

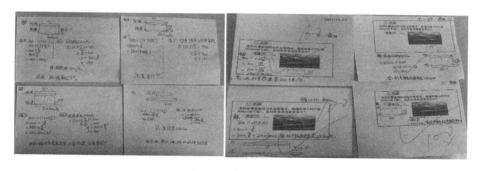

图 5.6 学生作答展示

三、借助画线段图的方法将实际问题直观化

培养学生的思维能力,就是要让学生能够看得懂用数学符号语言表达的数学本质,能够看懂数学图形语言所表达的数学思维,学生的数学思维活动是否发生与教师的引导密不可分。

第五节 "符号语言"教学案例

从算数到代数[①]

一、教学内容

本节课为北京市骨干教师培训班关于中小学衔接的研究课。研究的方向为六年级学生对方程的认识。本次研究专题以方程内容为载体,小学老师上第一节课,中学老师上第二节课。本节课为第二节课,教学内容为学生从算术思维到代数思维的初步体验与认识。

小学四年级下册"用字母表示数"这部分内容,主要包括用字母表示数,用含有字母的式子表示实际问题的数量关系或者计算公式,求简单的含有字母式子的值等。五年级下册主要教学方程的意义,用等式的性质解一步计算的方程,列方程解决一步计算的实际问题。六年级上册主要教学用等式的性质解形如 $ax \pm b = c$,$ax \div b = c$ 和 $ax \pm bx = c$ 的方程,列方程解决两布、三步计算的实际问题。

六年级下册的内容结构如图 5.7 所示。

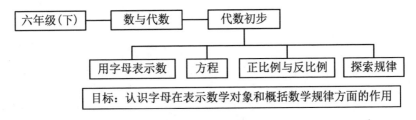

图 5.7 内容结构图

《义务教育数学课程标准(2011 年版)》中四至六学段中已经有关于简单方程的内容,学生对方程已经有初步的认识,会用方程表示简单情境中的数量关系,会解简单的方程。从中学数学的角度看,方程部分不仅篇幅多、跨度大,而且与函数、不等式等知识也有着极其密切的联系。方程是初中数学代数部分重要基础,也是初中数学中非常关键的内容。

《义务教育数学课程标准(2022 年版)》中小学阶段强调的是发展"推理意

[①] 案例来源:北京市八一学校姜杉。

识",初中阶段则是发展"推理能力"。因此,需要加强学段衔接,有效促进学生从算术思维向代数思维过渡。算术的基本对象是数,而代数中出现了更具广泛意义的符号。算术思维的核心是获得一个答案,以及确定获取这个答案与验证这个答案是否正确的方法。代数思维则是由关系或结构来描述,它的目的是发现关系或结构,并将它们联系起来。因此,学生在从算术思维向代数思维过渡的过程中,思维的层次要经历从个别到一般、从具体到抽象的飞跃。一方面,教师要培养"代数的眼睛和耳朵",发现算术中潜在的代数结构,这样才能有效发展学生的结构意识;另一方面,教师在教学中应设计恰当的问题情境,让学生看到代数方法和算术方法的相似与差异,从而逐渐意识到代数方法的优越性。

二、学情分析

(1) 从学生认知的角度来看,首先是对符号的意义有所认识,至少能认识到符号可以表示一个未知的量;其次是把符号和已知数量同等对待,借助运算意义来表达新的数量;最后,是建立所表达出的量之间的关系。

(2) 从建模的角度来看,一种是方程应用题,背景下的数量关系是已知的,例如行程问题、销售问题等;还有一种是数量关系未知的,需要基于经验抽象构建关系的。建立方程模型的难点:

① 认识用字母可以表达一个未知量,借助字母表达的量与已知量一起把背景意义与运算意义建立联系,实现运算表达新的数量;

② 将所获得的新的数量建立等量关系,"从不同角度表达一个量"来建立一个等量关系是困难的;对于"已知比一个数的二倍多 3 的数是 7,求这个数。"学生可以直接借助字母表达这句话中的关系:设这个数为 a,依题意有 $2a+3=7$,这是一种符号的自然表达。但是如果考虑"还可以得到哪些关于这个数 a 的其他关系式?"就是困难的,学生需要从构建等量关系的角度出发,来建立方程是困难的。

(3) 从求解模型的认识来看,从算术思维角度来求解,只能解决较为简单形式的方程;从代数思维角度,实质上是把方程作为一个代数对象来处理,从等式的运算性质与变形规则来做形式上的转化(化简)。对于解方程,学生会遇到以下的难点:

① 等号"="的认识,"="有多重含义,一是单方向的,表示结果;二是表示双向的,表示"平衡"的意思,表示相等关系,两边是对称的;

② 对未知数概念的理解,未知数和已知数一样,可以在运算中同等对待;

③ 对方程概念的理解,把方程当作一个整体对象来看待,要用结构化观点来认识。

(4) 从学生心理特点看,学生具有思维活跃、好奇心强的特点,已初步形成合作交流、敢于探索和实践的良好学风,学生间可以做到相互评价、相互提问,有互动意识。

三、教学目标

(1) 通过揭秘魔术的探索过程认识到用字母表示数的意义和价值。
(2) 初步体验与认识从算术思维到代数思维的过渡过程。
(3) 了解数、式、方程之间的关系。

四、教学重难点

(1) 学生在探索过程中符号意识的培养。
(2) 学生对方程中字母的认识。

五、教学过程

环节一：问题引入

教师和学生简单交流一下魔术的话题，然后说明其中有一类魔术实际上与数学有关，今天就来玩一个扑克牌的魔术，看看谁能洞悉魔术的秘密。

设计意图："兴趣是最好的老师"，通过介绍魔术激发学生学习数学的兴趣。

环节二：探索新知

活动一：体验魔术

(1) 魔术前的准备：

① 四人一组，每组选出一名组长，组长负责发牌、监督、组织讨论。
② 其余三人分别命名为甲、乙、丙。
③ 每组一副扑克牌，要求每位同学按指令完成任务。

(2) 魔术开始。

师生活动：教师指令：在整个过程中，每个人的牌数要对老师保密。请拿出扑克牌，为其余三位同学依次发牌，要求给每位同学发的牌数相同，且张数不少于5张。三位同学记为甲、乙、丙（记住自己代号）。甲同学拿两张牌给乙同学，丙同学拿出一张牌给乙同学，甲同学数一数自己手中的牌数，告诉乙同学，然后乙同学拿出这个数目的牌给甲。

教师活动：我知道乙同学手中的牌数。说出牌数，请乙同学验证。

设计意图：学生在理解规则的前提下，通过多次体验，感受魔术的神奇。激发学生魔术揭秘的欲望。本环节要求教师有较强的教学组织能力。

活动二：魔术揭秘

师生活动：学生先独立思考再小组讨论，看哪一组同学能解释清楚魔术的奥秘。

引导性问题：回顾一下刚才的活动过程，你认为有哪些比较重要的信息？（引导学生关注到变化中的不变要素：每个小组发牌数是不同的，但是最终乙同学的牌数是确定的,不论哪一个组,每组同学的最初手中牌数是一样的,操作方式是一样的。)能否用某种方式来把这些信息及其关系清楚地表达出来?对于其中不确定的数量的表达,以前有过相关经验吗?

教师与学生一起分析问题:每组原来牌数不等,可设每人牌数有 x 张,则过程的自然语言与符号语言如表 5.3 所示。

表 5.3 魔术活动的自然语言与符号语言

自 然 语 言	符 号 语 言		
	甲	乙	丙
起始状态	x	x	x
1. 甲给乙 3 张牌	$x-3$	$x+3$	x
2. 丙给乙 4 张牌	$x-3$	$x+3+4$	$x-4$
3. 甲同学数一数自己手中的牌数,告诉乙同学,然后乙同学拿出这个数目的牌给甲	$x-3+(x-3)=2x-6$	$x+3+4-(x-3)=10$	$x-4$

小组讨论:用字母表示数的意义何在?何时需要用字母表示数?

设计意图:游戏揭秘的过程是从算数思维到代数思维的推理过程,用字母表示数的意义在解决问题中体现了价值所在。

活动三:你能当魔术师吗?

师生活动:请同学给口令(只改变口令中甲给乙、丙给乙的牌数),不用操作,你能说出乙同学有几张牌吗?

小组讨论:① 要想快速算出乙最后的牌数,你有办法吗? ② 你能解释你找到的规律吗?

分析:用字母 a 表示甲给乙的牌数、b 表示丙给乙的牌数,最后乙同学的牌数为:$2a+b$。请同学进一步体会用字母表示数的意义。

设计意图:魔术揭秘之后,通过这个活动的探索,让学生自主推理规律非常必要。但由于学生认知水平参差不齐,仍然有一部分学生不能通过代数推理找到规律,因此教师要注意观察每个小组的探索、交流过程以及探索得到的结论,评价学生参与的广度和深度以及探索、归纳等能力。对于不知从何入手探索的同学进行针对性指导,以此来促进学生参与的积极性,培养学生的归纳、概括能力。

活动四:编制魔术(认识方程)

师生活动:如果结果始终是 10,口令一定是 $a=3,b=4$ 吗?

学生在老师的引导下列出方程:$2a+b=10$。

问题 1:什么是方程?什么是方程的解?什么是解方程?

讨论:

① $2a + b = 10$ 是方程吗?
② $2a + b = 10$ 是有几个未知数的方程?
③ $2a + b = 10$ 有几个解?

问题2:再换个角度看问题:a 和 b 有怎样的关系?你能用含 a 的式子表示 b 吗?你能用含 b 的式子表示 a 吗?方程的解为何不唯一?添加何种条件能唯一?

问题3:如果给出 a,b 的关系,能求出 a,b 吗?

分析:根据学生给出的关系消元,一定能将二元一次方程变成一元方程。进而可以引出一元一次方程、二元一次方程组、一元二次方程、分式方程(a,b 的关系包含和、差、积、商等)。

设计意图:通过上述问题引发学生对方程的思考。当利用 a,b 的关系将二元方程转化为一元方程时,学生对方程的认知有了新高度,对初中学习有了新期待,这样的追问以及代数推理给即将升入中学的小学生打开了一扇窗。

环节三:课堂小结
学生谈谈本节课的收获。

环节四:布置作业
请你编制一个魔术方案,方案后面附魔术揭秘过程。

六、教学设计说明

代数是一种语言,一种思维方式,一种数学建模活动,一种发现问题和解决问题的工具。要准确地区分出算数与代数是一个难题。实现从算术思维到代数思维的初步体验与认识是本节课研究的重点。如何认识字母?学生从认知角度把握等式中字母认识的几个层次阶段:将字母视为一个物体或空箱;将字母视为数的替代物以表达一般规则;将字母视为待定的未知数值;将含字母的等式视为平衡的等价表达;将字母视为变量;能够把字母有主从的区别对待。本节课通过魔术揭秘的过程让学生将字母视为待定的未知数值,体会用字母表示数的必要性和价值。

从方程在数学学科上的理解与认识角度,林群认为含有未知数的等式叫方程;张奠宙认为方程是为了求未知数,在未知数和已知数之间建立起来的等式关系;史宁中认为方程的意义是表示一个故事中的两件事情(数量)等价,其中用字母表示未知量。方程是一个重要的数学模型,具有符号化、形式化、结构化的特征,从求解模型来看具有操作化和算法化特征。上述三个方程的概念反映了不同的认识视角。张奠宙的概念是从模型应用的角度来讲的,体现了方程在解决问题中的模型价值;林群是从数学对象的形式化特征进行描述的,侧重的是数学对象的分类;史宁中是从方程所蕴含的数学思想方法上来揭示方程概念内涵的。其实不管怎么给方程下定义,都离不开两件事情,一件事情是未知数,另一件事情是等式,而未知数、表示等量关系的等号,从数学角度说都是符号,那么方程本质上传递的就是学生的符号意识。因此,无论是运用未知数的能力,还是运用等号的能力,本质上都是架构等式,体现的是一种符号意识,所以说符号意识是代数思维中最核心的内容。而方程、函数、不等式,从宏观上来看,都是数学符号化语言的学习载体。中学阶段所学的代数运算本质上仍是算术运算。阿拉伯数字和英文字母、希腊字母都可作为数学符号,符号系统的选择或写法不是本质,反映本质的是关系,即无论是算术还是代数都需要根据已知量来获取未知量,这是二者的共性关系。

代数思维的培养对于小初衔接有着重要的意义,一方面教师要理解算术与代数思维的特征及在学生的数学思维发展中的联系,提高对学生代数思维发展的关注,自觉在教学中挖掘教学内容蕴含的代数思维要素,进行代数思维的培养。另一方面,思维发展是一个累积性的连续过程,是量变到质变的过程。因此,思维的发展具有其自身的连续性和累积性,不存在突然的变异和飞跃。算术思维和代数思维是从教学研究角度对数学思维发展的一个划分,但是,在具体课堂教学实施过程中,我们不能违反思维发展的规律,断然对学生的学习行为指出是算术思维,而是在教学过程中能够更清晰地认识并分析学生的思维活动,把握学生思维发展所处的状态,在教学中设计教学活动适当加以引导。

另外,本节课中学生以自主合作的方式进行学习,教师以启发等方式进行引导,课堂以小组合作为主要的教学组织形式。突出体现"自主性、互助性、创造性"的教学思想,逐步培养学生运用基本的数学思想、方法去发现问题、分析问题和解决问题的能力。在教学策略方面,从引入开始,明确要探究的问题,在观察探索过程中,以问题引领学生步步深入,逐步发现问题的关键要素,不断完善观察,从而突出重点、突破难点。

向量的减法[①]

一、教学内容

向量理论具有深刻的数学内涵、丰富的物理背景。向量是近代数学中重要和基本的数学概念之一,向量既是代数研究对象,也是几何研究对象,是沟通几何与代数的桥梁。向量是描述直线、曲线、平面、曲面及高位空间数学问题的基本工具,是进一步学习和研究其他数学领域问题的基础,平面向量既可以进行代数形式的运算,又可以利用它的几何意义进行几何形式的变换,平面向量的这种"双重身份",为使用代数方法研究几何问题提供了强有力的工具,同时也

[①] 案例来源:北京市八一学校附属玉泉中学任瑞春。

使它成为知识的交汇点,成为联系多种知识的媒介,在解决实际问题中发挥着重要的作用。

向量的代数属性源于向量是可以度量的,在有了向量的"模"的定义后,就有了零向量、单位向量、相等向量的概念,也就有了向量的加法、减法和数乘运算。尽管向量的加法、减法的运算法则不同于实数的运算法则,然而这毕竟是一种量的运算,而且运算结果也还是向量,这一切说明向量应当从属于代数,尽管向量有不同的方向,但是在同一方向上的向量,它的一切规定、一切运算,又都和实数上的完全一致。我们甚至可以把它称为"这个方向上的实数"。从这一角度上,向量可以看作实数的一种推广。

本单元的学习,可以帮助学生理解平面向量的几何意义和代数意义;掌握平面向量的概念、运算、向量基本定理以及向量的应用;用向量语言、方法表述和解决现实生活、数学和物理中的问题。就本节课内容而言,从知识层面,"向量的减法"这一节内容是平面中"向量加法"的进一步拓展,可以类比"数"的加减法,把向量减法看成是向量加法的逆运算。纵观高中数学向量知识,平面向量知识是空间向量的基石,为后续向量的内容打下坚实的基础。从更高层面看,向量知识体现了数学的本质——研究空间形式和数量关系的科学,体现了数与形的和谐统一。

二、学情分析

从知识角度看,在本节课之前,学生已经学习了向量的加法,对向量加法运算法则已经掌握,学生对向量的物理背景有了初步的了解,力的合成与分解、位移、速度的合成与分解,都为学习这节课做了充分准备。

从学生能力角度看,学生基础薄弱,思维浅,对图形的认知能力欠佳,面对灵活多变、繁杂的问题往往束手无策。另外学生不愿思考、不会思考的现象很普遍。课上喜欢听老师讲,不愿动笔,不会记笔记,没有梳理知识的习惯。学生对数学学习有热情,也有对新知识的探索欲望,但是自我学习的能力弱,在学习中有畏难情绪,所以有时需要老师递进式的助推才能完成知识的形成。

三、教学目标

(1) 了解相反向量的概念。

(2) 掌握向量的减法的运算规则,会作两个向量的差向量,并理解其几何意义。

(3) 通过阐述向量的减法运算可以转化成向量的加法运算,运用代数推理思想,使学生理解事物之间可以相互转化的辩证思想。

(4) 通过这节课的学习,展现知识的形成过程,体验探究的基本方法。

(5) 通过合作交流学习的方式,感受成功与失败的情感体验。

四、教学重难点

教学重点:向量减法的概念和向量减法的作图法。
教学难点:减法运算时方向的确定。

五、教学过程

环节一:温故知新

问题1:① 向量加法的法则是什么? ② 如图5.8所示,已知 $a \parallel b$,请作出 $a+b$。

$$\xrightarrow{\quad a \quad} \quad \xrightarrow{\ b\ }$$

图 5.8

师生活动:学生回答并作图,教师强调两种法则作图时的关键。
设计意图:巩固向量加法的知识,为利用数学推理得出向量的减法运算做准备。

问题2:在上面的问题1的第②问中,你能否作出 $a-b$?
师生活动:学生可以通过类比数的加减法猜测向量减法的做法,此处放手给学生去做,通过了解学生的思维过程指导后续教学。
设计意图:从特殊情况出发,激发学生的探究欲望,因为此时两个向量同向,学生会比较容易给出正确答案,使学生体验成功的快乐,激发学习兴趣。

环节二:知识探究

给出如下定义及规定:

"相反向量"的定义:与 a 长度相同、方向相反的向量,记作 $-a$。
零向量的相反向量仍是零向量。
任一向量与它的相反向量的和是零向量,$a+(-a)=0$。
如果 a、b 互为相反向量,则 $a=-b, b=-a, a+b=0$。
向量减法的定义:向量 a 加上 b 的相反向量,叫作 a 与 b 的差,即 $a-b=a+(-b)$ 求两个向量差的运算叫作向量的减法。

问题3:$a+(-b)$ 表示什么?
师生活动:根据学生在上面的问题2中的回答给出"相反向量"的定义和一些相关规定。
设计意图:让学生理解相反向量的概念,为向量减法的作图引入做好准备。

问题4:已知向量 a、b,如何作出这两个向量的差向量?你能想出几种办法?
问题5:请你总结向量减法的作图方法?

① 同起点,连终点,方向指向被减向量(图5.9);
② 利用相反向量转化成加法完成(图5.10)。

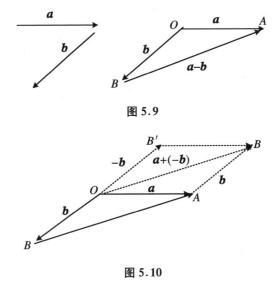

图 5.9

图 5.10

师生活动:教师引导学生运用代数推理类比代数运算中两个数的减法,理解 $a+(-b)$ 的意义,从而得出向量减法的运算法则和作图方法(学生互相讨论交流总结方法)。

设计意图:创设问题,启发讨论,探索结果。

环节三:深入理解

例1 已知向量 a 和 b(图5.11),求作 $a-b$(图5.12、图5.13)。

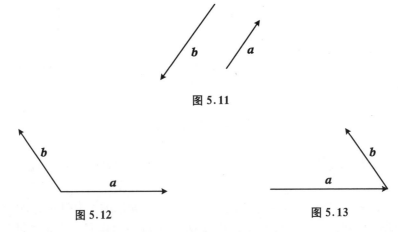

图 5.11

图 5.12   图 5.13

师生活动:鼓励学生通过动手实操,完成作图过程,并且通过对应不同情况下的两个向量,深刻理解向量减法的作图方法。

设计意图:加深理解,完善知识结构。

例2 如图5.14所示,在已知△ABC中,D,E,F分别为AB,AC,BC的中点。

(1) $AE - AD =$ _____,并写出与此相量相等的全部向量_____,写出与此向量相反的全部向量_____。

(2) $DA - FC =$ _____;$EF = -FD +$ _____;$BD - BF + DE =$ _____;$AD - BF + EC =$ _____。

(3) 设 $BD = a$,$BF = b$,请你用图中任意两个字母组成一个向量,并把该向量用 a,b 表示出来。

师生活动:学生通过思考讨论,共同探究每个问题的答案。

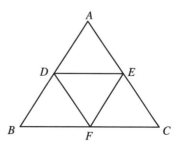

图 5.14

设计意图:培养学生应用新知识的能力;例2中的第(3)问为开放习题,目的是调动学生的学习积极性,通过相等向量、相反向量和具有倍数关系的向量的寻找,为后面的数乘向量和平面向量基本定理做铺垫。

环节四:课堂小结

总结本节课学到了什么知识和方法?

师生活动:师生共同总结完善。

设计意图:优化学生的认知结构,使学生较快地形成解题技能和解题思想。

环节五:课后测试

必做题:

(1) 下列等式:① $a + 0 = a$;② $a + b = a - b$;③ $-(-a) = a$;④ $a + (-a) = 0$;⑤ $a + (-b) = a - b$。正确的个数是( )。

A. 2   B. 3   C. 4   D. 5

(2) 下列等式中一定能成立的是( )。

A. $AB + AC = BC$ B. $AB - AC = BC$
C. $AB + AC = CB$ D. $AB - AC = CB$

(3) 化简 $OP - QP + PS + SP$ 的结果等于( )。

A. QP B. OQ C. SP D. SQ

(4) 已知 $OA = a$,$OB = b$,若 $|OA| = 12$,$|OB| = 5$,且 $\angle AOB = 90°$,则 $|a - b| =$ _____。

选做题(思考):

平行四边形 $ABCD$ 中,$AB = a$,$AD = b$,用 a,b 表示向量 AC,DB。

解：由平行四边形法则得：$AC = a + b$，$DB = AB - AD = a - b$。

变式一：当 a, b 满足什么条件时，$a + b$ 与 $a - b$ 垂直？（$|a| = |b|$）

变式二：当 a, b 满足什么条件时，$|a + b| = |a - b|$？（a, b 互相垂直）

变式三：$a + b$ 与 $a - b$ 可能是相当向量吗？

变式四：当 a, b 满足什么条件时，$a + b$ 平分 a 与 b 所夹的角？

变式五：若 $|a| = |b| = |a - b|$，求 a 与 $a + b$ 所在直线的夹角。

六、教学设计说明

本节课由特殊到一般来引导学生学习得出向量减法，使学生的思维一直处于积极的思考状态，使学生经历知识的形成过程，让学生们能够构建更加完善的数学认知结构。在教学过程中，综合了启发探究、合作学习、接受式等多种教学方式，传授学生知识的同时，传授学生学数学的思想方法。

在教学过程中，引导学生分组讨论，合作交流，进行"再深化"，体现了数学新课标所倡导的积极主动、勇于探索的学习方式的课程理念。让学生在自主探索、自由想象和充分交流的过程中，不断完善自己的认知结构，充分感受成功与失败的情感体验。最后通过必做选做两方面的作业，逐层深化，帮助学生进一步理解相关的知识与方法，拓展学生自主发展的空间。

在实际教学中，整堂课教学效果很好，过程很顺畅，与预期一样学生有一定的迟疑，但是经过老师的提示或者同学间的帮助都获得了解决。学生们对于同向向量减法很快就理解到位了，而且很自然的给出了相反向量的概念。并且在实际教学中还给出了两种同向向量减法的作图方法：一种是共起点，一种是两个向量首尾相接。这两个方法的得出为接下来两个向量不共线时的做法奠定了良好的基础。在问题串的引导下，学生们整堂课都能积极思考，保持对知识探索的热情和活跃度。在最后一个环节由学生自命题全班求解的环节里，学生们更加积极，既激发了学习兴趣，又巩固了知识。

两条直线的位置关系[①]

一、教学内容

本节课主讲 2019 年人民教育出版社出版的《数学（选择性必修） 第一册》（B 版）第二章《平面解析几何》。《普通高中数学课程标准（2017 年版 2020 年修订）》指出，解析几何是数学发展过程中的标志性成果，是微积分创立的基础。

[①] 案例来源：北京市八一学校于珊。

在平面解析几何的教学中,应引导学生结合情景清晰地描述图形的几何特征与问题,再结合具体问题合理地建立坐标系,用代数语言描述这些特征与问题,最后,借助几何图形的特点,形成解决问题的思路,通过直观想象和代数运算得到结果,并给出几何解释,解决问题。本节内容主要是如何依据两条直线的方程来判断它们的位置关系,是学生在学习过两点间距离公式、斜率公式、直线方程的几种形式后,首次通过直线方程组解的个数来讨论两条直线相交、平行或重合的条件。通过本节课的学习,使学生会用严谨的符号语言表达、判断、解决两条直线的位置关系,养成一丝不苟、严谨求学的科学精神,提升逻辑推理的数学素养。

二、学情分析

虽然两条直线的位置关系,学生在初中平面几何已学习过,但是初中侧重于"形"的角度即两条直线的交点个数,属于定性研究;而在高中,在直角坐标系中每一条直线可以用一个二元一次方程来唯一表示,故在坐标系下运用代数方法即坐标法,侧重"数"的角度即方程的解的个数,属于定量研究,是一种新的观点和方法,需要学生理解和感悟。本节课从学生的认知起点出发,从知识产生的必要性引入课题,循序渐进,便于学生掌握知识间的内在逻辑关系,其中,通过坐标法建立方程的一般思路,也为后续学习圆的方程及圆锥曲线的方程奠定基础。有助于发展学生逻辑推理、数学运算的核心素养,提升学习的兴趣。

三、教学目标

(1)了解通过平面解析几何研究两条直线位置关系的必要性。
(2)会求两条相交直线交点的坐标,提高数学运算能力。
(3)理解通过方程组给出的两条直线相交、平行、重合的条件。
(4)会根据直线的斜率和截距以及直线的法向量判断两条直线相交、平行、重合,提升逻辑推理能力。

四、教学重难点

教学重点:如何通过直线的方程来判断直线的位置关系。
教学难点:利用法向量推导出两条直线垂直与平行的条件。

五、教学过程

1. 温故知新,从学生的争议处入手

问题1:如图5.15、表5.4所示,平面几何中,直线的位置关系有哪几种?

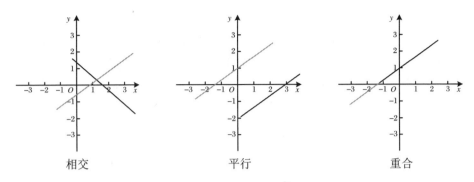

图 5.15　两条直线的位置关系

表 5.2　两条直线的位置关系与公共点个数

两条直线的位置关系	两条直线的公共点个数
相交	1
平行	0
重合	无数

问题 2：如图 5.16 所示，两条直线的位置关系是什么？

图 5.16　两条直线

生：相交，因为延长后能交于一点。

师：一定相交吗？如何判断？（学生思考）

生：直线可以用直线的方程来表示，可以通过方程来判断。

设计意图：通过回顾初中阶段判断两条直线位置关系的方法，减少学生对新知识的陌生感。在初中，判断两条直线相交一般通过观察直接得出，为直观判断，属于定性研究。但是否相交要想说得清楚，这就需要借助直线的方程来进行严谨的判断，从而引出用直线的方程来判断两条直线的位置知识。新旧知识之间产生链接，降低了学习的难度，便于学生掌握知识的内在逻辑性，体会学习直线方程的必要性的同时提升学生的说理能力。

2．特例分析，找准问题的突破口

思考：依据直线的方程如何判定它们之间的位置关系？（学生思考）

师：我们从一个具体问题入手来探究，并思考是否有其他方法来判断。

例 1　已知直线 $l_1: x - y + 1 = 0$，直线 $l_2: x + y + 3 = 0$，判断 l_1 与 l_2 之间的关系，说明理由。如果相交，求出交点坐标。

〈法1〉画出大致图形(图5.17),明显两条直线相交。

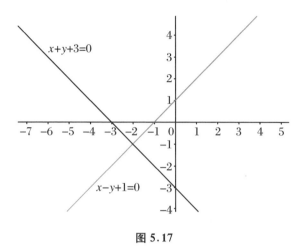

图 5.17

〈法2〉联立方程:
$$\begin{cases} x - y + 1 = 0 \\ x + y + 3 = 0 \end{cases}$$
$$\begin{cases} x = -2 \\ y = -1 \end{cases}$$

师:大家说一说这两种方法的理论依据。

生:〈法1〉如图5.17所示,两条直线有一个交点,根据定义两条直线相交,但是交点不能直接读出来;〈法2〉方程组的解为 $x=-2,y=-1$,说明这个解同时满足两个直线方程,即以 $-2,-1$ 为横纵坐标的点 $(-2,-1)$ 既在直线 l_1 上,又在直线 l_2 上。根据定义,两条直线相交,且交点为 $(-2,-1)$。

师:大家觉得哪种方法更好呢?

生:〈法2〉比较准确,而且能直接得到交点坐标,但是可能需要一定的计算量;〈法1〉直观,但是如果两个方程对应的直线倾斜程度相差不大的时候(如刚开始画的两条直线)不是很好判断。

师:大家总结得很好,那大家思考一下,直线是否相交与直线的倾斜程度之间什么关系呢? 直线的倾斜程度可以通过什么来刻画呢?

生:可以通过两条直线的斜率来判断直线的倾斜程度,进而判断两条直线是否相交。如直线 $l_1:x-y+1=0$ 的斜率 $k_1=1$,直线 $l_2:x+y+3=0$ 的斜率 $k_2=-1$,则 $k_1\neq k_2$,说明两条直线不平行、不重合,则两条直线一定相交。

生:也可以通过两条直线的方向向量来判断。如直线 $l_1:x-y+1=0$ 的方向向量 $\boldsymbol{v}_1=(1,-1)$,直线 $l_2:x+y+3=0$ 的方向向量 $\boldsymbol{v}_2=(1,1)$,$\boldsymbol{v}_1\neq \boldsymbol{v}_2$,则两条直线不平行、不重合,两条直线一定相交(图5.18)。

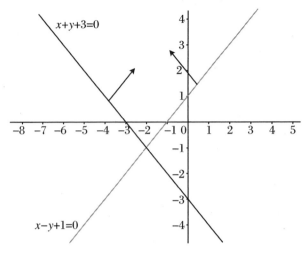

图 5.18

师：对于一个具体的问题我们可以从数——联立解方程组、形——两条直线的方向（刻画直线倾斜程度的斜率和方向向量）来解决两条直线相交的问题，那这两种方法有什么联系呢？能解决更一般的两条直线位置关系的问题吗？

设计意图：遇到问题如何思考，对学生来说比简单地会做这道题更为重要。通过此活动的设计，可以给学生提供一下思考路径：首先可以从特殊到一般，在解决具体问题的过程中可以加深我们对知识的理解，从而可能得到解决问题的方法；其次，回到最原始的定义，两条直线相交的判断依据是交点的个数，而根据直线方程的定义，直线上的点都满足相应的直线方程，以满足直线方程的解为坐标的点又在直线上，从而可以想到通过联立直线方程组来判断两条直线交点的问题。

3. 从特殊到一般，掌握知识本质

师：我们从比较熟悉的直线方程的形式开始探究。

探究 1：若直线 $l_1: y = k_1 x + b_1$，直线 $l_2: y = k_2 x + b_2$，如何判断 l_1 与 l_2 之间的位置关系？

师：观察上述两个方程，哪些是变量，哪些是常数，有什么意义？

生：x, y 为两个变量，表示直线上点的横纵坐标，k_1, k_2, b_1, b_2 为常数，分别为两条直线的斜率和直线与 y 轴交点的纵坐标。

师：这两个方程的系数与两条直线的位置关系之间有何联系呢？

〈法 1〉从斜率判断两条直线的位置关系：

① 当且仅当 $k_1 = k_2$ 且 $b_1 \neq b_2$ 时，$l_1 \parallel l_2$。

② 当且仅当 $k_1 = k_2$ 且 $b_1 = b_2$ 时，l_1 与 l_2 重合。

③ 当且仅当 $k_1 \neq k_2$，l_1 与 l_2 相交。

〈法2〉通过联立方程组判断两条直线的位置关系 $\begin{cases} y = k_1 x + b_1 \\ y = k_2 x + b_2 \end{cases}$, $(k_1 - k_2) \cdot x = b_2 - b_1$:

① 当 $k_1 = k_2$ 且 $b_1 \neq b_2$ 时,方程组无解,则方程对应的两条直线无交点,两条直线平行。

② 当 $k_1 = k_2$ 且 $b_1 = b_2$ 时,方程组有无数解,则方程对应的两条直线有无数个交点,两条直线重合。

③ 当 $k_1 \neq k_2$, $x = \dfrac{b_2 - b_1}{k_1 - k_2}$ 时,方程组有唯一解,则方程对应的两条直线有唯一一个交点,两条直线相交,且交点为 $\left(\dfrac{b_2 - b_1}{k_1 - k_2}, \dfrac{k_1 b_2 - k_2 b_1}{k_1 - k_2}\right)$。

〈法3〉从直线的方向向量判断两条直线的位置关系:

从直线方程可知两条直线的一个法向量分别为 $v_1 = (1, k_1)$, $v_2 = (1, k_2)$, 由图 5.19 及直线的方向量的定义可知:

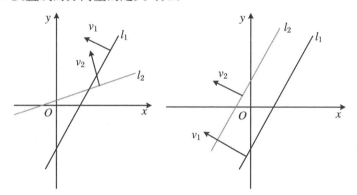

图 5.19

① 当且仅当 $v_1 \parallel v_2$(即 $k_1 = k_2$), l_1 与 l_2 平行或重合。

② 当且仅当 $v_1 \nparallel v_2$(即 $k_1 \neq k_2$), l_1 与 l_2 相交。

师:这三种方法有何区别与联系,针对具体问题如何选择比较好?

生:本质是一样的,当需要求出交点的时候需要联立解方程组;如果只需要判断两条直线的位置关系,而且方程是由截距式给出的时候用斜率判断比较简便,但是对于斜率不存在的直线无法给出判断。

师:很好,那如果我想解决更一般的问题,即任意两条直线的位置关系,可以通过研究直线的哪种形式的方程来实现呢?

设计意图:对比具体问题的不同做法,找到其之间内在联系,并对初中阶段给出的结论——两条直线相交则有唯一交点,给出了其理论依据,提升学生的数学运算和逻辑推理能力。

探究 2：

师：我们继续探究最一般的直线方程的形式。

设直线 $l_1: y = k_1 x + b_1$，直线 $l_2: y = k_2 x + b_2$，如何判断 l_1 与 l_2 之间的位置关系？思考都有哪些方式？如何选择？

生：① 联立解方程组，需要一定计算量。② 转化为截距式，但是要讨论斜率存在和不存在两种情况。③ 方向向量，比较方便。

故选择考虑两条直线的方向向量的方式来讨论两条直线的位置关系（学生独立完成，老师呈现示意图 5.20，共同总结）。

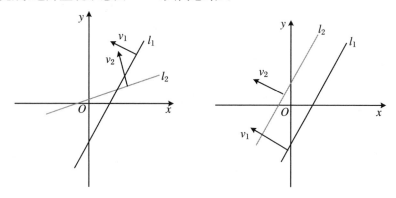

图 5.20

由已知 $v_1 = (A_1, B_1)$，$v_2 = (A_2, B_2)$，由图 5.20 可知：

① 当且仅当 $v_1 \nparallel v_2$，即 $A_1 B_1 \neq A_2 B_2$ 时，l_1 与 l_2 相交

② 当且仅当 $v_1 \parallel v_2$，即 $A_1 B_1 = A_2 B_2$ 时，l_1 与 l_2 平行或重合。

设计意图：引导梳理给定两条直线方程判断两条直线的位置关系的方法，让学生了解各种方法的优缺点，培养学生针对具体问题具体分析的能力。

4. 典例分析，应用知识解决问题

例 1 判断下列直线的位置关系，如果相交，求出交点坐标。

(1) $l_1: x - y + 1 = 0$，$l_2: 2x - 2y + 1 = 0$；

(2) $l_1: x - 2y + 1 = 0$，$l_2: x + 2y + 5 = 0$。

解：(1)〈法 1〉由已知

$$l_1: y = x + 1, \quad l_2: y = x + \frac{1}{2}$$

所以

$$k_1 = 1, \quad b_1 = 1, \quad k_2 = 1, \quad b_2 = \frac{1}{2}$$

有

$$k_1 = k_2, \quad b_1 \neq b_2$$

故
$$l_1 \parallel l_2$$

〈法2〉由已知 $l_1: x - y + 1 = 0, l_2: x - y + \frac{1}{2} = 0$;显然 $l_1 \parallel l_2$。

(2) $v_1 = (1, -2), v_2 = (1, 2)$,因为 $1 \times 2 \neq -2 \times 1$,所以 l_1 与 l_2 相交。

由 $\begin{cases} x - 2y + 1 = 0 \\ x + 2y + 5 = 0 \end{cases}$,解得 $\begin{cases} x = -3 \\ y = -1 \end{cases}$。

所以两条直线的交点为 $(-3, -1)$。

例2 已知直线 l 过点 $(1, -4)$,且与直线 $2x + 3y + 5 = 0$ 平行,求直线 l 的方程。

解:由已知,设 $l: 2x + 3y + c = 0$,代入 $(1, -4)$ 得,$c = 10$。所以 $l: 2x + 3y + 10 = 0$。

学生归纳出解决两条直线位置关系相关问题的一般步骤:

(1) 先通过斜率或是方向向量确定两条直线是否相交;

(2) 如果相交并需要求交点则联立方程组求解;如果不相交再具体判断平行或重合;

(3) 两条直线 $l_1: Ax + By + C_1 = 0, l_2: Ax + By + C_2 = 0$ 平行的充要条件是 $C_1 \neq C_2$。

设计意图:通过两道例题的练习,学生选择适当的方法来解决问题,不仅加深了对知识的理解,同时通过对比小结更加明确面对问题时应如何思考。

5. 课堂小结,构建知识结构

构建的知识结构如图 5.21 所示。

	"形"		"数"		
两条直线位置关系	公共点个数	图示	直线方程组的解	斜率存在时 直线 l_1, $y = k_1 x + b_1$ l_2, $y = k_2 x + b_2$	向量 直线 l_1, $A_1 x + B_1 y + C_1 = 0$ l_2, $A_2 x + B_2 y + C_2 = 0$
相交	唯一公共点	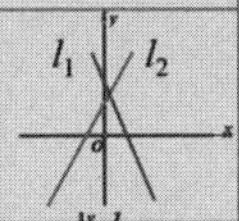	唯一解	$k_1 \neq k_2$	v_1 与 v_2 不共线 即 $A_1 B_2 \neq A_2 B_1$
平行	无公共点	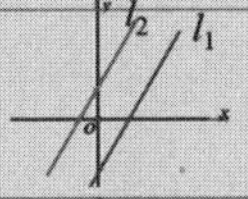	无解	$k_1 = k_2$ $b_1 \neq b_2$	v_1 与 v_2 共线 即 $A_1 B_2 = A_2 B_1$
重合	无数公共点	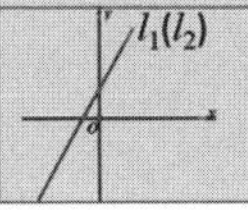	无数解	$k_1 = k_2$ $b_1 = b_2$	

图 5.21 知识结构图

六、教学设计说明

本节课首先给出两条直线让学生从直观上判断其位置关系,当依据初中所学无法判断的时候,诱发学习动机,思考新的方法解决问题。由直线方程的定义:直线上点的坐标都是方程的解,而以方程的解为坐标的点都在直线上,自然想到两直线位置关系即其交点个数是否可以通过其直线方程来判断呢? 即联立两直线的方程,根据方程组解的个数来判断其交点个数进而判断位置关系,想法初步形成,培养了学生的逻辑推理能力。有了想法如何实施? 从特殊到一般,从两个具体方程的求解验证想法,到一般方程的求解严格说理,提升了学生的代数运算和逻辑推理能力。然后进一步分析直线方程的代数特征(部分直线的斜率和更一般的直线的方向向量)来判断其几何特征(即两条直线的位置关系),培养了学生用符号语言来严谨、简明的表述问题。进而比较解方程组、斜率和方向向量三种解决问题的办法,找到其之间统一性及优缺点,加深学生对本节课所学内容的印象,培养学生具体问题具体分析的习惯。最后利用小结帮助学生回顾本节课重难点,便于学生构建自己的知识网络。

数学源于对现实世界的抽象,基于抽象结构,通过符号运算、形式推理、模型构建等,理解和表达现实世界中事物的本质、关系和规律。平面解析几何的研究对象是几何图形,最终得到的结论也是几何结论,但是研究方法却不是几何问题中常用的演绎推理的思维方法,而是代数方法。即通过平面直角坐标系,给出了几何对象的代数形式,然后通过代数推理和运算得到代数结果,再转化为几何结论的过程。如在本章开始,通过建立平面直角坐标系,平面内点与坐标建立一一对应关系;点动成线,几何图形直线就可以通过坐标,与其代数形式直线方程建立一一对应关系;进而通过代数运算达到解决几何问题的目的。本节课依据课标及学情,就是要带领学生初步经历如何用代数方法研究直线的有关问题以及体会其必要性,为后续继续学习圆锥曲线相关内容奠定基础、积累经验。

第六章 常量与变量

引言 "常量与变量"的重要性及对数学学习的意义

一、常量与变量的重要性

常量与变量是数学中表征事物量的一对概念,在某个过程中数值保持不变的量叫作常量,数值发生变化的量叫作变量。常量与变量是变量数学的基础概念,尤其是变量之间的依存关系:一个变量随着另一个变量的变化而变化,以及描述变量与变量之间关系的三种方式,是认识函数概念的重要基础。

《数学小词典》(测绘出版社,1982年5月版)这样定义"量":"客观事物所具有的能区别程度异同的属性叫作量","事物的多少、大小、长短、高低、快慢……的客观事物的属性都叫量"。可见,"量"代表了事物的具体"属性",它不等同于抽象的数字。一个孤立的数字,是没有实际意义的;只有当它与代表事物具体属性的"量"结合在一起,即形成"数量"时,这个数字才具有实际意义。例如一个孤立的数字"5"是不具备实际意义的;但当它与代表具体属性的量结合时,如"5千克""5千米/小时""5立方米/秒"等,就表示物体质量5千克,行驶速度每小时5千米、水流流量每秒5立方米,才具有了实际意义,反映了"客观事物所具有的能区别程度异同的属性"。

追溯函数的概念,中文的"函数"一词由清朝数学家李善兰译出。其《代数学》中解释:"凡此变量中函(包含)彼变量者,则此为彼之函数"。

1718年,约翰·伯努利把函数定义为:"一个变量的函数是指由这个变量和常量以任何一种方式组成的一种量。"

1748年,伯努利的学生欧拉在《无穷分析引论》一书中说:"一个变量的函数是由该变量和一些数或常量以任何一种方式构成的解析表达式。"例如 $f(x) = \sin x + x^3$。

1775年,欧拉在《微分学原理》一书中又提出了函数的一个定义:"如果某些量以如下方式依赖于另一些量,即当后者变化时,前者本身也发生变化,则称前一些量是后一些量的函数。"

二、常量与变量对学生数学学习的意义

《普通高中数学课程标准》强调:"函数是现代数学最基本的概念,是描述客观世界中变量关系和规律的最为基本的数学语言和工具,在解决实际问题中发挥重要作用。而函数则主要研究变量之间的关系,探索事物变化的规律;借助函数还可以认识方程和不等式。"比如,经典的手机卡套餐方案选取问题。由于费用随拨打时间的变化而变化,要想选择适合自己的套餐,即用最少的钱满足自己拨打电话的需求,则需要求出两种套餐费用相等时的临界值,此时就可以将两个套餐的函数关系式建立相等关系,即方程。方程是在两个不同的变化过程中,利用常量列出的等量关系。方程思想是动中求静,研究运动中的等量关系,与函数思想有着密切的联系,可为变化的问题找到一种研究办法。

由此可见,常量与变量是刻画运动变化、寻找变化规律、探寻事物之间数量关系的有力工具,有助于帮助学生用运动变化的角度看世界,培养学生的辩证思维。同时,有了变量和常量的概念,便为研究函数关系中两变量的"运动与对应"关系打下基础,并能利用函数关系认识方程和不等式。

如果说"教育即生活"过于宽泛,那么"教学即发展"更显踏实。教学的目的是使学生的身心得到发展,要实现这一目标,"常量"显得力不从心,"变量"才是真正的动力源泉。[65]从思维方式上看,小学学习常量与变量,是一种感知,而初中学习变量之间的关系,更强调在一个变化过程中,突出了常量与变量对过程的依存性,具有相对性。学生在学习的过程中,经历由具象到抽象再到具体的认识事物过程,完成从单向思维、形象思维到双向思维、抽象思维的过渡。

第一节 "常量与变量"课标分析

一、内容要求

《义务教育数学课程标准(2022年版)》新增了:① 核心素养内涵。重点发展学生的数学眼光、数学思维以及数学语言。将核心素养更详细地体现在各个学段中,希望学生能用数学来观察、思考、表达现实世界。② 了解代数推理的要求。希望发展学生的数学思维和抽象能力。"常量与变量"这一内容主要体现在"函数"的教学中。在教学中,代数推理的内容与方式体现为:让学生对于给定图像能够想象出图像所表示的函数关系,不仅能从条件推演结论,也能从结

论想象条件。在这样的过程中,加深学生对函数的理解,发展学生的几何直观,培养学生数学学习的兴趣。表 6.1 呈现了《义务教育数学课程标准(2011 年版)》与《义务教育数学课程标准(2022 年版)》关于"常量与变量"内容的变化。

表 6.1 《课程标准》关于"常量与变量"内容的变化

版 本	第一学段 (一至二年级)	第二学段 (三至四年级)	第三学段 (五至六年级)	第四学段 (七至九年级)
2011 年版	能运用数表示日常生活中的一些事物,并能进行交流	能运用数及数的运算解决生活中的简单问题,并能对结果的实际意义作出解释	通过具体情境,认识成正比例的量和成反比例的量。会根据给出的有正比例关系的数据在方格纸上画图,并会根据其中一个量估计另一个量的值。能找出生活中成正比例和成反比例关系量的实例,并进行交流。探索给定情境中隐含的规律或变化趋势	能用适当的函数表示法刻画简单实际问题中变量之间的关系
2022 年版	探索用数或符号表达简单情境中的变化规律	能运用数及数的运算解决生活中的简单问题,并能对结果的实际意义作出解释,经历探索简单规律的过程,形成初步的模型意识和应用意识(新增)	通过具体情境,认识成正比的量$\left(\text{如}\dfrac{y}{x}=5\right)$,能探索规律或变化趋势(如 $y=5x$)。能运用常见的数量关系解决实际问题,能合理解释结果的实际意义,逐步形成模型意识和几何直观,提高解决问题的能力(新增)	能用适当的函数表示法刻画简单实际问题中变量之间的关系,理解函数值的意义(新增)

对比两个版本的课标要求,第一学段在用数表示事物的基础上,变为要求用数或符号表达变化规律。一方面是鼓励学生用数学语言表达现实世界,另一方面凸显了变化规律,即含有推理的意味在内。第二学段除了"能运用数及数的运算解决生活中的简单问题,并能对结果的实际意义作出解释"之外,新增了"经历探索简单规律的过程,形成初步的模型意识和应用意识"。探索规律有助于学生从数学的角度探索事物之间的关系及变化规律,培养学生的数学思维,提高分析解决问题的能力。而在第三学段认识成正反比例的量的教学内容中,2011 年版的要求更为具体,2022 年版的要求则更侧重于自主探究,虽然知识内容没有变化,但学习方式发生了改变,这也是在前两个学段学习基础上,带来的

思维变化及解决问题的能力提高的表现。本学段还新增了"能运用常见的数量关系解决实际问题,能合理解释结果的实际意义,逐步形成模型意识和几何直观,提高解决问题的能力"的要求,提高了对量纲认识的要求。而数学的学习也从"解题"变为了"解决问题",凸显了数学在现实世界的应用。第四学段新增了"理解函数值的意义",如果 y 是 x 的函数,函数值即为当自变量 x 取某一个确定的值时,对应的 y 值,这一要求是为了加深对函数概念的认识。此外,对于实际问题,函数值的取值范围也会有限制,这里也强调了用数学语言表达现实世界的严谨性。

二、教学要求与学业要求

常量与变量的概念,是在初中函数章节正式提出的。但在此之前,学生需要先认识量的概念,以及识别量与量之间的联系,即规律。第一学段数与代数部分的教学内容中就有探索规律,第二学段要求归纳总结数量关系及探索规律,认识到不同情境中的量,到第三学段的正比例、反比例,初步有了常量和变量的味道,再到第四学段的函数,正式给出常量和变量的定义,充分体现了知识与能力的螺旋式上升,符合认知发展阶段理论。

1. 第一学段

第一学段在按规律画图或排列的过程中,探索用数或符号表达简单情境中的变化规律,这些规律中蕴含着固定不变的量以及可以取不同数值的量,但没有要求学生用字母表示数或规律,旨在初步感受和体会数形结合、归纳推理等数学思想,如2022年版课标例4(见图6.1)。

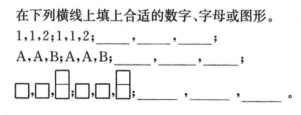

图6.1　2022年版课标例4

又如北师大版二年级下册第68页的练习题(见图6.2):数图形的个数,并说明你发现了什么? 如果把一列看成一组,而一组有两个长方形(正方形),那么只需要数共有几组,再利用乘法运算即可解决问题。在这个问题中,每组图形的个数即为常量,组数即为变量,虽然没有提到常量与变量的概念,但蕴含的道理是一致的。

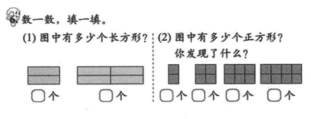

图 6.2　北师大版二年级下册第 68 页练习题

2. 第二学段

第二学段课标学业要求"能解决生活中的简单问题,并能对结果的实际意义作出解释"。解释实际意义,其实就是对量的初步感知,而通过大量的实例,逐步归纳现实问题中的加法模型和乘法模型的两种形式,就是在感悟模型中量纲的意义。学生经历探索简单规律的过程,形成初步的模型意识和应用意识,发展推理能力,如 2022 年版课标例 14(见图 6.3)。

> **例 14　寻找规律进行推断**
> 联欢会上,小明按照 3 个红气球、2 个黄气球、1 个绿气球的顺序把气球串起来装饰教室。你知道第 16 个气球是什么颜色吗?

图 6.3　2022 年版课标例 14

在例 14 借助符号表示规律的基础上,感知通过规律可以进行推断。在解决这个问题时,学生可以有多种方法。例如,用 A 表示红气球,B 表示黄气球,C 表示绿气球,排列顺序可以表示为:$AAABBCAAABBC\cdots$ 作为本例的延伸,甚至可以让学生推断第 100 个,第 1000 个……气球的颜色。按照排列规律,6 个气球为 1 组,第 16 个也许能数出来,但数第 100 个、第 1000 个是不现实的,因此就要依据规律,用代数推理的方式解决问题。由于 $100 \div 6 = 16\cdots\cdots4$,因此第 100 个气球和第 4 个气球的颜色是一致的。

3. 第三学段

第三学段的教学要求是在实际情境中,认识成正比的量,这是学段中首次以量的形式出现变量与变量的关系。如 2022 年版课标例 20(见图 6.4)。

> **例 20　认识成正比的量**
> 王阿姨去超市买苹果,每千克苹果 5 元,如果购买 2 千克、3 千克……分别需要多少元?

图 6.4　2022 年版课标例 20

可以借助列表或者画图像的方法分析问题,把计算结果记录在表 6.2 中。

表 6.2　计算结果

数量/千克	1	2	3	4	5	…
总价/元	5	10	15	20	25	…

观察表格可以发现，随着购买苹果数量的增多，总价也在增多。在这一学段中，要求学生能分析出这两个量变化的最基本特征，即总价与数量的比值保持不变。可以把这个关系表示为$\frac{总价}{数量}=5$，或者用符号表示为$\frac{y}{x}=5$，这时称 y 和 x 是成正比的量。在认识成正比的量的基础上，继续探索本例中数量(购买量、总价)之间的变化规律：为了保证两个数量的比值保持不变，这两个数量必须一起变化。显然，也可以把这个表达式转化为 $y=5x$ 的形式。这样的表达能够更好地体现“随着购买苹果数量的增多，总价也增多”的变化规律，这就是初中要学习的正比例函数。教学中要引导学生感悟这两个表达式的共性与差异；尝试在方格纸上画出给定的成正比的量的数据，建立几何直观，为初中学习函数积累经验。

4. 第四学段

与小学学习的感受变量变化的要求不同，第四学段初中要求明确相对严格意义上的常量与变量的概念。作为函数预备知识单独的一节课(见图 6.5)，创设大量情境，用一个课时来强化变化过程中的变量意识，以及用不同的表示法刻画简单实际问题中变量之间的关系。

19.1 函数

19.1.1 变量与函数

先请思考下面几个问题：

(1) 汽车以 60 km/h 的速度匀速行驶，行驶路程为 s km，行驶时间为 t h. 填写表 19-1，s 的值随 t 的值的变化而变化吗?

表 19-1

t / h	1	2	3	4	5
s / km					

(2) 电影票的售价为 10 元/张. 第一场售出 150 张票，第二场售出 205 张票，第三场售出 310 张票，三场电影的票房收入各多少元? 设一场电影售出 x 张票，票房收入为 y 元，y 的值随 x 的值的变化而变化吗?

(3) 你见过水中涟漪吗? 如图 19.1-1，圆形水波慢慢地扩大. 在这一过程中，当圆的半径 r 分别为 10 cm，20 cm，30 cm 时，圆的面积 S 分别为多少? S 的值随 r 的值的变化而变化吗?

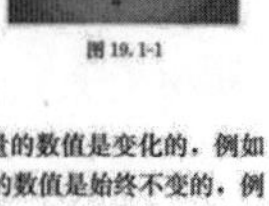

图 19.1-1

(4) 用 10 m 长的绳子围一个矩形. 当矩形的一边长 x 分别为 3 m，3.5 m，4 m，4.5 m 时，它的邻边长 y 分别为多少? y 的值随 x 的值的变化而变化吗?

这些问题反映了不同事物的变化过程. 其中有些量的数值是变化的，例如时间 t，路程 s；售出票数 x，票房收入 y……有些量的数值是始终不变的，例如速度 60 km/h，票价 10 元/张……在一个变化过程中，我们称数值发生变化的量为**变量**（variable），数值始终不变的量为**常量**（constant）.

图 6.5　教材中呈现的函数内容

第六章 常量与变量

课标对本节课的要求是:"探索具体问题情境中的数量关系和变化规律,通过简单实例,了解常量、变量的定义。"课标提到要为变量和常量的概念呈现创设"实际问题"的情境,把对问题情境的体验作为形成变量与常量定义的前提,有效地培养学生用数学思维提出问题、分析问题、解决问题这一核心能力,并通过在探索、分析解决问题的过程中引领学生主动地感悟与思辨,让学生的思维得到升华,而找出变量的变化规律,则有助于形成初步的抽象意识。

虽然小学没有明确提出常量与变量的概念,但是在定义成正(或反)比例的量中涉及了量的变化与不变,如北师大版教材六年级下册"正比例与反比例"一节的内容(见图6.6)甚至北师大版六年级上册"数学好玩"(见图6.7)和人教版六年级上册第八章"数学广角的数与形"(见图6.8)教学内容中蕴含了固定不变的量可以取不同数值的量,以及在练习(见图6.9)中出现了函数图像,学生已经初步感受到数学与生活中存在丰富的常量与变量。

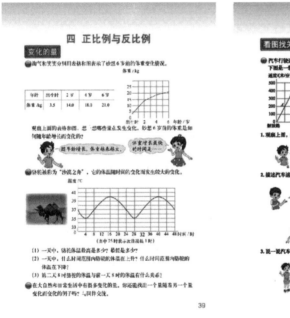

图6.6 北师大版教材六年级下册"正比例与反比例"

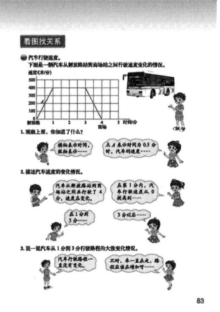

图6.7 北师大版六年级上册"数学好玩"

小学中出现的看图找关系已经非常接近初中阶段学习的函数图像推理,体现了两个变化的量的依赖关系,很好地做到了小初衔接。

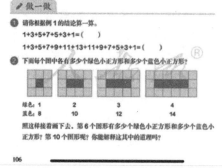

| 图6.8 人教版六年级上册第八章 "数学广角的数与形" | 图6.9 人教版六年级上册函数练习题 |

函数的概念发展经历了变量说、对应法则说、关系说这些演变过程，最终将函数的概念建立在集合论的基础上。初中阶段强调的是用函数描述一个变化过程，高中阶段更强调实数集与实数集间的对应关系，不同的函数可以进行加、减、乘、除等运算，使得函数研究的内涵和应用的范围得以扩展。高中函数的概念完全用数学的符号形式化了，在这个定义中，已经很难找到变量甚至对应的"影子"。但由于初小学生难以理解集合形式的函数概念，所以小学教材给出的是正比例关系和反比例关系，以及借助图像让学生初步感受其中蕴含的对应思想，而初中教材则是在学生了解变量的概念后，给出了函数与自变量之间对应法则的描述，这与函数历史的发展进程是一致的。

高中课本中虽然没有提到"常量""变量"这样的字眼，但函数的本质是映射，对于集合 A 中的元素有一个映射关系，使得 A 中的元素与集合 B 中的元素相对应。那么在这个映射关系中，如果元素 x 是不确定的，那么就是变量，如果在映射关系中存在不随着 x 改变而改变的量，那就是常量。在讲解对应关系时，仍然可以与初中知识联系，帮助学生理解。

第二节 "常量与变量"学业水平分析

一、初中阶段典型试题分析

下面将选择近年来北京市具有代表性的中考题，分析常量与变量在试题中的考查方式。

1. 函数表示方法

（2018年第24题）如图6.10所示，Q 是 $\overset{\frown}{AB}$ 与弦 AB 所围成的图内部的一定点，P 是弦 AB 上一动点，连接 PQ 并延长交 $\overset{\frown}{AB}$ 于点 C，连接 AC，已知 $AB = 6\text{ cm}$，设 A,P 两点间的距离为 x cm，P,C 两点间的距离为 y_1 cm，A,C 两点间的距离为 y_2 cm。

小腾根据学习函数的经验，分别对函数 y_1，y_2 随自变量 x 的变化而变化的规律进行了探究。下面是小腾的探究过程，请补充完整：

（1）按照表6.3中自变量 x 的值进行取点、画图、测量，分别得到了 y_1，y_2 与 x 的几组对应值。

表6.3

x/cm	0	1	2	3	4	5	6
y_1/cm	5.62	4.67	3.76	—	2.65	3.18	4.37
y_2/cm	5.62	5.59	5.53	5.42	5.19	4.73	4.11

（2）在同一平面直角坐标系 xOy（图6.11）中，描出补全后的表中各组数值所对应的点 (x, y_1)，(x, y_2)，并画出函数 y_1，y_2 的图像。

（3）结合函数图像（图6.11），解决问题：当 $\triangle APC$ 为等腰三角形时，AP 的长度约为_____ cm。

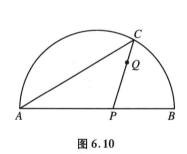

图6.10

图6.11

（2019年第24题）如图6.12所示，P 是 $\overset{\frown}{AB}$ 与弦 AB 所围成的图形外部的一定点，C 是 $\overset{\frown}{AB}$ 上一动点，连接 PC 交弦 AB 于点 D。

小腾根据学习函数的经验，对线段 PC，PD，AD 的长度之间的关系进行探究。下面是小腾的探究过程，请补充完整。

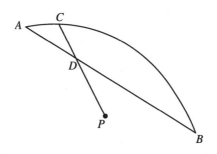

图 6.12

(1) 对于点 C 在 $\overset{\frown}{AB}$ 上的不同位置,画图、测量,得到了线段 PC, PD, AD 长度的几组值,如表 6.4 所示。

表 6.4

	位置 1	位置 2	位置 3	位置 4	位置 5	位置 6	位置 7	位置 8
PC/cm	3.44	3.30	3.07	2.70	2.25	2.25	2.64	2.83
PD/cm	3.44	2.69	2.00	1.36	0.96	1.13	2.00	2.83
AD/cm	0.00	0.78	1.54	2.30	3.01	4.00	5.11	6.00

在 PC, PD, AD 的长度这三个量中,确定_____的长度是自变量,_____的长度和_____的长度都是这个自变量的函数。

(2) 在同一平面直角坐标系 xOy 中(图 6.13),画出(1)中所确定的函数的图像。

(3) 结合函数图像,解决问题:当 $PC = 2PD$ 时,AD 的长度约为_____ cm。

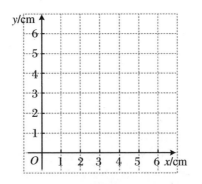

图 6.13

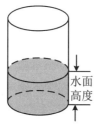

图 6.14

（2020 年第 8 题）有一个装有水的容器,如图 6.14 所示,容器内的水面高度是 10 cm,现向容器内注水,并同时开始计时,在注水过程中,水面高度以每秒 0.2 cm 的速度匀速增加,则容器注满水之前,容器内的水面高度与对应的注水时间满足的函数关系是(　　)。

A. 正比例函数关系　　B. 一次函数关系
C. 二次函数关系　　D. 反比例函数关系

（2021 年第 8 题）如图 6.15 所示,用绳子围成周长为 10 m 的矩形,记矩形的一边长为 x m,它的邻边长为 y m,矩形的面积为 S m²。当 x 在一定范围内变化时,y 和 S 都随 x 的变化而变化,则 y 与 x,S 与 x 满足的函数关系分别是(　　)。

A. 一次函数关系,二次函数关系
B. 反比例函数关系,二次函数关系
C. 一次函数关系,反比例函数关系
D. 反比例函数关系,一次函数关系

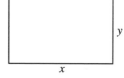

图 6.15

（2022 年第 8 题）下面的三个问题中都有两个变量:

① 汽车从 A 地匀速行驶到 B 地,汽车的剩余路程 y 与行驶时间 x;

② 将水箱中的水匀速放出,直至放完,水箱中的剩余水量 y 与放水时间 x;

③ 用长度一定的绳子围成一个矩形,矩形的面积 y 与一边长 x。

其中,变量 y 与变量 x 之间的函数关系可以利用如图 6.16 所示的图像表示的是(　　)。

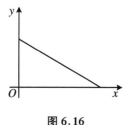

图 6.16

A. ①②　　B. ①③　　C. ②③　　D. ①②③

（2023 年第 25 题）某小组研究了清洗某种含污物品的节约用水策略,部分内容如下:每次清洗 1 个单位质量的该种含污物品,清洗前的清洁度均为 0.800,要求清洗后的清洁度为 0.990。

方案一:采用一次清洗的方式。

结果:当用水量为 19 个单位质量时,清洗后测得的清洁度为 0.990。

方案二:采用两次清洗的方式。

记第一次用水量为 x_1 个单位质量,第二次用水量为 x_2 个单位质量,总用水量为 (x_1+x_2) 个单位质量,两次清洗后测得的清洁度为 C。记录的部分实验数据如表 6.5 所示。

表 6.5

x_1	11.0	9.0	9.0	7.0	5.5	4.5	3.5	3.0	3.0	2.0	1.0
x_2	0.8	1.0	1.3	1.9	2.6	3.2	4.3	4.0	5.0	7.1	11.5
$x_1 + x_2$	11.8	10.0	10.3	8.9	8.1	7.7	7.8	7.0	8.0	9.1	12.5
C	0.990	0.989	0.990	0.990	0.990	0.990	0.990	0.988	0.990	0.990	0.990

对以上实验数据进行分析,补充完成以下内容:

(1) 选出 C 是 0.990 的所有数据组,并划"√"。

(2) 通过分析(1)中选出的数据,发现可以用函数刻画第一次用水量 x_1 和总用水量 $x_1 + x_2$ 之间的关系,在平面直角坐标系 xOy 中(图 6.17)画出此函数的图像。

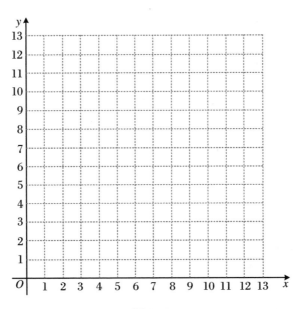

图 6.17

结果:结合实验数据,利用所画的函数图像可以推断,当第一次用水量约为_____个单位质量(精确到个位)时,总用水量最小。

根据以上实验数据和结果,解决下列问题:

(1) 当采用两次清洗的方式并使总用水量最小时,与采用一次清洗的方式相比、可节水约_____个单位质量(结果保留小数点后一位);

(2) 当采用两次清洗的方式时,若第一次用水量为 6 个单位质量,总用水量为 7.5 个单位质量,则清洗后的清洁度 C _____ 0.990(填">""="或"<")。

分析：① 从题型上来看，2018—2022 年的这几道题，都是探究变量之间的对应关系。2018 年、2019 年是以几何问题为背景的简答题，2020—2022 年，连续三年以选择题的方式，探究变量之间满足的关系。2022 年的题目与前两年相比，由一个函数关系变为三个函数关系。② 从问题情境来看，从 2020 年起，更注重在真实情境下解决问题，尤其是 2020—2022 年的三道题，强调了变化过程，考查了学生分析问题的能力。以 2022 年第 8 题为例：本题用图形语言和文字语言描述了函数的变化状态。函数图像所刻画的函数性质是什么呢？从几何直观的角度看图像是方向向下的线段，其所对应的函数性质可以描述为随着自变量 x 的越来越大，因变量 y 随之越来越小。③ 从学业要求来看，"能根据函数图像分析出实际问题中的函数关系进行分析，结合对函数关系的分析，能对变量的变化趋势进行初步推测"。2018 年、2019 年、2022 年、2023 年中考题都涉及了画函数图像，并利用函数图像解决问题；从课标要求来看，"能用适当的函数表示法刻画简单实际问题中变量之间的关系"，这几年的题目分别可以从解析式、图像、列表等形式中分析出常量与变量，以及变量之间的关系，进而解决问题。④ 从核心素养角度来看，2023 年考题虽然没有提到"变化""变量"等关键词，但让学生完整的体验了研究的过程。以"清洗某种含污染品的节水策略"为背景，考查从数学的角度观察、分析、思考、表达、解决、阐释生活中遇到的问题，感受数学的应用价值。

2．函数值的比较

（2020 年第 22 题）在平面直角坐标系 xOy 中，一次函数 $y = kx + b (k \neq 0)$ 的图像由函数 $y = x$ 的图像平移得到，且经过点 $(1,2)$。

（1）求这个一次函数的解析式；

（2）当 $x > 1$ 时，对于 x 的每一个值，函数 $y = mx(m \neq 0)$ 的值大于一次函数 $y = kx + b$ 的值，直接写出 m 的取值范围。

（2021 年第 23 题）在平面直角坐标系 xOy 中，一次函数 $y = kx + b (k \neq 0)$ 的图像由函数 $y = \frac{1}{2}x$ 的图像向下平移 1 个单位长度得到。

（1）求这个一次函数的解析式；

（2）当 $x > -2$ 时，对于 x 的每一个值，函数 $y = mx(m \neq 0)$ 的值大于一次函数 $y = kx + b$ 的值，直接写出 m 的取值范围。

（2022 年第 22 题）在平面直角坐标系 xOy 中，函数 $y = kx + b (k \neq 0)$ 的图像经过点 $(4,3)$，$(-2,0)$，且与 y 轴交于点 A。

（1）求该函数的解析式及点 A 的坐标；

（2）当 $x > 0$ 时，对于 x 的每一个值，函数 $y = x + n$ 的值大于函数 $y = kx + b(k \neq 0)$ 的值，直接写出 n 的取值范围。

（2023 年第 22 题）在平面直角坐标系 xOy 中，函数 $y = kx + b (k \neq 0)$ 的图

像经过点 $A(0,1)$ 和 $B(1,2)$，与过点 $(0,4)$ 且平行于 x 轴的线交于点 C。

(1) 求该函数的解析式及点 C 的坐标；

(2) 当 $x<3$ 时，对于 x 的每一个值，函数 $y=\frac{2}{3}x+n$ 的值大于函数 $y=kx+b(k\neq0)$ 的值且小于 4，直接写出 n 的值。

分析：连续 4 年考察了不同函数间的关系。在上述问题的解决过程中，学生所遇到的困难首先是在理解问题这个环节：对于函数解析式含有参数 n，用习惯的确定性思维来认识问题，把参数 n 理解成待定的常数。这样，不确定的函数解析式以及"动"的函数图像在学生的思维中都是静态的，如此，数学思维也就"动"不起来了。究其原因，是没有理解两个变量在变化的过程中形成的不变规律。因此对函数 $y=x+n$ 的理解要先从对函数解析式的代数特征分析开始，x 是自变量，y 是对应的函数，解析式中的 n 是不确定的值，所以，函数 $y=x+n$ 所表示的函数有很多，任意给一个 n 值，就有一个确定的函数。这些函数的因变量 y 都是随着自变量 x 的增加而增加；从几何的角度看，这些函数图像是方向相同的一组直线。显然，第 2 问的解答用数形结合的方法更容易解决。但如果代数推理能力强，在理解了函数值的概念之后，结合不等式，也是一种解决方法。以 2023 年中考题为例：函数 $y=\frac{2}{3}x+n$ 的值大于函数 $y=kx+b(k\neq0)$ 的值，且小于 4，也就意味着对于每一个小于 3 的 x 值，都有 $x+1<\frac{2}{3}x+n<4$，解不等式可得：$\frac{3(4-n)}{2}<x<3(n-1)$，由于得到这个不等式的前提是 $x<3$，意味着 x 的最大值也要小于等于 3，这是代数思维分析的一个关键点，也是难点。即 $3(n-1)\leq3$（得出 $n\leq2$），同时还要满足 $\frac{3(4-n)}{2}\leq3(n-1)$（得出 $n\geq2$），因此 $n=2$。在分析问题时，把握一个原则，函数的因变量 y 都是随着自变量 x 的变化而变化，但由于 k 的值不同，函数增加的速度不一样，这是高中解析几何的基础知识，不同于几何的逻辑推理，是强化代数推理的一种体现。

二、高中阶段典型试题分析

(2022 年第 7 题)在北京冬奥会上，国家速滑馆"冰丝带"使用高效环保的二氧化碳跨临界直冷制冰技术，为实现绿色冬奥作出了贡献，图 6.18 描述了一定条件下二氧化碳所处的状态与 T 和 $\lg P$，其中 T 表示温度，单位是 K；P 表示压强，单位是 bar，下列结论中正确的是(　　)。

A. 当 $T=220, P=1026$ 时，二氧化碳处于液态

B. 当 $T=270, P=128$ 时，二氧化碳处于气态

C. 当 $T=300, P=9987$ 时，二氧化碳处于超临界状态

D. 当 $T=360, P=729$ 时,二氧化碳处于超临界状态

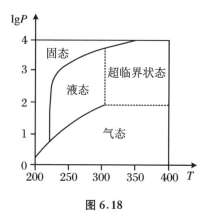

图 6.18

(2022 年第 11 题)函数 $f(x)=\dfrac{1}{x}+\sqrt{1-x}$ 的定义域是_____。

(2020 年第 11 题)函数 $f(x)=\dfrac{1}{x+1}+\ln x$ 的定义域是_____。

分析:由于高中阶段不提"常量与变量"这一概念,更关注的是集合之间的映射关系。课标中要求"能求简单函数的定义域",因此在 2020 年及 2022 年高考题中也出现了相应的填空题,要求学生能在认识各种函数的基础上,求出同时满足两种函数的定义域。而 2022 年第 7 题,结合事实,通过图像,当"变量 T 与 $\lg P$"取一组值时,判断二氧化碳的状态,既有函数图像,又有事实和物理背景,体现了跨学科学习的方式,也是发展中学生核心素养能力的一种方式。

第三节 "常量与变量"学习困难分析

史宁中认为,数学发展所依赖的数学基本思想在本质上有三个:抽象、推理、模型。代数的抽象性是学生学习的困难之一,首先学生需要从小学的算术思维过渡到代数思维,抽象层次的提高、研究对象的转变、思维方式的转变,都是挑战,其次是代数概念,听起来很简单,学生在上概念课时互动也最好,但在实际应用时,尤其是引入字母之后,总是不能提取概念本质,分不清字母到底表示什么。在常量与变量的教学中也同样存在类似的学习困难,由于变量的概念涉及用运动、变化的观点看待和思考问题,具有辩证思维特征,具有一定抽象性,学生如果不能理解运动变化过程,则无法继续研究,具体体现在以下几方面:

① 对量的认识不准确,单纯地认为数就是常量,字母就是变量,没有结合具体情境分析存在的"量"是什么。

② 在具体情境中,抓不住关键词,不理解题意。

③ 能在简单情境中感受到"变量"与"常量",但对复杂情境或分段函数图像中的常量与变量的认识有困难。

④ 将实际问题抽象成数学概念时,体验过程短,没有形成多边思维碰撞与整合的学习状态。

⑤ 缺乏变量意识,如不会从变化的角度认识给定表格中变量之间的变化关系。

第四节 "常量与变量"教学策略分析

"常量与变量"一节的内容比较单薄,但它的概念是初高中数学中的重要概念之一,是函数的启蒙课。学生运用数学概念进行推理、判断过程中,要得出正确的结论,首先要正确地掌握概念,这是决定教学效果的首要因素和基础因素。课堂需要创设大量丰富的情境,在充足的体验过程的基础上,引导学生自主发现变量的存在和对应的关系,体会变量间相互依存关系和变化规律,学会将实际问题抽象成数学问题,强化数学的应用意识。

一、探索变化过程

用变化的观点研究量,在对变量有初步认识的基础上,为探索两个变量之间的依赖关系——函数打下基础。如课堂引入创设情境:早上从家骑车去学校。在这一过程中,涉及哪些量,哪些量在变,哪些量是不变的?这个情境中,涉及不同的变化过程,家到学校的距离是不变的量,但随着时间的变化,行驶的路程是变化的,剩下的路程也是变化的。课堂中,很多学生说路程是不变的,这就是对量的认识不清楚。若假设骑车速度是匀速的,则行驶的路程以及剩下的路程都是依赖于时间的变化而变化。

二、重视概念的形成过程

让概念教学在体验中自然生成,在这一环节中,应设计有效多样化的数学活动,呈现变化实例。呈现形式应该要有归纳概念、体会概念的形成过程,并帮助理解概念,比如经历不同的取值感受变量概念的内涵。紧扣一个变化过程、两个变量、一种对应关系这三个方面来认识和理解,这样的思维活动过程,有利

第六章 常量与变量

于提升学生的数学抽象素养。如行程问题可以用列表法直观地体现出路程随时间的变化而变化(表6.6),其中没有发生改变的量是汽车的速度。

表6.6

时间 t(h)	1	2	3	4	5
路程 s(km)	60	120	180	240	300

再比如,弹簧原长 10 cm,每 1 kg 重物使弹簧伸长 0.5 cm。教师通过例举法,让学生得到规律。教师板书如下:$m=1$,弹簧伸长了 0.5 cm,$L=10+0.5=10.5$ cm;$m=2$,弹簧伸长了 $0.5×2=1$ cm,$L=10+0.5×2=11$ cm……这样的书写方式让学生感受到:受力后弹簧长度随着所挂重物质量的变化而变化,其中没有发生变化的量是弹簧的原长 10 cm 和重物每增加 1 kg 弹簧伸长的长度 0.5 cm。

由于变量之间的变化关系是用符号(数字和字母)来表示的。描述变量之间变化关系的方法有三种:符号(数字与字母)、表格、图像。求变量的值有三种方法:代入计算法、查表法、作图法。经过多个不同形式例子的呈现,教师引导学生发现:在一个变化过程中,有些量的数值发生变化,有些量的数值是始终不变的,从而得出变量和常量的概念。

三、重点思辨概念的关键词

数学概念教学要紧扣概念中的条件与结论,变量和常量概念是在一个变化过程中,判断量是否取不同的数值。判断一个量是常量还是变量:① 看它是否在一个变化的过程中;② 看它在这个变化过程中的取值情况;③ 常量与变量不是绝对的,而是对于一个变化过程而言的。

教学中,经常会有这样一个误区。如:人教版课本给出的水中涟漪问题(见图 6.19),随着圆形水波不断扩大,记它的半径为 r,圆面积为 S,面积 S 值随 r 值的变化而变化。课堂中,学生判断 S 随 r 的变化而变化之后,教师会接着让学生写出对应的关系式,并判断谁是常量,谁是变量。但当学生看着关系式 $S=\pi r^2$ 时,对指数"2"是否为常量有争论。

(3) 你见过水中涟漪吗? 如图 19.1-1,圆形水波慢慢地扩大. 在这一过程中,当圆的半径 r 分别为 10 cm,20 cm,30 cm 时,圆的面积 S 分别为多少? S 的值随 r 值的变化而变化吗?

图 6.19 人教版数学教材的水中涟漪问题

实际上寻找常量和变量不是从解析式中找,而是在"变化"过程叙述中指出变量和常量。在这个问题中,应先明确各个字母表示的实际意义是什么,即表示哪种量,接着思考"同一问题中的变量之间有什么联系",为解决这里的"联系",才有 $S=\pi r^2$,即 r^2 是 r 与 r 的运算结果。故本问题应在"变化过程"叙述中指出变量、常量,而不是从后面才有的函数式中找变量、常量,就避免了关于指数"2"的无谓争论。

四、概念教学经历"实践—认识—再实践—再认识"的过程

让学生举例,是判断学生是否真正理解概念的一种方法。在初步掌握了常量与变量的概念之后,学生根据自己的理解举出实例,如遇到分歧时,大家在互相争辩中会对概念的理解更为深入,是一种非常好的课堂生成。

五、把教学信息可视化,形成丰富的直观刺激

在课堂引入时,可借助多媒体,呈现一个变化过程,激发学习兴趣,加深学生对于变化过程的认识。如:圆的大小变化,细胞分裂过程等动图。

六、重视数学思维的活动

如用图 6.20 所示的函数图像讲解刻画简单实际问题中变量之间的关系时,为了在课堂上展开比较充分的数学思维活动,教师可以提出以下几个问题让学生们去思考:

(1) 直观上看函数的图像是线段,那为什么这条线段是函数的图像呢?

(2) 你从这条线段上是怎么看到函数的自变量 x 及与之相对应的因变量 y 的呢?

(3) 如果给线段的两个端点标注坐标,还可以提出如下问题:

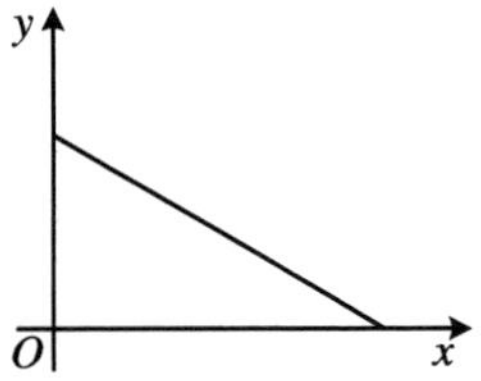

自变量 x 的取值范围是什么?因变量 y 的范围又如何呢?

图 6.20 函数图像

总之,概念课的教学要注重学习的体验过程,抽象概念的过程以及概念的思辨。通过合理的情境,引导学生自觉地用数学的思维提出问题、思考问题、解决问题,将数学核心素养落地。

第五节 "常量与变量"教学案例

常量与变量[①]

一、教学内容

学生在小学阶段已经学习了正比例和反比例。比是一种特殊的数量关系，是两个数量倍数关系的表达，与一般问题中的数量不同的是，常规问题中的数量是常量，比中的数量是一个变量。学生从用字母表示数的体验中，认识到"变量"；从代数式中字母取值之间的相互关系，感悟到"对应"的思想，感受到变量之间的相互联系；从方程特别是"二元一次方程"的学习中，进一步感受两个变量之间是彼此关联的。学生对变量以及变量之间相互依存关系初步认识，并感受到现实生活中存在着大量的变量，且变量之间并不是独立的，而是相互联系的。

初中阶段除了明确提出了常量与变量的概念，还突出了常量与变量对过程的依存性，具有相对性。本节课从具有实际背景和丰富内容的问题入手，引导学生采用列表和列式的方法，对数量关系进行抽象和梳理，从中认识常量和变量的主要特征，并概括出变量间关系的共同特征：两个变量相互联系，当其中一个变量取定一个值时，另一个变量有唯一确定的对应值，由此初步引入函数、自变量和函数值等概念。本节课内容不仅可以培养学生比较、分析、概括的能力，而且对于培养学生运动变化等辩证唯物主义观点和形成良好的个性品质有一定的帮助。

二、学情分析

学生在小学阶段的学习中，已经学习了正比例和反比例两个变化的量之间的关系概念。六年级下册第四章《比例》在定义正（或反）比例关系时都提到了"两种相关联的量，一种量变化，另一种量也随着变化"，虽然没有指出"唯一"，但后半句的"如果这两种量中相对应的两个数的比值（或乘积）一定"，它们的关系其实就是函数关系。

[①] 案例来源：北京市八一学校杨举。

八年级的学生求知欲较强,思维活跃,有较好的接受能力,能够较为有条理的思考。但函数教学一直是中学数学教学的一个重点和难点,其主要原因是:变量的概念涉及用运动、变化的观点看待和思考问题,具有辩证思维特征,具有一定抽象性,对于函数概念的领悟,学生会感觉到迷茫和困惑。因此,在正式引入"函数"这个概念之前,要让学生更好理解函数的两个核心要素"变量"和"常量"。

三、教学目标

(1) 探索简单实例中的数量关系和变化规律,了解常量、变量的意义。

(2) 经历由实际问题的解决中得出常量和变量的概念,感受变量是刻画现实生活中许多变化事物的一种重要的数学工具,为学习函数的定义做准备。

(3) 引导学生感受生活中常量与变量存在的普遍性,体会事物之间的相互联系与制约,体会知识来源于生活,激发学习兴趣。

四、教学重难点

理解常量与变量的意义。

五、教学过程

环节一:创设情景,生成概念

例1 阅读下列题目并写出相应关系式。

(1) 汽车以 60 km/h 的速度匀速行驶,行驶路程为 s km,行驶时间为 t h,填写表 6.7,s 随 t 的变化而变化吗?

表6.7

t/h	1	2	3	4	5
s/km					

(2) 每张电影票的售价为 10 元,如果第一场售出 150 张票,第二场售出 205 张票,第三场售出 310 张票,三场电影的票房收入各多少元?设一场电影售出票 x 张,票房收入为 y 元,y 随 x 的变化而变化吗?

(3) 你见过水中涟漪吗?圆形水波慢慢地扩大。在这一过程中,当圆的半径分别为 10 cm,20 cm,30 cm 时,圆的面积 S 分别为多少?S 随 r 的变化而变化吗?

(4) 用 10 m 长的绳子围一个矩形。当矩形的一边长 x 分别为 3 m,3.5 m,4 m,4.5 m 时,它的邻边长 y 分别为多少?y 随 x 的变化而变化吗?

师生活动:学生完成阅读任务,并写出相应关系式,教师板书如下:

(1) $s = 60t$; (2) $y = 10x$; (3) $r = \sqrt{\dfrac{S}{\pi}}$; (4) $S = (5-x)x$。

问题1：结合这四个情境以及所列的关系式，请同学们思考，每道题中有哪些量？哪些量的数值是发生变化的？哪些量的数值是始终不变的？

师生活动：完成问题，结合具体情景，了解在一个变化过程中有些量固定不变，有些量不断变化，进而归纳出常量和变量的概念。

设计意图：这四个问题的内容有行程问题、销售问题、几何问题等，问题的呈现形式有填表、求值等，并且都含有变量之间的单值对应关系。通过讨论这些问题引出常量与变量的概念，而且也为后面引出变量间的单值对应关系进而学习函数的定义做出了铺垫。

问题2：这两个变量之间有联系吗？如果有，有什么联系？

师生活动：通过分析情境感受两个变量之间的变化联系和对应关系。

设计意图：通过情境引导学生探索两个变量之间的依赖关系，变量的变化并不是孤立地发生，而是存在一些相互联系，其中一个量改变，另一个量也会随着改变，当其中一个变量取定一个值时，另一个变量就随之确定一个值。

环节二：应用情景，巩固概念

例2 （2022北京）下面的三个问题中都有两个变量：

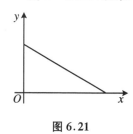

图 6.21

① 汽车从A地匀速行驶到B地，汽车的剩余路程 y 与行驶时间 x；

② 将水箱中的水匀速放出，直至放完，水箱中的剩余水量 y 与放水时间 x；

③ 用长度一定的绳子围成一个矩形，矩形的面积 y 与一边长 x。

其中，变量 y 与变量 x 之间的函数关系可以利用如图所示的图6.21象表示的是_____。

解析：① 汽车从A地匀速行驶到B地，汽车的剩余路程 y 随行驶时间 x 的增大而减小，因此①可以利用该图像表示；② 将水箱中的水匀速放出，直至放完，水箱中的剩余水量 y 随放水时间 x 的增大而减小，因此②可以利用该图像表示；③ 设绳子的长为 L，已知一边长为 x，则另一边长为 $0.5L - x$，则矩形的面积为 $y = (0.5L - x) \cdot x$，因此③不可以利用该图像表示。综上可知，可以利用该图像表示的有①②。

例3 老师告诉小红"离地面越高，温度越低"，并向小红出示了表6.8。

表6.8

距离地面的高度(km)	0	1	2	3	4	5
温度(℃)	20	14	8	2	−4	−10

根据表6.8,老师还给小红提出了下面几个问题,请你和小红一起来回答:

(1) 上表反映了哪两个变量之间的关系?哪个是自变量?

(2) 如果用 h 表示距离地面的高度,用 t 表示温度,请你用含 h 的式子表示 t。

问题3:判断哪些量是变量,具体地说,它的什么在变?什么不变?

问题4:例3中距离地面 6 km 的高空,温度是多少?当高空某处温度为 -40 ℃时,求该处的高度。

设计意图:表示变量之间变化关系有三种方法:用代数式表示、用表格表示、用图像表示,求变量的值有三种方法:代入计算、查表、作图,变量及变量之间的变化关系具有普遍性,利用代数式、方程、不等式可以解决很多实际问题,利用变量之间的变化关系也能解决许多实际问题。

环节三:对比情景,辨析概念

找出下面情景中,各有哪些量,并找出其中的常量与变量,并说明理由。

(1) 某人持续以 a 米/分的速度用 t 分钟时间跑了 s 米,其中常量是_____,变量是_____。

(2) s 米的路程,不同的人以不同的速度 a m/min,各需跑的时间为 t 分,其中常量是_____,变量是_____。

问题5:如何判断一个量是变量?

师生活动:通过具体的情景,理解在不同的条件下,常量与变量是相对的。

设计意图:让学生体会常量与变量是相对依存于某一个变化过程中的,感受"常量""变量"的概念本质。"某个变化过程"中,变量与常量相对存在,引导学生体会两个概念。

环节四:课堂小结

本节知识结构图如图6.22所示。

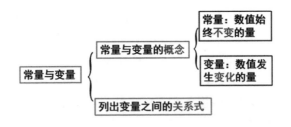

图6.22 本节知识结构图

问题6:本节课研究了哪些内容?你能举例说明吗?何为变量?变量是怎样产生的?为何研究变量?你觉得还可以进一步研究什么?

师生活动:教师组织学生合作交流,并留给学生足够的交流时间。

设计意图:常量与变量都是表征事物的量,常量的特征是在运动变化的过程中固定不变,变量的特征是在运动变化的过程中会不断改变;变量是在运动变化的过程中产生的,常量与变量是相对地存在的;由于万物皆变,所以变量及变量之间的变化关系问题具有普遍存在性。

六、教学设计说明

本节课依据学生的认知基础,设计有梯度的问题串为线索,让学生观察、比较、分析每个具体问题中的量与量之间的变化关系,把静止的表达式看作动态的变化过程,让他们从原来的常量、代数式的静态的关系中逐渐过渡到变量这些表示量与量之间动态的关系上,进而使学生的认识实现由静态到动态的飞跃,凸显概念形成的过程,让学生初步体会从特殊到一般、从具体到抽象的研究问题的方法。本节课要注重激发学生主动思考,重视学生在思考过程中的情感体验,引导学生认识概念本质,感悟其中蕴含的数学核心思想方法,注重数学抽象、数学建模等数学核心素养的培养。

从表面上看,"常量与变量"这节课的内容比较单薄,但是它作为一节概念起始课,重在让学生理清常量与变量,变量之间的依存关系,为后面学习函数概念做到知识和方法上的铺垫。"常量与变量"产生于"变化过程"中,在教学中应创设情景,在情境中感知"变与不变",让"常量与变量"的概念在体验中自然生成。此外,要大胆尝试让学生提出问题、分析问题和解决问题,感悟数学抽象对于数学产生与发展的作用,感悟用数学的眼光观察现实世界的意义,形成数学想象力,提高数学学习兴趣。

平方差公式教学设计[①]

一、教学内容

本节内容主要研究的是平方差公式的推导和公式的简单应用。它是在学生学习了代数式的概念、整式的加减法、幂的运算和整式的乘法后实行学习的,它在教材中的地位和作用主要体现在以下三个方面:

(1) 整式是初中代数研究范围内的一块重要内容,整式的运算又是整式知识的主干,乘法公式则是在学习了有理数运算、一元一次方程及不等式、整式的加减及整式乘法等知识的基础上,在学生掌握了单项式乘法、多项式乘法法则之后对多项式乘法中出现的较为特殊的算式运算的一种归纳、总结,平方差公

[①] 案例来源:北京市八一学校马丽娟。

式恰是乘法公式的第一节课,本节课的学习对今后的学习至关重要;另一方面,乘法公式的推导是初中代数中使用推理方法实行代数式恒等变形的开端,通过乘法公式的学习对简化某些整式的运算,培养学生的求简意识大有好处。

(2) 乘法公式的学习不但对提高运算速度、运算准确性有较大作用,更是以后学习因式分解、分式运算、二次根式中的分母有理化、解一元二次方程、函数等的必备基础,同时也为完全平方公式的学习提供了方法,对培养学生逐渐养成严谨的逻辑思维及推理水平大有益处。

(3) 公式的发现与验证给学生提供了研究数学问题的方法及策略,将逐步教会学生在学习中如何发现、探究及解决问题。

二、学情分析

学生刚学完多项式乘以多项式法则,这节课是运用多项式乘以多项式法则推导的一个乘法公式。学生在学习过程中对于"相同项平方减相反项平方"中哪一部分为相同项,哪一部分为相反项会有困难,认清结构不易。另一方面,还有些同学多项式相乘掌握的还不够熟练,可能会造成学习上的困难。所以在探究应用过程中要让学生先学会找相同项、相反项,再去利用公式计算。

三、教学目标

(1) 经历探索平方差公式的过程,进一步发展学生的符号感和推理能力、归纳能力。

(2) 掌握平方差公式的结构特征,能运用公式进行简单的运算。

(3) 了解平方差公式的几何意义,发展几何直观核心素养。

四、教学重难点

经历探索平方差公式的全过程,并能运用公式进行简单的运算。

五、教学过程

环节一:创设情境,引入新知

问题1:公元3世纪,在河流一侧有一个部落,一天在河水退去后,面对肥沃的土地,部落首领需要给族人分地。分得的土地要保证是一整块,否则会给耕种带来麻烦。一块土地的长宽和为20米,面积为96平方米。这块土地的长和宽分别是多少?

师生活动:学生会尝试用试数、列方程等方法解决问题,教师要充分给予学生思考的时间,并让学生进行大胆表达。

预设答案:设长为 x 米,则宽为 $(20-x)$ 米。由题意知 $x(20-x)=96$,即

$x^2 - 20x + 96 = 0$。但学生会发现这个方程目前还不会求解。

公元3世纪的人们也遇到了跟这一样的问题:无法求解这个方程,难道就不分地了吗? 聪明的部落首领想到了问题解决的方法,因为长和宽的和是20,当平均分配给两个数时,为10和10。在两个10的基础上,一个多分配 x,那么另一个就少分配 x,因此可以设长为 $(10+x)$ 米,宽为 $(10-x)$ 米,则

$$(10 + x)(10 - x) = 96$$

即

$$100 - 10x + 10x + x^2 = 96$$
$$100 - x^2 = 96$$

所以

$$x = 2$$

设计意图:通过一个古代数学问题,营造一种轻松活跃的学习氛围,引发学生的思考,触发学生强烈的好奇心和求知欲。同时以旧带新,复习了多项式的乘法。

环节二:猜想验证,发现新知

问题2:观察上面的探究过程,你发现了什么?

(1) 式子 $(10+x)(10-x)$ 具有什么共同特征?

(2) 它的结果有什么特征?

学生活动:发现方程 $x(20-x)=96$ 暂时不会求解,但是方程 $(10+x)(10-x)=96$ 可以进行求解,因为在整式做乘法的过程中有些项进行了抵消,所以发现 $(10+x)(10-x)$ 这个结构很特别,再进一步分析,发现这里有一项的符号相同,另外一项符号相反。

师生活动:教师引导学生进行方程的比较,发现方程左边两个代数式相乘结果的不同,发现 $(10+x)(10-x)$ 这两个代数式的特殊性,发现 $(10+x)(10-x)=100-x^2$。

问题3:进一步观察 $(10+x)(10-x)=100-x^2$ 这个计算过程,回答下列问题:是不是具有这样特征结构的两个多项式相乘后都能有这个结果? 如何证明?

发现:等号左边是两个数的和与这两个数的差的积,等号右边是这两个数的平方差。

猜想:两个数的和与这两个数的差的积,等于这两个数的平方差,即 $(a+b)(a-b)=a^2-b^2$。

师生活动:教师提问,学生通过自主探究、合作交流,发现规律。

设计意图:在计算的基础上,让学生思考并发现规律,引导学生经历观察(每个算式和结果的代数特征)、比较(不同算式之间的异同)、归纳(可能具有的

规律),提出猜想的过程,发展学生的合情推理。在观察和找规律之后安排小组交流讨论,培养学生的团队合作意识。

环节三:推理证明,归纳新知

问题 4:你能证明上面的发现"$(a+b)(a-b) = a^2 - ab + ab + b^2 = a^2 - b^2$"吗?

师生活动:对于任意的 a、b,由学生运用多项式乘法计算,从而得到平方差公式,验证了其猜想的正确性。

设计意图:根据"最近发展区"理论,在学生已掌握多项乘法法则的基础上,且认识到平方差公式的本质之后,进一步探索、证明一般性的结论,让学生经历从发现、猜想、证明的探索过程,得到具有特殊形式的多项式乘法——平方差公式,并让学生体会从特殊到一般的代数推理过程,这样更加自然、合理,同时加强了代数思维的培养,从而发展代数思维。

问题 5:你能用文字语言表示上面探究过程中所发现的规律吗?

两个数的和与这两个数的差的积,等于这两个数的平方差,即$(a+b)(a-b) = a^2 - b^2$。

注意:

(1) 公式中的 a 和 b,既可以是具体的数,也可以是单项式或者多项式。

(2) 左边是两个二项式的积,并且有一项完全相同,另一项互为相反数。

(3) 右边是相同项的平方减去相反项的绝对值的平方。

设计意图:鼓励学生用自己的语言表述,从而提高学生的语言组织与表达能力,另外,教师注意对公式内涵的引导,让学生进一步理解公式。

环节四:应用图形,理解新知

问题 6:请完成下列填空:

(□ + ○)(□ - ○) = _____,

(○ + □)(- ○ + □) = _____。

师生活动:学生观察上面用图形表示的算式,发现两个图形的符号特点,从而利用平方差公式进行计算。

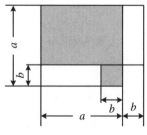

图 6.23

设计意图:用"□"和"○"来表示单项式或多项式,帮助学生更好地理解平方差公式里的 a 和 b 的真正含义,从而使学生更准确地理解平方差公式。

问题 7:你能根据图 6.23 中图形的面积说明平方差公式吗?

师生活动:学生通过小组合作进行图形面积的计算,发现平方差公式的几何意义。

设计意图:通过学生小组合作,利用这些图形面积的相等关系,进一步从几何角度验证了平方差公式的正确性,渗透了数形结合的思想,让学生体会到代数与几何的内在联系,引导学生学会从多角度、多方面来思考问题。

环节五:巩固运用,内化新知

问题8:辨一辨:下列各式能否用平方差公式进行计算?

(1) $(7ab-3b)(7ab+3b)$;

(2) $(-8+a)(a-8)$;

(3) $(x+3)(-x-3)$;

(4) $(-3-m)(m-3)$。

问题9:判断正误。

(1) $(a+b)(b-a) = ab - ba$　　　　　(　　)

(2) $(-5x-3)(5x-3) = 25x^2 - 9$　　　(　　)

(3) $(4x+3b)(4x-3b) = 16x^2 - 9$　　 (　　)

(4) $(x-2a+1)(x+2a-1) = x^2 - 4a^2$　(　　)

问题10:算一算。

(1) $(3a^2+2b)(3a^2-2b) = $ _____;

(2) $(-7m+8n)(-8n-7m) = $ _____。

师生活动:学生口答或进行板演。

设计意图:此学习环节的设计是为了让学生更深刻地认识平方差公式的特点:相同项为"a"的部分,相反项为"b"的部分,体会求两数和与两数差的积的运算才能运用平方差公式,同时,让学生经历运用知识解决问题的过程,提高计算能力。

环节六:课堂小结,颗粒归仓

问题11:通过本节课的学习你学会了哪些知识,有了哪些新的认识,还有什么困惑?你想对同学们在掌握平方差公式上有哪些好的建议?

师生活动:学生进行本节课内容的回顾与梳理,教师从知识、思想方法两个方面进行引导和提升。

设计意图:小结环节是让学生对本节课所学知识有一个系统认识,重新反思自己的所学,把自己的收获和困惑和大家一起分享,达到知识的共享。

六、教学设计说明

1. 借助古代数学问题引出课题,引发学生的兴趣

平方差公式是初中数学"代数"领域中重要的一个基础知识,是代数式的变形、化简和计算的重要依据,对于后续内容,如因式分解和分式化简有着非常重要的基石作用。在教材编排上,国内很多版本教材都是将平方差公式放在整式的乘法后面,更具体地,是放在多项式乘多项式之后,从而将平方差公式的学习逻辑简单地"解释"为多项式乘以多项式的"特殊"形式。这一问题的答案,可以从数学史的发展中找到。平方差公式衍生于求解二元二次方程组的问题,而非特殊形式的多项式乘以多项式。公元3世纪,数学家丢番图在《算术》一书中,也有类似解法:已知两数和为20,积为96,求这两个数。设一个数为$10+t$,另一个数为$10-t$,$t>0$,于是有$(10+t)(10-t)=96$,所以$t=2$,则一个数为12,另一个数为8。在本课的引入环节利用一个古代数学问题进行展开,引发学生兴趣的同时引导学生深入思考。

2. 从特殊到一般,进行代数推理,培养代数思维

根据"最近发展区"理论,在学生已掌握的多项式乘法法则的基础上,深入分析平方差公式的结构特征,且认识到平方差公式的本质之后,进一步探索、证明一般性的结论,让学生经历从发现、猜想、证明的探索过程,得到具有特殊形式的多项式乘法——平方差公式,并让学生体会从特殊到一般的代数推理过程,这样更加自然、合理,同时加强了代数思维的培养,发展代数思维。

3. 利用几何图形表征让学生直观感受平方差公式,理解公式的外延

理解代数问题的思维特征是从抽象到直观。抽象是代数这门学科的特点,要认识到抽象能力是学生的数学思维能力。让学生经历数学的抽象过程是最有价值的思维活动,不能简单地通过直观替代,如果那样就削弱了代数思维的培养力度。所以教材中利用"面积割补法"史料来验证平方差公式,而不是用它来引出平方差公式。学生先从符号表征层面发现平方差公式,再从图形表征的角度认识$(a+b)(a-b)=a^2-b^2$。因为以图形表征入手,没有呈现出平方差公式出现的原因,会让学生"错误认为"平方差公式是在面积重构中偶然被发现的。从情境表征入手,以重构的方式来呈现数学史在平方差公式中的应用。

直观是在代数抽象之后的数学思维活动,是借助直观来理解代数抽象的,直观在代数思维中是辅助的地位而不是主体地位。从解决问题的角度看,本课从代数对象(平方差公式)出发,分析其代数特征(分析两个代数式中各个单项式的特点),再通过几何直观(图形符号、图形面积)来理解这个公式的推导过程。这样的研究符合"数—数—形"这一解决代数问题的思维规律。

探索规律问题[①]

一、教学内容

本节课为初三阶段数与式部分的复习课。由于探索规律问题是近几年考

---

① 案例来源:北京市八一学校姜杉。

试热点,也是综合考查学生观察、归纳能力的难点,所以本节课设计三方面规律探索问题,旨在让学生更深刻体会从特殊到一般再到特殊的数学思想方法,同时培养学生转化问题的能力。为了建立一般性思考方式,安排了学生讨论活动,目的是为学生提供积极思考与合作交流的空间,同时也是为了体现让学生学会自主学习、总结归纳。后面设计一道探索运动变化规律问题,考虑到列代数式是由特殊到一般的过程,求代数式的值是一个由一般再回到特殊的过程,二者结合提出,可以满足学有余力者的需要,也教会学生从简单、局部的特殊情况出发,提炼、归纳、猜想未知,寻找规律,获取新结论,再将新结论、新规律运用到具体问题中去,从而掌握观察、归纳、验证以及应用的思维过程。

二、学情分析

(1) 基于学生进入初三总复习阶段的心理特点和能力特点,通过设置问题情境,引导全体同学参与思维活动,满足学生的好奇心,把学生的注意力吸引到课堂上来,同时激发学生学习数学的兴趣,顺理成章地引出课题。

(2) 整节课贯穿探求规律、应用规律这一主线,使学生运用从特殊到一般再到特殊的数学思想方法解决问题,由易到难,尽可能让所有的学生主动参与,满足不同学生个体需要,从而体验获得知识、应用知识的成功喜悦,让不同学生学不同层次的数学。

三、教学目标

(1) 通过观察、归纳、猜想、概括对已给的数、等式、图形及运动变化进行分析与计算,探索规律;

(2) 综合运用所学知识,通过列代数式与求代数式的值从而解决问题;

(3) 体会从特殊到一般再到特殊的数学思想方法,进一步提升学生观察能力、概括能力、探索问题能力。

四、教学重难点

(1) 如何观察归纳,怎样探索规律?

(2) 通过设计活动,采取阶梯式的递进,层层展开,培养学生将自主探索与合作交流相结合,获得经验,提高能力。

五、教学过程

环节一:创设问题情境

女巫的魔法:一群数字一起回家,经过一片诡异的森林时被女巫施了魔法,穿过森林后它们发现自己已经变得面目全非,而且回家的路也忘了。这时传来女巫阴森的声音:你们被施了同样的魔法,只要你们找出表6.9中数字变化共同的变化规律,就能解除魔法安全回家!否则,……,你能否帮他们找出共同的变化规律,解除魔法?

表6.9

原数	5	$-\dfrac{1}{2}$	-1	0	7	$\dfrac{2}{3}$	4
变化后	16	$\dfrac{9}{4}$	4	1	36	$\dfrac{1}{9}$	9

师:提出下列问题:

(1) 你能列出代数式将变化规律表示出来吗?

(2) 若这个数字是无理数,经过女巫的魔法,它会变成什么样的数?

(3) 比一比,看哪个小组最聪明,最先解除女巫的魔法。同时思考这类问题的一般方法是什么?

生:独立思考3分钟后再讨论,按照4人为一组分小组讨论。

设计意图:从学生熟悉的数字入手,问题简单,能让不同层次的学生都参与进来,使学生尽快进入思维活动中并初步建立观察、猜想、验证的思维模式。学生观察,积极思考,在讨论怎样解决问题过程中获得解题方法,增强数感。

环节二:探索数列规律

(1) 按下列规律排列的一列数对:(1,2),(4,5),(7,8),…,第5个数对是_____。第2023个数对是_____。

(2) 观察下面依次排列的一列数,你能发现它的排列有什么规律?它后面的三个数有可能是什么数?试把它写出来。

$-1, 2, -4, 8, -16, 32, \cdots$

第 n 个数怎样表示?

(3) 图6.24是与杨辉三角有类似性质的三角形数垒,a, b, c, d 是相邻两行的前四个数,那么当 $a = 8$ 时,$b =$ _____,$c =$ _____ $d =$ _____。当 $a = 100$ 时,$b =$ _____,$c =$ _____ $d =$ _____。

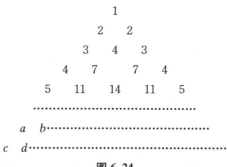

图6.24

(4) 把数字按如图 6.25 所示排列起来,从上开始依次为第一行、第二行、第三行……,中间用虚线围的一列,从上至下依次为 1,5,13,25,…,则第 10 个数为_____,第 n 个数为_____。

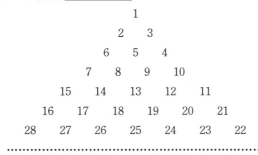

图 6.25

(5) 观察下列各式:

$11^2 = 10^2 + 21$

$12^2 = 11^2 + 23$

$13^2 = 12^2 + 25$

$14^2 = 13^2 + 27$

……

找出其规律,并用含正整数 n 的代数式表示,应为_____。

(6) 观察一列等式:

$3^2 + 4^2 = 5^2$,

$5^2 + 12^2 = 13^2$,

$7^2 + 24^2 = 25^2$,

$9^2 + 40^2 = 41^2$,

……

请写出第 5 个这样的式子。

你发现了这些等式所共有的规律了吗?请你写出第 20 个这样的式子。

设计意图:第(1)、(2)、(3)题重点讲解,渗透从特殊到一般再到特殊的数学思想,为探索一般性结论构建平台并进一步将问题深入,渗透等差数列、等比数列的通项求法与求和方法。第(4)、(5)、(6)题由学生分组讨论完成。引导学生运用所学知识和技能解决问题,培养归纳总结、概括知识的能力;提炼数学中蕴含的数学思想和方法。讨论第(2)题中的符号如何以最佳方式进行处理,由学生讨论、讲解第(4)、(5)、(6)问题的最佳方法。

环节三:探索图形规律

(7) (沈阳市课改实验区)观察下列图形的排列规律(其中△是三角形,□是正方形,○是圆),□○△□□○△□○△□□○□△…,若第一个图形是正方形,则第 2008 个图形是_____(填图形名称)。

(8) 如图 6.26 所示,从(a)到(c)都是由小正方体搭建成的正方体。(a)中有 1 个看得见的小正方体,(b)中共有 7 个看得见的小正方体,(c)中共有 19 个可以看得见的小正方体,依照这种搭建规律,请你猜想在第 4 个图中共有几个看得见的小正方体?第 n 个图中共有几个看得见的小正方体?

(a)

(b)

(c)

图 6.26

设计意图:面对图形问题,引导学生仔细观察将图形问题转化为数字问题。学生通过交流合作、共同探讨,用解决数字问题的方法去探索图形问题的一般规律。

环节四:探索运动变化规律

(9) (重庆市)已知甲运动方式为:先竖直向上运动 1 个单位长度后,再水平向右运动 2 个单位长度;乙运动方式为:先竖直向下运动 2 个单位长度后,再水平向左运动 3 个单位长度。在平面直角坐标系内,现有一动点 P 第 1 次从原点 O 出发按甲方式运动到点 P_1,第 2 次从点 P_1 出发按乙方式运动到点 P_2,第 3 次从点 P_2 出发再按甲方式运动到点 P_3,第 4 次从点 P_3 出发再按乙方式运动到点 P_4……依此运动规律,则经过第 11 次运动后,动点 P 所在位置 P_{11} 的坐标是_____。

设计意图:学生通过耐心读题,从特殊入手,注意观察,再转化为数字问题,寻找一般规律之后再解决特殊问题。运用所学知识和技能,综合分析问题,对学有余力的同学提供足够的空间,发展他们的数学才能。

环节五:反思与小结

说说你的收获! 从不同角度回答本节课的收获。

六、教学设计说明

2022 年版新课标课程目标的确定,立足学生核心素养的发展。"能够从实际情境或跨学科的问题中抽象出核心变量、变量的规律及变量之间的关系,并能用数学符号予以表达",是发展抽象能力的途径之一。对比两个版本的课标要求,第一学段在用数表示事物的基础上,变为要求用数或符号表达变化规律。一方面是鼓励学生用数学语言表达现实世界,另一方面凸显了变化规律,即含有推理的意味在内。

代数推理的核心是一般化。即最终要达到用数学符号一般化地表达规律。这是能力层的最高一级,只有达到一般化后才能够建立起普适性的、广泛性的代数模型。而学习中学生难免会出现只由三五个特殊事例的归纳概括就认为发现规律,进而就用字母表示这一规律。与其说这是用字母表示规律,不如说是用字母代替了特殊的实例,它不具备真正意义上的普适性。因此,在学习中要将字母表示的代数结构和规律可推广到更广的方面对其修正、检验,最后得到普适条件下的一般规律,而不能局限于三五个特殊事例。

本节课注重加强合情推理和演绎推理的融合,实现从合情推理到演绎推理的完整过程。在学生学力许可的情况下,尽力补全合情推理之后的演绎推理过程,让学生经历从合情推理到演绎推理的闭环,养成严谨的思维习惯。本节课在方法上,以问题为主链,层层展开,使学生自主探索与合作交流相结合。使学生的思维一直处在兴奋中,使学生体会转化的思想在数学中的应用,从而将相关问题串联在一起,形成解题思考规律。在手段上,通过多媒体课件的运用,使图形更直观;在应用中,力求运用所学知识和技能,综合分析问题,从不同的角度挖掘知识间的联系,对学有余力的同学提供足够的空间,发展他们的数学才能。通过归纳总结,培养学生概括知识的能力,提炼解决问题过程中所蕴含的数学思想和方法。

完全平方公式[①]

一、教学内容

本节课的内容是人教版八年级上册第十四章第二节第二小节的内容。本节课内容的学习是对整式部分内容的学习的进一步补充。授课过程中对完全平方公式的观察、比较、总结等探究学习,是对整式中多项式乘法从一般到特殊的归纳、总结,能帮助同学们更好地了解公式左右两边的特征,能提升同学们的探究归纳能力,培养同学们养成严谨的逻辑推理能力。当运算中遇到特殊多项式相乘时,可以直接运用公式写出结果,从而提升计算速度和正确率。同时,本节课通过类比学习的方式,帮助学生进一步地掌握平方差部分的学习,又能帮助学生更好地掌握有关完全平方公式、计算和面积转化等知识。

完全平方公式是初中数学中的重要公式,重要的数学思想方法"配方法"就是依据完全平方公式。而且它是因式分解、分式运算的学习基础,是进一步研究一元二次方程、二次函数的重要工具。所以说本节课的内容,不仅有着广泛

[①] 案例来源:北京市八一学校张素杰。

的实际应用价值,更有着十分重要的承前启后作用。

二、学情分析

学生在学习本节课之前,已经学习了整式的概念、整式的加减法、幂的运算、整式的乘法和平方差公式。这些基础知识的学习为本节课的学习奠定了基础。初二年龄段的学生,具备一定的观察能力、逻辑推理能力和归纳能力,但是都比较局限;相反,他们的感性思维比较强,在认识新事物及学习新知识时,容易出现想当然的思想。所以在具体运用公式时,学生的感性认识往往表现比较突出,一部分学生总是不能正确区分和运用完全平方公式与平方差公式,出现 $(a+b)^2=a^2+b^2$、$(a-b)^2=a^2-b^2$ 的问题,对公式中出现的 a、b 也理解不到位等问题。通过本节课的学习帮助学生更好地解决这些问题,以便为后续的因式分解、分式、一元二次方程和二次函数的学习打下基础。

三、教学目标

(1) 理解完全平方公式得出过程,能观察运用完全平方公式进行计算。
(2) 在探索完全平方公式的过程中,理解完全平方公式的结构特征。
(3) 从代数推导和几何解释两个角度理解完全平方公式。

四、教学重难点

教学重点:能熟练辨识多项式与多项式的乘法运算是否符合完全平方公式的特征,能准确使用公式简化计算;以及掌握完全平方公式的变式运用。

教学难点:理解完全平方公式中字母 a、b 的广泛含义。

五、教学过程

环节一:复习旧知,引入新知
问题1:
(1) 请你说一说上节课学习的平方差是什么?这个公式是如何推导出来的?
(2) 说一下这个公式的结构特点是什么?
(3) 请运用平方差公式,计算 $(3m-n)(3m+n)$,$(-a+b)(-a-b)$。
生:学生回顾上节课所学知识,并回答问题。
师:前两问通过问答的形式与学生进行互动和评价,第(3)问通过限时答题、同桌交换答案互批的方式及时进行检验和反馈本部分的问题。
设计意图:通过回顾上一节课的内容,培养学生的观察能力和总结能力,引导学生用已经掌握的学习方法和技巧探索学习新的知识和内容。

问题2:现有两项式$(a+b)$,请你添加一个你认为独特的两项式与其相乘,你会添加什么? 并说出你的理由。

生:① $(a+b)(a-b)$一加一减,这刚好是平方差公式;

② $(a+b)(a+b)$跟已知的一样,它可以化简写成$(a+b)^2$;

③ $(a+b)(a^2-b^2)$添加了一个平方差公式,化简后的式子没有什么特殊的意思,只是觉得很好玩。

师:同学们真有创意,添加了这么多独特的两项式。第①个我们已经研究过了,接下来我们一起来研究第二个。

设计意图:通过开放性问题的设置,让学生更好地体会从一般到特殊的数学思想,从而更好地理解完全平方公式的结构特点。

环节二:提出问题,探究学习

问题3:怎样计算出$(a+b)^2$的结果?

生:利用多项式乘以多项式进行计算$(a+b)^2=(a+b)(a+b)=a^2+ab+ab+b^2=a^2+2ab+b^2$;即$(a+b)^2=a^2+2ab+b^2$。

(1) 某同学在运算时,从直观上看,他觉得运算结果应该是$(a+b)^2=a^2+b^2$。请问这种运算结果对吗? 请说明理由。(小组讨论)

生:学生可以从公式推导和代入特殊值计算等方式,验证(1)的结论是否正确。

(2) 公式$(a+b)^2=a^2+2ab+b^2$的结构特点是什么?

师生总结:首平方,尾平方;首尾2倍放中央。

师:对于完全平方公式$(a+b)^2=a^2+2ab+b^2$里的a、b你是如何理解的?

生:a、b可以是单项式也可以是多项式,把a、b看作两个整体。

设计意图:通过计算、观察、小组讨论等方式,帮助学生更好地掌握完全平方公式的形式。同时,培养学生通过合理猜想、举例论证、严谨论证等推理论证方式的合理论证能力。

(3) 利用完全平方公式计算:

① $(2+b)^2$;② $(2x+y)^2$;③ $(3a+4b)^2$;④ $(-3m+n)^2$。

生:限时计算,小组PK,交换互批。

设计意图:通过计算比拼的方式,帮助学生对完全平方公式的理解与应用,提升学生的计算能力。

问题4:

(1) 对于代数式$(a-b)^2$的计算结果是什么呢? 猜想$(a-b)^2=a^2-2ab-b^2$、$(a-b)^2=a^2-b^2$。以上两种猜想是否正确?

生:计算$(a-b)^2=(a-b)(a-b)=a^2-ab-ba+b^2=a^2-2ab+b^2$,

即$(a-b)^2 = a^2 - 2ab + b^2$,所以通过推导计算,可知猜想错误。

(2) 公式$(a-b)^2 = a^2 - 2ab + b^2$的结构特点是什么?

师生总结:首平方,尾平方;首尾2倍放中央,是正是负看前方。

设计意图:通过类比学习,帮助学生更好地掌握完全平方公式的结构特点,从而更好地理解和运用完全平方公式。

(3) 用完全平方公式计算:

① $(2a-3b)^2$;② $(x-2y)^2$;③ $(-3m-4n)^2$。

设计意图:通过计算,帮助学生掌握完全平方公式的理解与应用,提升学生的计算能力。

小组讨论:说一说公式$(a+b)^2 = a^2 + 2ab + b^2$、$(a-b)^2 = a^2 - 2ab + b^2$、$(a+b)(a-b) = a^2 - b^2$的相同之处和不同之处。

生:前两个公式相同之处是公式结构相同,等号左边是两个相同的多项式相乘,右边形式为首平方,尾平方,首尾2倍放中央,是正是负看前方。不同之处是正、负不一样。但是可以把两者统一成一种形式,例如把$(a-b)^2$可以看作求解$(a+(-b))^2 = a^2 + 2a \cdot (-b) + (-b)^2 = a^2 - 2ab + b^2$。完全平方公式与平方差公式的推导结果和表示形式都有差别,但两者也可以联系起来:$|(a+b)(a-b)| = \sqrt{(a+b)^2(a-b)^2} = \sqrt{(a^2+2ab+b^2)(a^2-2ab+b^2)}$。

师:回答得很全面而且准确。

设计意图:帮助学生更好地把两个公式统一为一个整体进行理解,体会数学中的化归思想;同时帮助学生进一步区分完全平方公式和平方差公式。

环节三:能力拓展,综合练习

(1) 计算:① 100.1^2;② 99.8^2。

师:如果利用竖式直接进行乘方运算好算吗?那观察它的形式,能否与本节课学的内容相联系呢?

生:① $100.1^2 = (100+0.1)^2 = 100^2 + 2 \times 100 \times 0.1 + 0.1^2 = 10020.01$;

② $99.8^2 = (100-0.2)^2 = 100^2 - 2 \times 100 \times 0.2 + 0.2^2 = 9960.04$。

设计意图:帮助同学们应用完全平方公式解决实际的计算问题,提高学生的计算能力,同时让学生体会公式的方便快捷作用。

(2) 我们可以通过几何图形推导出平方差公式$(a+b)(a-b) = a^2 - b^2$。小组讨论,尝试通过几何图形的面积转化推导出公式$(a+b)^2 = a^2 + 2ab + b^2$?

生:学生类比平方差公式的面积推导公式,通过小组讨论、实践操作、推理计算等方式,通过几何面积的转化推导出公式。

师:请课下思考,再尝试通过几何图形的面积转化推导出公式$(a-b)^2 = a^2 - 2ab + b^2$?

设计意图:开阔学生的思维,引导同学们建立数形结合的思想,提升同学们的解题技巧,从而帮助同学们更好地掌握本节课的内容。

环节四:归纳总结,升华思想

师生:师生一起对本节课的知识进行总结和复习。

(1) 什么是完全平方公式?公式的结构特点是什么?

(2) 如何理解公式中的字母 a 和 b?

设计意图:学生总结本节课的学习内容,进一步夯实本节知识,提高总结概括能力。同时,培养学生的学习兴趣。

六、教学设计说明

本节课采用深度学习的方式,首先由整式的乘法,先推导出完全平方公式,再通过练习,强化学生对公式中的字母 a、b 一般性地理解。进而通过完全平方公式与平方差公式的对比,加强对两个公式的理解和掌握。在探究学习阶段,通过类比平方差公式的面积转化,探究出完全平方公式通过面积转化求解出公式推导,这也进一步提升了学生的推理能力和数学建模能力。

在公式的推导过程中提升了学生的符号意识、运算能力和推理能力;在对完全平方公式 $(a+b)^2 = a^2 + 2ab + b^2$ 和 $(a-b)^2 = a^2 - 2ab + b^2$ 进行类比学习的过程中,加强了学生的分类讨论思想;通过探索公式中 a 的一般性,即其既可以表示数字、字母,又可以表示代数式,培养了学生从一般到特殊再到一般的化归转化思想;同时,当学生在研究用几何图形表示完全平方公式时,培养了学生的数形结合思想,提升了学生的数学建模能力。

在本节课的授课过程中,充分体现了以学生为主体、教师辅助,引导学生通过类比,进行层层递进式的思考。在公式的生成过程中,体会完全平方公式中符号的区别和统一性,以及平方差公式与完全平方公式的区别与联系。当然,在后续教学中,仍有更多可以改进的地方,例如可以考虑如何引导学生进行提问和思考,培养学生的问题提出和解决能力。

正比例函数的图像和性质[①]

一、教学内容

本部分内容是人教版八年级下册数与代数部分函数知识模块,本章由函数(变量与函数、函数图像、函数表示法)、一次函数(正比例函数及图像和性质、一次函数及图像和性质、一次函数与方程、不等式关系)、课题学习三大部分构成,

---

① 案例来源:北京市八一学校附属玉泉中学卢秀。

本单元的教学主要是让学生从"变量"过渡到"函数"的数学模型,让学生通过"一次函数"由"数"到"形"的认识,发展其数学学科素养,为学生后期对二次函数、反比例函数的学习奠定基础,最终通过具体函数的学习,达到"任意变量"到"图形"对应,学会用函数的思想去描述、研究其内在联系和变化规律,通过对实际问题的解决,让学生体会函数是刻画现实世界中变化规律的重要数学模型,发展学生模型意识和应用意识,培养学生的创新能力。

本节课的主要内容是正比例函数的图像和性质,是在学习了正比例函数解析式后,对函数内容的进一步研究,是在平面内的点与有序数对的对应关系基础上建立起来的,是函数与图像的首次结合,它的研究方法具有一般性和代表性,本节课的教学在本单元中有着"起航引领"之作用,它将为后期对一次函数、反比例函数、二次函数的学习提供研究方法,是本章的重点内容,本节课在传授知识的同时,更重要的是结合运动变化、数学建模、数形结合等,让学生学会研究函数图像和性质的思想方法,体现发展学生学习能力为本的教学理念。

二、学情分析

本节课前学生已学了平面直角坐标系的基本知识,掌握了常量、变量及正比例函数的概念等知识,因此在学习新知识的时候也不存在多大的问题,但正比例函数的图形及性质是学生第一次接触具体函数的图像和性质,所以在研究问题的方法上,学生会遇到困难,通过教师引导学生从正比例函数的解析式进行代数角度的分析,从图像进行几何角度的研究,使得数与形有机结合,培养学生数形结合的能力。

三、教学目标

(1) 经历正比例函数图像和性质的探究过程,理解正比例函数的图像和性质。

(2) 能正确画出正比例函数的图像,能依据图像掌握正比例函数的性质,能正确理解 k 对函数增减变化的影响。

(3) 通过探究活动,初步培养学生数形结合的思想及由一般到特殊的数学思想,让学生经历"问题情境—自主探究—猜想验证—得出结论"的思维过程,体会研究函数图像和性质的思想方法,培养学生解决问题的能力和获得成功的喜悦感。

四、教学重难点

教学重点:正比例函数的图像和性质。

教学难点:正比例函数的图像和性质的发现。

五、教学过程

环节一:复习回顾,引出课题

教师活动1:

① 正比例函数的定义。

② 请写出一个自己喜欢的正比例函数。

③ 画函数图像的基本步骤。

④ 正比例函数的图像是什么?有哪些性质呢?

学生活动1:学生回忆上节课所讲内容,快速回答出问题①～③内容,带着对问题④的思考开启本节课的学习。

设计意图:本节课重点是研究函数的图像与性质,这需要借助于上节课的定义,从数的角度来入手,所以设计了问题①,意在引导学生在复习的基础上,知道本节课在解决问题的时候,可以从定义入手,另一方面,对于正比例函数,仅仅知道了定义,是远远不够的,我们还有从形的角度来研究,从而获得更多的相关性质,由此引出本节课课题。问题②的设计,一方面是为了让学生自查对其定义是否真正理解,另一方面是为下一环节做好准备。问题③的设计,主要是为下一个教学环节埋下伏笔,以便学生在画图像时,能顺利地解决。问题④主要是为学生设置悬念,引起学生足够的学习兴趣和动力,引出本节课内容。

环节二:探索研究,提升数形结合能力

教师活动2:画函数图像。

探究1:用列表、描点、连线的方法画出你所写函数的图像。

学生活动2:学生在学案上的坐标系内通过列表描点连线的方法画出自己所写函数的图像。

设计意图:让学生体会知识的生成过程,落实研究数学问题的基本方法、基本思路和基本过程,让学生借助基本的数学方法通过自己的动手操作,来获取正比例函数的图像,这样不仅让学生感受到了解决数学问题的常规过程,同时也获取了相应的数学知识。

教师活动3:分析图像。

探究2:观察黑板上所展出的函数图像及你自己所画的图像,分析出其相同点及不同点。

学生活动3:学生通过观察所展出的图像,自己独立思考,总结出其相同点与不同点,然后与小组其他同学进行交流。

设计意图:由于活动1的设计,所以每位同学画的是自己所写函数的图像,为了便于学生总结性质,教师把一部分学生所画图像展示在黑板上(八份以上),这样学生通过对大量图形的观察与分析,就能很轻松得出图像全为直线、都过原点这条性质,而对于不同点的性质分析,相对来说比较难,教师可以适当比做引导,比如对黑板上的八幅图像进行分类,按什么条件分,分完以后重新将图摆放成两列,引导每一列的图像又有什么样的特点,如果学生可以,基本上性质就可以完全总结出来,如果学生还是不能分析,可以再次引导学生从所过象限及变化性角度去分析,同时在分析出性质以后一方面可以再次依据自己所画图像来验证性质是否正确,另一方面可以在小组中通过交流的方式,来达到对图像性质的正确理解。

本环节是这节课的重点,同时也是难点,通过活动2、3的设计及结合活动1的前期准备,确保了全班同学,在最短的课堂时间之内,画出了近30个正比例函数图像,这为通过观察大量图像获取性质做好了准备,让学生能直观感受正比例函数的图像性质,同时为了进一步地突破本节课难点,让学生总结出性质后,依据自己所画图像来检验性质,达到初步运用性质突破难点的目的。小组讨论交流的环节,主要是为了让学生进一步完善性质、规范自己的语言,达到对性质的再理解,从而突破本节课的重点。

环节三:应用举例,提升认识

教师活动4:

探究3:如何快速简便地画出正比例函数 $y = 2x$ 的图像。

学生活动4:学生思考并动手画图。

设计意图:活动4是为了让学生对上一环节中所讲性质达到先理解再提升的目的,便于以后在画图像时能够用快速简便的方法,同时也再次地理解性质。

教师活动5:

探究4:

例1 如果正比例函数 $y = (8-2a)x$ 的图像经过二、四象限,求 a 的取值范围。

例2 已知正比例函数 $y = (m+1)x^{m^2}$,它的图像经过第几象限?

学生活动5:例1教师讲解,学生记笔记;例2学生小组讨论,独立完成,并展示交流。

设计意图:活动5主要是为了让学生达到对性质的应用,提升在具体条件下对性质的灵活运用,提升学生对正比例函数的综合运用能力,同时规范学生的答题规范性,培养学生良好的学习习惯。

环节四:总结提升,整体掌握

教师活动6:正比例函数的图像是什么?怎样用简便方法画正比例函数的图像?正比例函数的性质有哪些?我们是怎样对正比例函数性质进行研究的?

学生活动6:交流分享。

设计意图:让学生在整体回顾课堂经历的基础上,从知识、方法等角度总结自己收获,交流分享、互相启发,教师通过概况性引导提升学生对正比例函数性质的认识。

环节五:课后检测,查漏补缺

(1) 正比例函数 $y=-4x,y=4x,y=0.5x$ 的函数图像共同点是(　　)。
A. 经过同样的象限　　　　　B. 都是经过原点的直线
C. 从左到右上升　　　　　　D. 从左到右下降

(2) 已知正比例函数 $y=(3k-1)x$,若 y 随 x 的增大而增大,则 k 的取值范围是(　　)。
A. $k<0$　　B. $k>0$　　C. $k<\dfrac{1}{3}$　　D. $k>\dfrac{1}{3}$

(3) 函数 $y=-5x$ 的图像在第_____象限内,经过点(0,_____)与点(1,_____),y 随 x 的增大而_____。

(4) 已知函数 $y=(2m-1)x^{m^2-3}$ 是关于 x 的正比例函数,且 y 随 x 的增大而减小,则 m 的值为_____。

(5) 用你认为最简单的方法画出下列函数的图像:

① $y=\dfrac{3}{2}x$　　② $y=-3x$

(6) 已知正比例函数 $y=5x$ 的图像上有两点 $A(x_1,y_1),B(x_2,y_2)$,且 $x_1<x_2$,请问 y_1+y_2,y_1-y_2 的符号是否确定,若确定请说明理由。

(7) 已知正比例函数 $y=ax,y=bx,y=cx,y=dx$ 的图像如图 6.27 所示,请判断出 a,b,c,d 的大小关系。

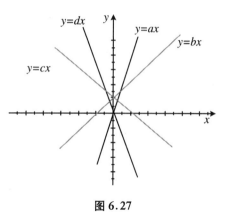

图 6.27

设计意图:本部分试题共设计了 7 道题,其中第(1)至第(5)题主要是依据课堂基础知识,这部分试题主要是针对班级全体同学而设,目的是巩固基础知识,是课堂内容的再现过程,第(6)至第(7)主要是依托本节课所学知识,注重学科能力的培养,落实"数形结合能力"的教学目标,是本节课所学内容的延展部分,关注解题思路及方法的培养。

六、教学设计说明

本节课是初中生对函数研究的首次接触,学生对这部分内容的研究方法、研究价值全然是陌生的,不知道怎么去研究一个函数,也不知道得出函数的图像和性质后有什么用处,对于本节课的学习,很大程度上对未来其他类型函数的研究具有启示作用,在教学设计上不仅要突出正比例函数图像和性质,更重要的是让学生不断体会函数图像的作用和数形结合的方法,在传授本节课知识的同时,引导学生逐步感受和理解数学思想方法的重要作用,所以笔者所设计的所有课堂探究问题都是意在引导学生怎样对一个函数进行研究,让学生通过对正比例函数的研究与学习掌握对函数研究的一般方法与思路,为整个中学阶段将要学习的一次函数、二次函数、反比例函数的研究奠定方法基础,而且通过课堂之初复习环节中 2 的设计,使得学生整节课都在对自己喜欢的函数做分析,探究的幸福感也油然而生,同时这个开放性问题设计也为后期课堂提供了大量的分析素材;本节课另外一个很成功的地方就是大量学生所画图像的展示活动(探究 2),鼓励学生独立画出属于自己特有的函数图像、展示自己作品(图像),观察分析共性与异性代替以往教师借用 PPT 或几何画板展示图像、分析图像、总结性质,很大程度上引起了学生的学习兴趣,也提高了学生学习的积极性,通过展示获得了课堂的认可,所以也在学习中收获了快乐,提升了学习数学的自信心,这些也都在本节课的教学中得以实现。

第七章 方程与不等式

引言 "方程与不等式"的重要性及对学生数学学习的意义

一、方程与不等式的重要性

"方程与不等式"是初中数学教学中的重要内容,相等关系和不等关系都是现实生活中的重要的数量关系,具有极其广泛的应用。从数学学科看,方程是代数学的核心内容,正是对于方程的研究推动了整个代数学的发展。方程主要包括一元一次方程、一元二次方程、二元一次方程组、不等式、一元一次不等式(组)和分式方程,其中等式的基本性质和不等式的基本性质是解方程(组)和解不等式(组)的依据。

方程和不等式的应用十分广泛。一元一次方程是最简单的代数方程,也是学习其他方程和方程组的基础。解二元一次方程组就是通过消元转化为一元一次方程来求解,一元二次方程是通过降次转化为一元一次方程。学习一元一次不等式的概念和解法时,都可与一元一次方程的有关内容相类比,可使一元一次方程、一元一次不等式的教学相辅相成,并使一元一次不等式的教学变得较为容易。

列方程解应用题是初中数学教学中的重要内容,也是学生学习中困难较多的内容。之所以重要,是因为通过列方程解应用题的教学可以培养学生分析问题和解决问题的能力。而由于应用题可以千变万化,往往不能套用一些现成的模式,需要具备较强的审题能力、分析问题的能力、熟练解方程的能力,以及对求出的根正确判断取舍的能力,所以学生学习这部分内容时难度较大。应用意识的培养有两个方面的含义,一方面有意识利用数学的概念、原理和方法解释现实世界中的现象,解决现实世界中的问题;另一方面,认识到现实生活中蕴含着大量与数量和图形有关的问题,这些问题可抽象成数学问题,用数学的方法予以解决。在整个数学教育过程中都应该培养学生的应用意识,综合实践活动是培养应用意识很好的载体。

初中数学方程思想是初中生学好数学知识的必备能力。数学中的方程思想，可以说是数学思想中一个十分重要的组成部分，方程在数学发展史上的意义是极为重大的，不客气地说，它的出现和发展是数学历史上一个重要的里程碑，它可以展示和包容丰富的数量关系，使数学具有自己的通用语言，并且这一语言形式经过发展具有实质性的突破。因此，在初中数学教学中，作为数学教师应当积极培养学生数学方程思想，只有让初中生具有这种数学必备的能力，他们才会以此为基础，向更远、更深的数学领域进军。

初中数学方程思想教学是拓展学生数学思维，开发学生智力的需要。数学，不同于其他科目，记忆内容不多，大部分是需要学生推理、论证、分析和总结，因此，它更强调的是发散的思维。而数学方程思想的培养，正是拓展和发散学生数学思维能力的教学过程。

二、方程与不等式对学生数学学习的意义

方程是用来表示两个量相等的数学工具，它可以将未知数与其他量之间的关系转化为等式。学习方程不仅仅是理解其定义，更重要的是学会用方程解决问题，逐步培养代数思维的能力。通过方程，学生可以从生活中的错综复杂的事情中抽象出最本质的东西，暗示在运算中追寻最佳途径，将复杂的问题简单化。

不等式是数学中刻画不等关系的模型，它在现实生活中有着广泛的应用。学习不等式可以帮助学生理解不等关系，探索不等式的基本性质，并掌握一元一次不等式的解法。通过数轴可以确定两个一元一次不等式组成的不等式组的解集，这有助于解决一些实际问题。此外，运用不等式解决函数最值问题、参数的取值问题、线性规划问题、绝对值不等式问题等，可以帮助学生理清解题思路，提高解题技巧和能力。

此外，课标中也要求学生树立模型思想和应用意识。模型思想的建立是学生体会和理解数学与外部世界联系的基本途径。建立和求解模型的过程包括：从现实生活或具体情境中抽象出数学问题，用数学符号建立方程、不等式、函数等表示数学问题中的数量关系和变化规律，求出结果并讨论结果的意义。这些内容的学习有助于学生初步形成模型思想，提高学习数学的兴趣和应用意识。综上所述，方程与不等式对于学生数学学习的意义在于培养代数思维和解决实际问题的能力，同时也有助于学生理解和掌握数学中的其他概念和技巧。

第一节 "方程与不等式"课标分析

一、内容要求

方程、不等式作为初中数学"数与代数"内容之一,是进一步学习函数和解决实际问题的常用工具。图 7.1 揭示了函数、方程、不等式三者之间的关联。

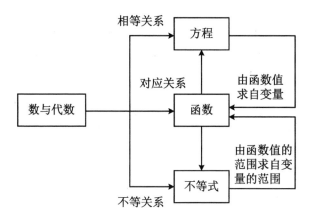

图 7.1 函数、方程、不等式三者关系图

《义务教育数学课程标准》中对七至九年级方程与不等式部分的内容要求如表 7.1 所示。

由此可见,内容要求更加重视发展学生的数感、符号意识、代数推理能力,培养学生的模型观念以及应用意识。在知识技能方面,学生需要从具体情境中抽象出数学符号,探索具体问题中的数量变化,并学会利用方程、不等式进行表述和解决问题的知识,以及掌握解方程(组)和不等式(组)的运算(包括估算)技能;在数学思考方面,学生需要从不同角度寻找发现和解决问题的办法,体会抽象、模型思想,具体涉及方程、化归思想,消元、降次、换元等方法;在问题解决方面,学生需要在具体情境中综合运用方程、不等式等知识,解决简单的实际问题,增强符号意识。具体知识包括:能根据具体问题中的数量关系列出一元一(二)次方程、二元一次方程组、分式方程或一元一次不等式,并会求解;能解数字系数的一元一次不等式组;会用一元二次方程根的判别式判别方程根的情况。同时,涉及与函数的知识交叉:体会函数、方程、不等式之间的关系。

表 7.1 《义务教育数学课程标准》中七至九年级方程与不等式内容要求

	《义务教育数学课程标准(2011年版)》	《义务教育数学课程标准(2022年版)》
方程与方程组	(1) 能根据具体问题中数量关系列出方程,体会方程是刻画现实世界数量关系的有效模型。 (2) 经历估计方程解的过程。 (3) 掌握等式的基本性质。 (4) 能解一元一次方程、可化为一元一次方程的分式方程。 (5) 掌握代入消元法和加减消元法,能解二元一次方程组。 (6) 能解简单的三元一次方程组。 (7) 理解配方法,能用配方法、公式法、因式分解法解数字系数的一元二次方程。 (8) 会用一元二次方程根的判别式判别方程是否有实数根和两个实根是否相等。 (9) 了解一元二次方程的根与系数的关系。 (10) 能根据具体问题的实际意义,检验方程的解是否合理	(1) 能根据现实情境理解方程的意义,能针对具体问题列出方程;理解方程解的意义,经历估计方程解的过程。 (2) 掌握等式的基本性质;能解一元一次方程和可化为一元一次方程的分式方程。 (3) 掌握消元法,能解二元一次方程组。 (4) *能解简单的三元一次方程组。 (5) 理解配方法,能用配方法、公式法、因式分解法解数字系数的 一元二次方程。 (6) 会用一元二次方程根的判别式判别方程是否有实根及两个实根是否相等。 (7) 了解一元二次方程的根与系数的关系。 (8) 能根据具体问题的实际意义,检验方程解的合理性
不等式与不等式组	(1) 结合具体问题,了解不等式的意义,探索不等式的基本性质。 (2) 能解数字系数的一元一次不等式,并能在数轴上表示出解集;会用数轴确定由两个一元一次不等式组成的不等式组的解集。 (3) 能根据具体问题中的数量关系,列出一元一次不等式,解决简单的问题	(1) 结合具体问题,了解不等式的意义,探索不等式的基本性质。 (2) 能解数字系数的一元一次不等式,并能在数轴上表示出解集;会用数轴确定两个一元一次不等式组成的不等式组的解集。 (3) 能根据具体问题中的数量关系,列出一元一次不等式,解决简单的问题

二、教学要求与学业要求

1. 方程与方程组

能根据具体问题中的数量关系列出方程,理解方程的意义;认识方程解的意义,经历估计方程解的过程;掌握等式的基本性质,能运用等式的基本性质进行等式的变形;能根据等式的基本性质解一元一次方程和可化为一元一次方程的分式方程;能根据二元一次方程组的特征,选择代入消元法或加减消元法解二元一次方程组;能解简单的三元一次方程组;能根据一元二次方程的特征,选择配方法、公式法、因式分解法解数字系数的一元二次方程;会用一元二次方程根的判别式判别方程是否有实根及两个实根是否相等,会将一元二次方程根的情况与一元二次方程根的判别式相联系;知道利用一元二次方程的根与系数的关系可以解决一些简单的问题;能根据具体问题的实际意义,检验方程的解是否合理。建立模型观念。

2. 不等式与不等式组

结合具体问题,了解不等式的意义,探索不等式的基本性质;能用不等式的基本性质对不等式进行变形;能解数字系数的一元一次不等式,并能在数轴上表示出解集;会用数轴确定两个一元一次不等式组成的不等式组的解集;能根据具体问题中的数量关系,列出一元一次不等式,解决简单的实际问题。建立模型观念。

学习方程与不等式需要经历对现实问题中量的分析,借助用字母表达的未知数,建立两个量之间关系的过程。研究函数性质离不开解方程和不等式,还可以借助函数的图像和性质解决方程和不等式相关问题。并且不等式解集的概念所体现的集合与对应的思想、数形结合的思想都需要学生充分的思考和体验。

具体学业质量标准如下:

能从生活情境、数学情境中抽象概括出数与式、方程与不等式、函数的概念和规则,掌握相关的运算求解方法,合理解释运算结果,形成一定的运算能力、推理能力和抽象能力;知道运动过程中的不变量、图形运动的变化特征,能运用几何图形的基本性质进行推理证明,初步掌握几何证明方法,进一步增强几何直观、空间观念和推理能力;知道频数、频率和概率的意义,能够进行简单的数据分析,形成数据观念。综合运用数学和其他学科知识与方法解决问题,积累数学活动经验,发展核心素养。

能从具体的生活与科技情境中,抽象出函数、方程、不等式等数学表达形式,用数学的眼光发现问题并提出(或转化为)数学问题,用数学的思维探索、分析和解决具体情境中的现实生活问题,给出数学描述和解释,运用数学的语言与思想方法,综合运用多个领域的知识,提出设计思路,制订解决方案。能够在解决问题的过程中选择合适的方法进行评估,并对结果的实际意义作出解释。能够知道解决问题方法的多样性,具备一定的应用意识和模型意识,初步会用数学语言表达与交流。

感悟数学的价值,能够从问题解决的过程中获得数学活动经验,产生对数学的好奇心和求知欲,增强学习数学的兴趣,建立学习数学的自信心。能够在解决问题的过程中,学会独立思考、合作探究,形成批判质疑、克服困难、勇于担当的科学精神,具备一定的创新意识。

不难发现《义务教育数学课程标准(2022年版)》对方程与不等式的学科本质、素养提升提出了更加具体的要求。"方程与不等式"揭示了数学中最基本的数量关系(相等关系和不等关系),是一类应用广泛的数学工具;根据实际问题建立方程或不等式模型,分析和解决问题是代数学的核心内容。与《义务教育数学课程标准(2011年版)》对比可以发现方程与不等式内容都分别有一些调整和新的阐述。《义务教育数学课程标准(2022年版)》特别强调了根据实际问题中的数量关系,经过必要的抽象提炼出已知数与未知数之间的等量或不等关系,建立方程或不等式的数学模型,求出方程或不等式的解,进而解决实际问题,这是学习方程(组)与不等式(组)的重点内容。并且《义务教育数学课程标准(2022年版)》将方程内容完整地移到了初中。但小学仍然有等式的基本性质、了解等量关系、渗透方程思想的内容。另外《义务教育数学课程标准(2022年版)》新提出了能根据具体问题中的数量关系列出一元一次不等式,解决简单的问题。方程或者不等式都要让学生经历建模到解模再到还原实际的过程,发展学生的抽象能力、模型观念、运算能力。

第二节 "方程与不等式"学业水平分析

一、基础知识基本技能典型题分析

1. 一元一次方程组

例1 用等式的性质求未知数 x,如 $3-x=6$。

试题分析:掌握等式的性质来解决简单方程的解,需要用到移项、系数化为1的方法步骤解简单的一元一次方程,初步掌握等式的性质1、性质2。

对策分析:让学生通过练习来检验学习成果,如① $-2x=4$;② $6x=-2$;③ $3x=-12$;④ $-x=-2$;⑤ $3x+14=-7$;⑥ $x+13=5x+37$。

例2 已知 $x=\frac{1}{2}$ 是方程 $5a+12x=\frac{1}{2}+x$ 的解,求方程 $ax+2=a(1-2x)$ 的解。

试题分析:辨识含参的方程,在理解方程的解的基础上,将 $x=\frac{1}{2}$ 代入方程求出 a 的值,然后将 a 代入后面方程,化含参数方程为一般的一元二次方程,运用等式基本性质程序化操作。

对策分析:此题看似复杂,学生的难点在于理解含参的一元二次方程,讲解时从理解方程、方程的解和解方程的概念入手。然后可以找相似习题检测学习效果。如:"若$3x+2a=12$和方程$3x-4=2$的解相同,求a。"

例3 $6y-\dfrac{3}{4}=4y+\dfrac{5}{4}$。

试题及对策分析:解方程的关键在于把方程化归为最基本形式$x=a$,含有分数的方程则要先转化为整式方程,然后再程序化解题。去分母的关键在于等式的性质,等式两边同乘最小公倍数,涉及小学基础,此处可强化练习,放慢速度,合并同类项时可进行同类项画线等减少错误的操作。

例4 甲、乙两车分别从相距360千米的两地相向开出,已知甲车速度60千米/时,乙车速度40千米/时,若甲车先开1个小时,问乙车开出多少小时后两车相遇?

试题分析:解决应用题关键是找到等量关系,设未知数并列出方程,这道行程问题,学生首先需要明确"路程=速度×时间",如果相向而行,相遇则路程和为距离和。从而列出方程,再程序化解出方程。应用题步骤:审、设、列、解、验、答。

对策分析:除重复练习外更应该让学生掌握如何对所研究的问题抽象出基本的数量关系,通过列一元一次方程解实际问题。

2. 二元一次方程组

例1 已知关于x,y的二元一次方程组$\begin{cases}x+my=4\\nx+3y=2\end{cases}$的解是$\begin{cases}x=1\\y=-3\end{cases}$,求$m+n$的值。

试题分析:解决此题需要学生理解二元一次方程组及它们的解的含义;将$\begin{cases}x=1\\y=-3\end{cases}$代入原方程组,即可得到二元一次方程,有2个未知数,然后利用消元法转化为一个未知数解出x,y,并会检验一对数是不是某个二元一次方程(组)的解。

对策分析:抛出问题让学生讨论有哪些未知数,如何求值,反复追问,逐个解出未知数。

例2 解方程组$\begin{cases}x=3y-4\\6x-8+3y=7\end{cases}$。

试题分析:此题需用代入消元法解方程组,把2个未知数转化为1个未知数,转化为一元一次方程,再利用解一元一次方程的方法先解出x或y,然后代入再求y或x。

对策分析:抛出问题,让学生深入思考,讨论如何解出x,y,自己体会化归思想,再强化练习,避免运算失误,检测课堂效果。如$\begin{cases}x=3y-4\\2x+3y=7\end{cases}$,$\begin{cases}x=5+y\\3x+4y=1\end{cases}$。

例3　解方程组 $\begin{cases} 5x+2y=25 \\ 3x+4y=15 \end{cases}$。

试题分析:此题如果用代入消元无法立竿见影,所以需要换个思路,从 $2y$ 和 $4y$ 对比出发,将第1式乘2倍,与第2式进行减法运算。即可消去 y,得到关于 x 的一元一次方程,然后求解。

对策分析:抛出问题,让学生深入思考,讨论如何解出 x,y,自己体会化归思想,再强化练习,避免运算失误,检测课堂效果。如 $\begin{cases} 3s+2t=4 \\ 2s-3t=7 \end{cases}$ 和 $\begin{cases} \dfrac{m}{3}-\dfrac{n}{4}=-1 \\ \dfrac{m}{2}+\dfrac{n}{3}=7 \end{cases}$。

例4　一种口服液有大小盒两种包装,3大盒4小盒共108瓶;2大盒3小盒共76瓶。大盒、小盒每种各装多少瓶?

试题分析:首先抽象出基本的数量关系,通过设2个未知数,设生产大盒 x 件,则小盒 y 件,根据3大盒4小盒共108瓶,2大盒3小盒共76瓶列出方程组,求出方程组的解。

对策分析:此题考查了二元一次方程组的应用,解决问题的关键是读懂题意,找到关键描述语,找到所求的量的数量关系,列出方程组。

3. 不等式与不等式组

例1　画出数轴,在数轴上表示出下列不等式的解集: $x>3\dfrac{1}{2}$。

试题分析:首先根据数轴三要素:原点、正方向、单位长度画出数轴,找到3.5,然后利用折线表示出解集(不包括3.5这个点)。

例2　利用数轴求出不等式 $-2<x\leqslant 4$ 的整数解。

试题分析:同上画出数轴,表示出公共部分,然后找到整数点 $-1,0,1,2,3,4$。

对策分析:此题考查不等式的意义;不等式的解集的含义;以及如何在数轴上表示解集。

例3　$\dfrac{1}{2}x>-\dfrac{1}{2}x+6$。

试题分析:在掌握不等式基本性质的基础上,首先移项、合并同类项,再将系数化为1。

对策分析:解决此题需要知道不等式的三条基本性质,并会用其解简单的一元一次不等式。

例4　某汽车厂改进生产工艺后,每天生产的汽车比原来每天的产量多6辆,那么15天的产量就超过了原来20天的产量,求原来每天最多能生产多少辆汽车?

试题分析:设原来每天最多能生产 x 辆汽车,则现在每天生产 $(x+6)$ 辆汽车,则 15 天产量 $15(x+6)>20x$,进而求出 x。

对策分析:会从实际问题中抽象出不等的数量关系,并会用一元一次不等式解决实际问题。

4. 一次函数中"用函数观点看待方程组与不等式组"

例1 一次函数 $y=kx+b$(k,b 为常数,且 $k\neq 0$)的图像如图 7.2 所示,根据图像信息可求得关于 x 的方程 $kx+b=0$ 的解为(　　)。

A. $x=-1$　　B. $x=2$　　C. $x=0$　　D. $x=3$

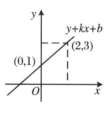

图 7.2

试题分析:当某一个一次函数的值为 0 时,求相应的自变量的值。从图像上看,相当于已知直线 $y=kx+b$,确定它与 x 轴交点的横坐标的值。任何一个一元一次方程都能写为 $ax+b=0$(a,b 为常量,且 $a\neq 0$)的形式,所以解一元一次方程就是解这种形式的方程,而方程 $ax+b=0$ 的左边恰是一次函数 $y=kx+b$ 的形式。

对策分析:关于一次函数与一元一次方程的关系,可以从两个角度来感受。一是从函数值的角度考虑,解这个方程就是寻求自变量为何值时函数值为 0;二是从函数图像的角度考虑,解这个方程就是确定直线 $y=kx+b$ 与 x 轴交点的横坐标。我们也就要从这两个角度来感受一元一次方程与一次函数的关系。

例2 直线 $y=kx+6$ 与两坐标轴所围成的三角形面积是 24,求常数 k 的值是多少?

试题分析:① 一次函数的图像与两条坐标轴围成的图形是直角三角形,两条直角边的长分别是图像与 x 轴交点的横坐标的绝对值和与 y 轴交点的纵坐标的绝对值;② 确定图像与两条坐标轴交点坐标可以通过令 $x=0$ 和 $y=0$ 解方程求得。

对策分析:由于一元一次方程都可以转化为 $ax+b=0$(a,b 为常量,$a\neq 0$)的形式,所以解一元一次方程就可以转化为:当某个一次函数的值为 0 时,求相应的自变量值。从图像上看,这就相当于已知直线 $y=kx+b$(k,b 是常数,$k\neq 0$),确定这条直线与 x 轴交点的横坐标的值。一条直线 $y=kx+b$($k\neq 0$)就是一个关于 x,y 的二元一次方程。直线 $y=kx+b$ 与 x 轴交点横坐标就是一元一次方程 $kx+b=0$ 的解。

例3 用画图像的方法解不等式 $2x+1>3x+4$。

试题分析:方法一:可将不等式化为 $-x-3>0$,作出直线 $y=-x-3$,然后观察:自变量 x 取何值时,图像上的点在 x 轴上方? 或方法二:画出直线 $y=2x+1$ 与 $y=3x+4$,然后观察:对于哪些 x 的值,直线 $y=2x+1$ 上的点在直线 $y=3x+4$ 上相应的点的上方? 方法一原不等式为: $-x-3>0$,在直角坐标系中

画出函数 $y=-x-3$ 的图像(图 7.3)。从图像可以看出,当 $x<-3$ 时这条直线上的点在 x 轴上方,即这时 $y=-x-3>0$,因此不等式的解集是 $x<-3$。方法二中把原不等式的两边看作两个一次函数,在同一坐标系中画出直线 $y=2x+1$ 与 $y=3x+4$(图 7.4),从图像上可以看出它们交点的横坐标是 $x=-3$,因此当 $x<-3$ 时,对于同一个 x 的值,直线 $y=2x+1$ 上的点在直线 $y=3x+4$ 上相应点的上方,此时有 $2x+1>3x+4$,因此不等式的解集是 $x<-3$。

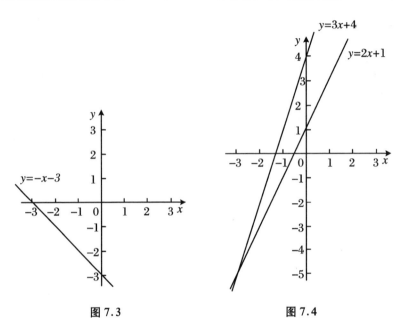

图 7.3　　　　　图 7.4

对策分析:学习用函数观点认识有关数学概念的主要目的是加强知识间的联系,学习用变化和对应的眼光分析问题,过去学习不等式时,是直接面对这些概念,并没有将它们与其他概念更多联系起来,现在学习了新概念(函数)后回头审视老概念,看问题的角度和高度都发生了变化,认识应该更深刻,要将老概念纳入扩大后的新知识体系中,这样才能体现学习中的进步。① 由于任何一元一次不等式都可以转化为 $ax+b>0$ 或 $ax+b<0$(a,b 为常数,$a\neq 0$)的形式,所以解一元一次不等式可以看作:当一次函数的值大于 0(或小于 0)时求相应的自变量的取值范围;② 而已知函数值 $y>0$(或 $y<0$),求自变量 x 的取值范围,其实质就是解不等式 $kx+b>0$(或 $kx+b<0$),若用函数图像解不等式 $kx+b>0$(或 $kx+b>0$),就是求函数图像在 x 轴上方(或下方)时所对应的横坐标;③ 一元一次不等式 $y_1\leqslant kx+b\leqslant y_2$($y_1,y_2$ 都是已知数,且 $y_1<y_2$)的解集就是直线 $y=kx+b$ 上满足 $y_1\leqslant y\leqslant y_2$ 那条线段所对应的自变量的取值范围。

例 4　在直角坐标系中有两条直线 $l_1:y=\dfrac{3}{5}x+\dfrac{9}{5}$ 和 $l_2:y=-\dfrac{3}{2}x+6$,它

们的交点为 P，第一条直线 l_1 与 x 轴交于点 A，第二条直线 l_2 与 x 轴交于点 B。

(1) A、B 两点的坐标；

(2) 用图像法解方程组：$\begin{cases} 3x-5y=-9 \\ 3x+2y=12 \end{cases}$；

(3) 求 △PAB 的面积。

试题分析：方法一：由"直线上点的坐标与二元一次方程的解的关系"以及"直线与 x 轴的交点的纵坐标为 0"确定 A、B 两点的坐标；方法二：方程组中的两个方程变形后正好是该题中的两个函数，交点 $P(2,3)$ 的坐标即方程组的解；方法三：$AB=7$，AB 边上的高是 P 点纵坐标的绝对值，从而求出面积。

对策分析：一般地，每个二元一次方程组都对应着两个一次函数，于是也对应两条直线。从"数"的角度看，解方程组相当于考虑自变量为何值时两个函数的值相等，以及这个函数值是何值；从"形"的角度看，解方程组相当于确定两条直线的交点的坐标。从数和形两方面分析解一般二元一次方程组实质。① 解关于 x,y 的方程组 $\begin{cases} y=kx+b \\ y=mx+n \end{cases}$，从"数"的角度看，相当于考虑当自变量为何值时两个函数的值相等，以及这个函数值是多少；从"形"的角度看，相当于确定两条直线 $y=kx+b$ 与 $y=mx+n$ 的交点坐标；② 两条直线的交点坐标，就是由这两条直线相对应的一次函数表达式所组成的二元一次方程组的解。

强化练习：如果直线 $y=3x+6$ 与 $y=2x-4$ 交点坐标为 (a,b)，则 $\begin{cases} x=a \\ y=b \end{cases}$ 是方程组_____的解。

A. $\begin{cases} y-3x=6 \\ 2y+x=-4 \end{cases}$ B. $\begin{cases} y-3x=6 \\ 2y-x=4 \end{cases}$

C. $\begin{cases} 3x-y=6 \\ 3x-y=4 \end{cases}$ D. $\begin{cases} 3x-y=-6 \\ 2x-y=-4 \end{cases}$

二、初中阶段典型试题分析

下面将选择近年来北京市具有代表性的中考题，分析方程与不等式在试题中的考查方式。

(2021 年第 21 题)已知关于 x 的一元二次方程 $x^2-4mx+3m^2=0$。

(1) 求证：该方程总有两个实数根；

(2) 若 $m>0$，且该方程的两个实数根的差为 2，求 m 的值。

(2022 年第 6 题)若关于 x 的一元二次方程 $x^2+x+m=0$ 有两个相等的实数根，则实数 m 的值为(　　)。

A. -4 B. $-\dfrac{1}{4}$ C. $\dfrac{1}{4}$ D. 4

(2023年第5题)关于 x 的一元二次方程 $x^2-3x+m=0$ 有两个相等的实数根,实数 m 的值为( )。

A. -9 B. $\dfrac{9}{4}$ C. $-\dfrac{9}{4}$ D. 9

分析:此题考查了根的判别式。一元二次方程 $ax^2+bx+c=0(a\neq 0)$ 的根与 $\Delta=b^2-4ac$ 有如下关系:① $\Delta>0 \Leftrightarrow$ 方程有两个不相等的实数根;② $\Delta=0 \Leftrightarrow$ 方程有两个相等的实数根;③ $\Delta<0 \Leftrightarrow$ 方程没有实数根。

(2023年第21题)对联是中华传统文化的瑰宝,对联装裱后,如图7.5所示,上、下空白处分别称为天头和地头,左、右空白处统称为边。一般情况下,天头长与地头长的比是 6∶4,左、右边的宽相等,均为天头长与地头长的和的 $\dfrac{1}{10}$。某人要装裱一副对联,对联的长为 100 cm,宽为 27 cm。若要求装裱后的长是装裱后的宽的 4 倍,求边的宽和天头长。

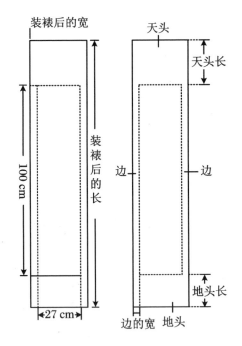

图 7.5

分析:本题考查了一元一次方程应用,正确地理解题意列出方程是解题的关键。

第三节 "方程与不等式"学习困难分析

学生进入初中后,首先接触到的是代数。代数学习是在算术学习基础上进行的。代数学习要以学生抽象逻辑思维的发展为基础。以前的学生虽然在小学阶段已经接触过用"设未知量为 x"建立方程的方法解数学应用题,但对"未知量 x"含义的了解是非常肤浅的。进入初中后,学生要学习比较系统的代数内容,方程与不等式是低年级就要接触的代数学习内容,学习中会产生许多困难。方程与不等式的学习困难原因也是多方面的。

一、学生思维发展水平方面的原因

1. 符号意识薄弱

初一学生的理解更多地还停留在直观感觉,观察归纳能力、逻辑推理能力、抽象能力等还比较薄弱。字母代数是由常量数学到变量数学转变的开端。学生在小学阶段接触过用字母表示数,但是对字母表示数所体现的一般性,学生的理解更多地还停留在直观感觉。从算术到代数的过渡,并在此基础上逐步形成符号意识还需要一个过程。而符号意识是方程、函数、模型等思想形成的必要前提。

根据英国 csMs 研究小组所调查的结果显示,字母认识可以分为以下几个阶段:字母表示具体的物体、具体的数,字母表示数以表达一般规律;字母表示待定的未知数;将字母看作变量;能够把字母按主次区别对待。

小学的学生群体还处于第一阶段,对于字母表示待定的未知数理解还需要许多的积累。在小学三、四年级阶段的学生已接触到字母表示单位,这对字母的认知处于"修饰代数"阶段;到小学五、六年级开始接触用字母表示公式或运算律,在形式上"学会"了"字母表示数",还学会了列简单的一元一次方程,但是对表示数的字母认知还停留于"缩写代数"阶段;正由于此,七年级的"字母表示数"应当在巩固"缩写代数"的基础上,努力让学生对表示数的字母认知向"符号代数"发展,让学生感悟字母所具有的一般性。但是这既要结合在现实情境中理解用字母表示数的意义,又要提炼其本质,上升到符号意识的高度,这是不容易的。

2. 抽象程度较高的概念学习

通过有关数、式、方程、不等式等内容的学习,学生不但要掌握各种概念、运算法则,而且要学习各种代数变形的思想方法。通过代数学习,使学生的归纳、演绎、抽象、概括等思维形式都获得发展。从运算的角度说,代数运算(特别是式的运算和解方程、不等式)主要是一种形式化的符号变换,其抽象程度较高,不像小学数学的运算那样,有现实背景作为思维的强有力依托。

  研究中学生形式逻辑思维水平的发展情况表明,在概念形成水平的发展上,要经历了解与认识概念、理解与掌握概念和灵活运用概念等阶段。初中学生对概念的认识较多停留在感性的、初步的水平上,而对概念的发生发展过程、概念的内涵与外延,特别是对概念间的内在联系的认识水平普遍较低。周颖娴[66]通过对学生在测试中的表现,认为初一学生在一元一次方程学习中的困难之一就是方程概念不清。任何一个数学概念,都是对客观事物的数量关系或空间形式进行抽象、概括的结果。数学本身是由许多概念组成的确定的体系,这些概念是用数学术语和逻辑术语以及相应的符号所表示的数学语句来表达的。而小学及初中低年级的学生正处在从具体形象思维向抽象逻辑思维过渡的阶段,这一阶段的学生思维发展水平和认知结构特点决定了方程与不等式学习有一定的困难。例如:"只含有一个未知数,并且未知数的次数都是1,这样的整式方程叫一元一次方程",这个概念就比较抽象。学生很难形成明确的认识,是因为学生对未知数、未知数的次数、整式方程这些认识都比较感性、初步,再结合在一起让学生判断就更困难了。

二、自然语言、数学语言的理解能力以及转换能力不够

  数学语言是数学化了的自然语言,是表达科学思想的通用语言和数学思维的最佳载体,包含符号语言、文字语言和图式语言。数学的本质是为了促进和提高学生的数学思维。而语言是思维的外在形式,数学思维依赖于"数学语言",这种学习是建立在自然语言能力基础上的。但是,自然语言常常是模糊的,有不确定性。与富有弹性的自然语言相比,数学语言有一副"铁板的面孔"。它的每个字、词都有确切的含义,不容混淆。"直线和射线""坐标与坐标轴""排列与排列数"等等,一字或一词之差,就表示完全不同的两个概念;词序颠倒,也会表达两种不同的意思,如"全不为零"与"不全为零","方程的解"与"解方程"等等;数学语言中句子的附加成分常常作为条件,如定义"底面是正多边形的直棱柱"中的定语、定理"平行四边形中,对角线互相平分"中的状语,都是不可增删的条件,因而成为关键性组成部分。将自然语言不加限定而直接应用到数学中来,就有可能造成错误。比如,"5乘以一个数加3"这段自然语言,如果将这个数设为 x,则上述自然语言表述就有多种理解方式:① $(5x+3)$,② $5(x+3)$。同时,对数学语言表述的理解,学生之间也有差异性。例如,以"买本的数目是买笔的数目的6倍,购买本和笔总数目为36,列方程求解本和笔各自购买的数目"为题,要求学生列出方程,结果出现三种情况:① 设 x 为笔的数目,方程为:

$7x=36$;② 设 x 为买本的数目,方程为:$x=6(36-x)$;③ 题目错误,不能求解。

得出①的学生是根据语言表述的结构直接列方程;得出②的学生考虑了语言表述的实际内容,从符合实际的角度列出方程;得出③的学生综合考虑了上述两种情况。因此,从学生学习方程与不等式的表现来看,理解数学语言表述的句子,既要理解自然语言表示的结构,还要考虑实际的内容,数学语言及自然语言理解能力低、数学语言与自然语言的相互转换困难等都会导致方程与不等式学习的困难。

三、数字运算不过关

小学学习的数字运算,即正有理数的加、减、乘、除等,是代数学习的必备基础。数字运算速度、运算习惯主要应当在小学阶段培养。运算能力是最基础又是应用最广的一种能力,运算包括对数字计算、估值和近似计算,对式子的组合变形与分解变形,对几何图形的计算求解等。运算能力包括分析运算条件、探究运算方向、选择运算程序等一系列过程的思维能力,也包括在实施运算过程中遇到障碍而调整运算的能力。运算能力包含两层意识,即计算技能和逻辑思维。在计算技能方面:① 是否记住数学计算公式、计算法则,并能准确地运用公式和法则进行计算;② 能否应用概念、性质、定理进行有关的计算;③ 在进行各种数学计算时,包括数、式、方程、不等式等结果是否准确,速度是否迅速,过程是否合理;④ 能否进行各种查表和使用计算器计算。

在逻辑思维方面:① 是否合理地使用公式、法则;② 运算方法和运算过程是否简捷;③ 能否对自己的运算结果进行检查和判断;④ 能否自我改正运算中的各类错误;⑤ 能否简化运算过程,进行"跳步"计算;⑥ 心算、速算、估算能力如何;⑦ 是否会推理计算。

在数学教学中看到[67],部分学生在数学学习活动中,不明道理,机械地套用运算公式;不顾运算目标,进行盲目的推理演算;运算过程中缺乏选择合理、简洁的运算途径的意识,运算过程繁琐,错误率高。例如,解一元一次方程中学生易出现如图 7.6 至图 7.9 所示的问题。它不仅反映了学生对运算原理、法则理解的程度是有差异的,而且还反映了运算习惯、思维概括能力等方面的差异。

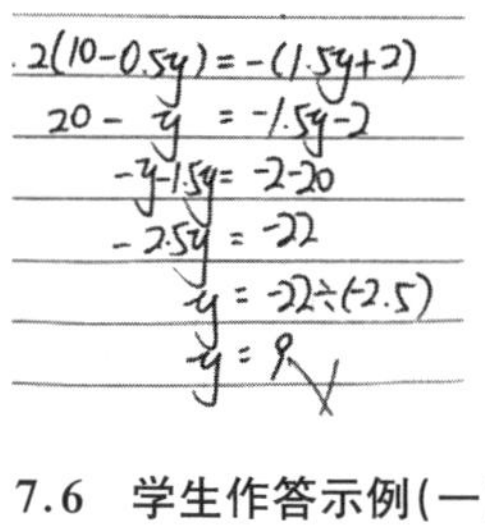

图 7.6 学生作答示例(一) 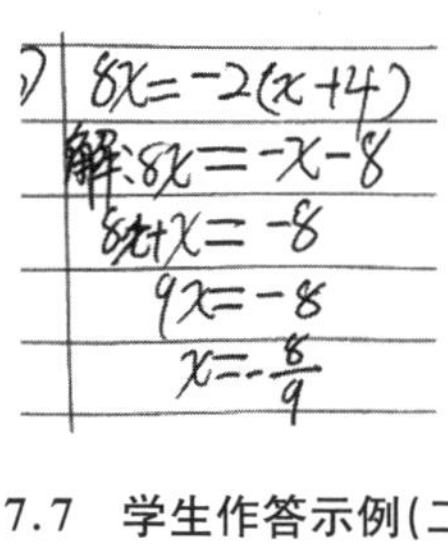　　图 7.7 学生作答示例(二)

老师和学生对运算能力的内涵缺乏科学认识,将运算过程中的错误原因归结到非认知因素上,认为是"马虎""粗心""不注意"造成的运算错误。教学中只看重解题过程中的方法和思路,对运算的具体实施,对运算过程中的合理性、简洁性等都没有给出足够的重视,致使后续的方程与不等式运算出现困难。显然,数字运算中包含的这些关于运算的正确性、合理性、敏捷性、灵活性等品质,对于方程与不等式学习是至关重要的。中小学数学教学中培养措施不当,导致了许多学生错过了养成良好运算习惯、形成必备运算技能的机会。

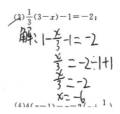

图 7.8 学生作答示例(三)　　图 7.9 学生作答示例(四)

四、对数字材料进行加工和处理、储存和检索的能力的差异

数学学习要求学生能够迅速而稳定地记忆学习材料。这里不仅需要他们能够记住以往学过的定理、公式、法则等"结果",而且还能够对"结果"的来龙去脉、作用等有良好的记忆。做到这些的前提是在学习过程中对数学学习材料进行充分的加工,尽量将学习材料中各种信息组合成"信息组"。对方程不等式学习感到困难的学生普遍存在记忆容量少,记忆线索模糊;记忆层次不清、记忆顺序混乱、记忆时间短等问题。比如,方程的解法与代数式计算混淆,对解方程不等式的一般过程不清楚,方程与不等式解法混淆。造成这些问题的原因,主要是对数学学习材料中各种信息的组织、加工处理能力不足,长时记忆处于内容无序、结构混乱、提取线索不清晰的状态等。

五、建立方程、不等式模型解决实际问题存在困难

教学中的"数学应用题",一般是指作者或教师以现实世界中的数量关系和空间形式为基础,编写(构造)出来的题目。应用题在初中数学教学中的地位是非常重要的,它既是一个教学难点,也是学好函数应用问题、解决综合型应用题的起点和基础。初中学生抽象逻辑思维虽然开始占据优势,可是在很大程度上还属于经验型,他们的逻辑思维需要感性经验的直接支持。他们喜欢具体形象,而不喜欢分析抽象的事物,他们善于模仿,要求重复巩固,逻辑推理能力还有待发展,这些特征在小学阶段的学习中体现得非常明显。而应用题不但类型众多,而且非常抽象,刚从小学升上来的学生当然会感觉到不小的困难。其实,

不仅仅对于他们,每年高考题中,应用题都是属于难度较大的题目,得分率普遍不高。小学阶段也学习过应用题,但是其解决问题的方式是不同的。小学应用题的大部分解法在本质上是解方程的逆向过程,在初中则不然,关键步骤是找等量关系,然后列出方程,求解再验证。这两种方法基点不同,思维方式不同。我们经常可以看到初中生在解决应用题的时候列出这样的方程:$x=$ 某一个算术式子,这从侧面反映了学生是用小学的方式来解决问题的。这就是倒摄作用,前面学习的内容对后面学习的内容产生了消极作用。应用题一般安排在初一阶段,学生刚刚结束了小学学习,小学学习一般速度慢,重复训练多,具体展示类、实验类的课程多,而中学学习相对速度较快,重复训练少,较抽象,逻辑推理多,有些学生难以快速适应初中学习,造成了他们主观上的消极感受,产生了畏难情绪,陷入恶性循环,学习效果自然就差,学习困难就出现了。

第四节 "方程与不等式"教学策略分析

一、抓好方程不等式的概念教学

教学中,一般采用诱导性推理来形成概念。在概念获得的过程中,学生应思考教师提供的一组或一类事物的属性。学生将包含概念属性的事物与不包含概念属性的事物进行比较。然后将其分成两类,学生寻找并确定能够区分这两类事物的属性,从而获得概念。因此,教学每一个概念时,要注意通过多种实物或事例引导学生分析、比较,找出它们的共同点,揭示其本质特征,做出正确的判断,从而形成正确的概念。例如,教学长方形概念时,不宜直接画一个长方形,告诉学生这就叫作长方形。而应先让学生观察具有长方形的各种实物,引导学生找出它们的边和角各有什么共同特点,然后抽象出图形,并对长方形的特征作出概括。同样的对于方程与不等式的概念教学也要精细化。

以一元二次方程的概念为例,教学中可分为以下几个步骤:

① 选择并确定要教的概念;② 选择属性;③ 提供正例与反例;④ 向学生介绍学习步骤;⑤ 呈现例证,列出属性;⑥ 给概念下定义;⑦ 给出更多的例证;⑧ 与班级一道讨论学习过程;⑨ 评价。

具体实施步骤如下:① 描述教学目标(教师);② 陈述学生互动的规则(教师);③ 强调重点,使学生集中到指定的学习范围(教师);④ 用物体、图片、语言、公式或符号的形式呈现例证(教师);⑤ 明确例证的属性(学生);⑥ 检测概念的理解(师生);⑦ 概念归类(学生);⑧ 报告或提取想法(学生)。

二、抓好数学语言教学

1. 加强数学语言词汇意义的理解教学

由于数学语言的准确性特点,当一个学生阅读理解一段数学文字如一个概念、定理或其证明时,必须了解其中出现的每个数学术语和每个数学符号的准确含义,不能忽视或略去任何一个不理解的数学词汇。所以,数学语言学习中准确理解数学语言词汇非常重要。那么,在数学语言教学中,一定要注意数学语言词汇内涵的揭示,尤其是最具数学特性的数学符号语言和图表语言。教学中既要注意语义解释,又要注意句法分析,强调数学语言的形式与所表达内容的正确联系,避免形式与内容脱节,防止数学学习上的形式主义。

2. 注意数学语言的语义转换训练

加强三种数学语言及其自然语言之间的相互转换沟通是提高数学语言表达能力的正确途径。数学中每一个符号所表示的不是学生已经知道的日常观念,而是一个确定的数学概念,它来源于现实世界,但经过了多次抽象,对学生来说,心理距离还是较远的。自然语言是学生熟悉的,用这些语言来表达的事物,学生感到亲近,也容易理解。所以,数学教师应注意以自然语言为解释语言系统来指导学生学习数学语言,即将数学语言译为自然语言,也即通常说的"通俗化",以帮助学生更好地理解、内化。另一方面,学习数学语言是为了更好地应用数学语言解决问题,为此,又应注意将自然语言译为数学语言,即通常说的"数学化"练习,数学建模可谓是最好的练习项目。

3. 注意数学语言符号引入的自然性

数学符号语言是最具数学特征的语言,在数学符号语言教学中,要注意符号引入的必要性和自然性。英国数学教育家豪森(A. G. Howson)指出:"没有必要引入任何符号或缩写,除非学生自己已经深深感到了这样做的必要性,以至于他们自己提出这方面的建议。或者至少,当教师提供给他们时,他们能够充分体会到它的优越性。"所以,新的数学符号引入之前要注意创设一种"自然""必要"的情境,引入之后,还应让学生体会其优越性。

4. 重视原理教学,让学生知其然知其所以然

借助数的发展,体会引入运算后数量关系的改变,通过几何直观加深对不等式性质的理解,培养运算能力,通过代数推理证明不等式的性质,让学生通过丰富的举例直观感受数的发展、性质的证明,体会和理解不等式性质3,减少错误的出现。比如,不等式的学习可以类比等式的性质来学习。从联系和区别两个方面来帮助学生理解其原理。再如,加入几何直观来理解不等式的性质,图7.10、图7.11是借助数轴揭示:如果$a>b$,那么$a\pm c>b\pm c$。

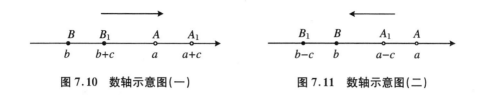

图 7.10 数轴示意图(一)　　　　图 7.11 数轴示意图(二)

三、提高运算能力

1. 从理解有关运算的基本知识到形成这种运算的技能

在学生数学学习过程中首要完成从知识到技能的过渡,中心是准确理解有关知识,熟练掌握有关运算的方法、步骤,应该本着"先慢后快""先死后活"的原则。开始时,运算步骤不宜跳跃,每一步运算的依据必须明确、清晰,运算过程的表述必须规范、有条理,组织训练时,不仅要注意适当的数量,还要注意一定的层次。这就要求教师能够根据不同运算的不同特点、不同学生的不同水平,在教学过程中增补速算等知识,进行大量训练,就可以达到熟练程度,抓住几种基本变化就能做到触类旁通,另外,分几个层次更符合学生的认识规律,从而使训练取得更高的效率。

2. 从运算技能上升到运算能力

随着运算技能的形成,逐渐简化运算步骤,灵活运用运算法则、公式是从技能向能力过渡的开端。培养运算能力的中心环节,是引导学生认识运算的目的性(清楚理解运算的目标),重点应放在算理、运算途径的判断、选择、设计及相关字母和代数式的运算,方程变形等运算上,认识实施运算途径的多样性,培养学生合理选择简捷运算途径的意识和习惯。运算的目标不一定是追求一个简化的结果,而要为一定的推理、演绎、判断服务,在运用中,对于运算从问题的产生、运算目标的确定、运算种类的选择、运算技能的发挥到各种运算的配合中培养学生的运算能力。

3. 加强运算训练

加大运算教学力度,引导学生归纳总结运算的基本方法,同时促进学生建构并完善基础知识系统,使基础知识和基本方法熟练化和系统化,使学生对运算由懂到会、由会到对、由对到熟、由熟到变、由变到通。

四、提高学生的应用意识

1. 抓住关键字词,建立一些解决问题的模型

"用文字列数学关系式"是数学应用题的算数解法到代数解法的中间过渡阶段,然而,小学数学应用题的教学中缺少了这一环。正是因为缺少了这一环,使得初中生很难转变思维方式,导致我们教师很难体会到学生在解决我们看起来非常简单的问题时所面临的困难。对此，需要做好一个缓冲工作，使中小学教学能够无缝衔接。梳理文字表达的序和思维表达的序之间的相同点和不同点，从正面思考的角度进行列式的训练：

① 帮助学生进一步掌握关键性词语的含义，如：和、差、积、商、倒数、比、大、小等；抓住句子中的"的"字划分层次，如"x 与 y 两数的平方差"先平方，后作差，"x 与 y 差的平方"先作差，后平方；注意句子中的"与"字，它表示并列关系，一般是连接运算的连词，如：x 与 y 的差表示为 $x-y$。

② 很多问题含有"比""是""等于""多""少""一共"等等这样的字词，利用这些关键字词能够比较容易地找出题中的等量关系。在教学中，教师抓住这一点来进行应用题入门教学，非常有用，能够为初中生学习应用题提供一个解决问题的抓手，帮助他们转变思考方式，树立学习的信心，提升学习兴趣，为进一步学习提供了很好的缓冲和铺垫。比如，甲数的 2 倍比 52 小 4，求甲数。数学很奇妙，有些"的"字就是"×"的意思，"比"字是"="的意思，"小"是"－"的意思，"甲数的 2 倍比 52 小 4"就变成了"甲数 $\times 2 = 52 - 4$"。如果我们假设甲数是 x，那么这句话就变成 x 的 2 倍比 52 小 4，求 x，进而变成 $x \times 2 = 52 - 4$，这不正是一个方程吗？从而问题获解。已知甲有 20 本书，甲、乙两人共 52 本，求乙的书本数。"共"就是"＋"的意思，抓住"共"字，可以得到等量关系：甲＋乙＝52，设乙的藏书为 x 本，那么等量关系就变成方程 $20 + x = 52$。这两道题虽然简单，却为学生入门提供了很好的范例，属于应用题教学的第一个阶段，必须以简单的含有关键字词的题目进行教学，其目的在于转变思考方式，为下一阶段的学习提供支持。

2. 将一些问题转化为含有关键字词的问题，并形成解题步骤的"固化"，为学生进一步发展夯实基础

课本上超过 40% 的题目都含有关键字词，如"比""共""是""大于""等于"等。一些问题，虽然不含有这些关键字词，但是可以转化为含有关键字词的问题。通过学习，学生的转化能力逐步得到培养，习得转化能力的过程就是解题方法"固化"能力形成的过程。解题方法的"固化"，为学生应用题解决提供了很好的思维启示和问题解决模式。比如，甲、乙两车分别从相距 400 千米的 A 地和 B 地开出，甲车的速度是 30 千米/时，乙车的速度是 50 千米/时，现在甲、乙两车对开，求相遇时间。这个问题是小学和初中都常见的一个基本问题，如果用小学的思维模式来解决这个问题，会得到方程"$x = \blacksquare$"，而不是"$30x + 50x = 400$"。如果我们把这个问题归结为"共"字问题，题中隐含等量关系"甲车开过的路程和乙车开过的路程共 400 千米"，也就是"$s_甲 + s_乙 = s_总$"，再通过适量的练习，这个问题可以得到很好解决。不单如此，对开是"共"字问题，沿着操场跑圈对跑也是"共"字问题，只不过把路线化曲为直就可以了。类似的例子在初中数学应用题中还能找到很多,比如打车问题、电话费问题、工作量问题都可以归结为"共"字问题;又比如追踪问题可以归结为某某"比"某某多走多少路程的问题,也就是"比"字问题,这些帮助学生将未知转化为已知的能力在这些例子的分析中渗透。

3. 把一元解决与二元解决联系起来,调整教学顺序,问题解决以二元为主

有些问题如果用一元方程来解决,不好理解,转弯较多,但是如果用二元方程来解决,问题就变得简单了。这时,我们可以把这些内容裁剪到二元方程的相关板块中。比如,甲、乙两人共有36元,已知甲的钱数比乙的2倍还少9元,求甲、乙两人的钱数。这道题如果用一元方程来解决问题,要转个弯,就是"甲、乙两人共有36元"用来"设"未知数,"甲的钱数比乙的2倍还少9元"用来"列"方程,或者调换一下,"甲的钱数比乙的两倍还少9元"用来"设"未知数,"甲、乙两人共有36元"用来"列"方程。学生初次接触这个问题会觉得比较困难,尤其是学困生。但是如果我们分别设甲、乙两人的钱数为 x 元和 y 元的话,问题就变得容易起来,题中包含了一个"共"字问题,包含了一个"比"字问题。与此同时牢记一些概念和公式,如特殊图形的面积、周长公式,行程问题与工程问题的公式等都对解决应用问题有帮助。

另一方面,引导学生细心观察生活、体验生活,初步形成一定的数学建模能力。应用问题考查学生全面综合的能力,不可能一蹴而就,要求学生热爱生活,热爱学习,做生活的细心体验者。解决相遇问题,学生自己就是驾驶员;解决银行利率问题,学生自己就是储户;解决分宿舍问题,学生自己就是老师;解决几何图形问题,学生自己就是测绘师,如此等等。因为应用题的范畴广大,如果学生对生活缺乏观察体验,脑子里面素材贫乏,隐含的数学数量关系也就无从建立,问题解决也就无从谈起,对于学困生是如此,对于优秀生来说也是如此。可以说,细心观察、体验生活是学生进一步向高层次发展的必然要求。随着新课程改革的深入,要想培养学生运用数学知识解决实际问题的能力,老师的责任是认真落实优化应用问题教学。

学习方程和不等式如果把已知数和未知数割裂开来,未知数无法参与运算就无法解决较复杂背景的实际问题。方程和不等式意义的建构需要建立在对相等关系和不等关系的理解上。这种相等关系或者不等关系不仅包含已知的量和未知的量,还包含在未知的量和未知的量之间。因此方程和不等式的学习成果体现了算术思维到代数思维的转变,是发展代数推理能力的重要环节。

第五节 "方程与不等式"教学案例

等 式 性 质[①]

一、教学内容

本节课是人教版七年级上册第三章一元一次方程内容,属于数与代数领域。前面所学的有理数、整式加减及小学所学简单方程都是本节学习的基础,本节主要内容有一元一次方程相关概念、等式性质、一元一次方程的解法、一元一次方程的应用等,在这一节主要通过大量的具体问题引出相关知识,让学生体会数学源于生活,提升学生学习数学的兴趣,通过方程的引入让学生感受算式只能有已知数的约束性,而方程在解决问题过程中,不仅可以有已知数还可以有未知数,体会方程比算式更直接、更自然。本节课主要是研究等式性质,通过求一元一次方程解,让学生发现学习中存在的困惑,引出课题,通过教师操作,引导学生回顾小学所学的等式性质,通过对数域扩充的分析,让学生感受重新研究等式性质的必要性,在对等式性质问题的探究过程中渗透分类讨论思想、转化思想、代数推理的思想,培养学生分析问题解决问题的能力。

二、学情分析

七年级学生思维敏捷,参与课堂活动积极性高,有好奇心和强烈的求知欲望,但由于生活经验不足、知识储备不够,对于解决数学问题方法欠缺,数学符号语言陌生,习惯从特殊到一般的认知方式,对解决问题的能力、代数推理能力等需要教师在日常教学中不断渗透、培养。

三、教学目标

(1) 经历等式性质探究过程,理解并掌握等式性质。
(2) 能正确运用等式性质解决问题。
(3) 通过等式性质的探究,让学生明白数学知识的发展过程,感受数学问题的解决方法及在解决过程中运用的分类讨论思想、转化思想,培养学生解决问

[①] 案例来源:北京市八一学校附属玉泉中学卢秀。

题的能力,培养学生符号语言及代数推理能力。

四、教学重难点

教学重点:等式性质及正确运用。
教学难点:等式性质的探究过程。

五、教学过程

环节一:复习回顾

问题1:上节学习了一元一次方程及一元一次方程的解,你能求出方程$4x=24, x+1=3$的解么?

问题2:$6x-8=8x-4$呢?

活动设计意图:问题1通过对上节课知识的回顾及求简单方程的解,引导学生对基本概念的复习巩固;通过问题2的提出,学生很难正确求出,让学生明白一元一次方程的解不能仅靠观察法,让学生带着问题展开本节课学习。

环节二:探究新知

活动一:教师操作跷跷板,学生观察。

问题3:通过刚才老师的操作,让大家想到了以前所学的什么知识?

师生活动:学生通过观察,回想小学等式性质。

活动设计意图:通过教师操作,学生在观察过程中,唤醒对以往知识的记忆,培养学生用数学眼光观察世界的能力,提升学生对数学与生活的对接能力。

问题4:以上是文字语言描述,请一位同学用符号语言描述一下等式性质。

师生活动:学生在教师引导下,用符号描述等式性质。

活动设计意图:等式性质在小学阶段学习时,由于受认知水平约束,并没有学习字母表示,学生在经历了第一章有理数和第二章整式加减后,完全有能力将等式性质用字母表示,通过文字语言和符号语言的互相转化,提升学生符号意识,培养学生用数学语言描述世界的能力。

问题5:那大家请思考,我们本节课应该研究什么呢?

师生活动:当c为有理数的情况下等式性质是否依然成立。

活动设计意图:学生在第一章有理数,经历了引入负数后,重新研究有理数加、减、乘、除四则运算的运算法则及有理数加法运算律和乘法运算律,明白重新研究这些内容是因为负数引入后已有对应知识是否成立需要重新研究,基于以上学习经验,学生能快速思考出在有理数范围内等式性质是否依然成立是本节课研究的内容,通过学生对本问题的思考,引导学生对数学知识体系的发生发展有整体性认识,体会数学知识的连贯性和一致性,提升学生对数学问题的思考能力。

活动二:性质探究。

探究1:等式性质1(若$a=b$,则$a+c=b+c$)。

师生活动:当$c\geq 0$时,等式成立。

当$c<0$时,$-c>0$。

因为$a=b$,所以$a-(-c)=b-(-c)$。即$a+c=b+c$。

探究2:等式性质1(若$a=b$,则$a-c=b-c$)。

师生活动:若$a=b$,则$a+(-c)=b+(-c)$,即$a-c=b-c$。

问题6:等式两边加(减)同一个式子是否依然成立?

归纳:等式性质1 等式两边加(减)同一个数(式子),结果仍相等(分类讨论思想、转化思想)。

活动设计意图:通过师生活动对性质1的探究,引导学生进行性质探究的研究方法,通过代数推理为学生示范数学问题解决的严谨性和逻辑性,通过对c的讨论让学生体会数学问题解决的方法,渗透数形结合思想,通过对性质1中"若$a=b$,则$a-c=b-c$"的解决,让学生感受将数学问题转化成已有知识进行解决的思路,培养学生转化思想的能力。

请仿照以上研究问题方式,小组合作探究等式性质2。

学生活动:小组讨论交流。

探究3:等式性质2(若$a=b$,则$ac=bc$)。

当$c\geq 0$时,等式成立。

当$c<0$时,$-c>0$。

因为$a=b$,所以$-ac=-bc$。即$ac=bc$。

探究4:等式性质2$\left(若 a=b, c\neq 0, 则 \dfrac{a}{c}=\dfrac{b}{c}\right)$。

若$a=b, c\neq 0$,则$\dfrac{1}{c}a=\dfrac{1}{c}b$,即$\dfrac{a}{c}=\dfrac{b}{c}$。

问题7:为什么$c\neq 0$?

师生活动:学生清楚$c\neq 0$的原因。

教师活动:归纳:① 观察跷跷板说明大家要能用数学眼光看世界,用文字、符号描述老师操作说明大家要能用数学语言描述世界,探究过程说明大家要能用数学的思维思考世界;② 通过以上研究说明:等式性质在有理数范围内依然成立。

活动设计意图:通过学生活动,借助性质1的探究方式,让学生在思维碰撞过程中,展开对性质2的探究过程,在经历探究过程中提升对数学问题的解决能力,同时利用问题7,强调等式两边同时除以c时,对$c\neq 0$的理解和认识,通过对性质的探究,让学生学会用数学的思维思考世界。

环节三：举例应用

例 1 判断下列各式是否正确。

(1) 若 $a=b$，则 $a+x=b+x$。

(2) 若 $ax=-ay$，则 $x=-y$。

(3) 若 $a=b$，则 $\dfrac{a}{c}=\dfrac{b}{c}$。

(4) 若 $a=b$，则 $\dfrac{a}{c^2+1}=\dfrac{b}{c^2+1}$。

例 2 填空。

如果 $3x+7=8$，那么 $3x=8-$ _____，依据 _____。

如果 $2x=5-3x$，那么 $2x+$ _____ $=5$，依据 _____。

如果 $2x=10$，那么 $x=$ _____，依据 _____。

设计意图：对等式性质的理解与掌握。

例 3 利用等式性质解方程。

① $x+7=26$，② $-5x=20$，③ $-\dfrac{1}{3}x-5=4$，④ $6x-8=8x-4$。

设计意图：提升对等式性质的应用，理解解方程的理论依据，解决课前问题 2 的疑惑。

例 4 你相信 $2=3$ 吗？淘气在一次做 $2x-5=3x-5$ 的题时发现了这件事情，请你看看淘气的做法是否正确，并说明理由。

$2x-5=3x-5$ 两边同时加 5 得：$2x=3x$。

两边同时除以 x 得：$2=3$。

设计意图：加强对等式性质 2 的理解，强调等式两边同时除以 c 时 $c\neq0$ 的重要性。

环节四：课堂小结

(1) 本节课你学了什么？

(2) 我们是怎样研究的？

环节五：课后作业

(1) 用等式性质解方程。

① $x-4=29$，② $0.5x+2=6$，③ $3x+1=4$，④ $4x-2=2$。

(2)（选做题）能不能由 $(a+3)x=b-1$ 得到等式 $x=\dfrac{b-1}{a+3}$，为什么？反之，能不能由 $x=\dfrac{b-1}{a+3}$，得到 $(a+3)x=b-1$，为什么？

六、教学反思

本节课先后共经历了 4 次修改最终定稿，在第一版方案中，主要是结合学生年龄特点及有理数、整式等章节学习方法,采用从特殊到一般的教学方法为设计主线,但经过与姜杉校长的沟通,感觉从特殊到一般的设计不太适合本节课教学内容。之后经过自己的思考又重新设计了第二版方案,这版方案是基于学生观察归纳总结出等式性质,教师通过操作实验跷跷板,学生在观察过程中,从数学角度描述过程,进而抽象出等式性质,通过例题的应用落实等式性质的再理解,针对这版方案,通过试讲发现,这样的设计虽然不再是通过举例得出等式性质,但实验操作与小学有很多相似之处,对学生学科能力没有过多提升,也没有很好地落实数学核心素养。课后通过跟姜杉校长和曹辰老师的多次交流,重新更换角度,从"为什么要学等式性质""为什么要重新学习等式性质"入手,深入思考本节课定位,最终确定本节课从已有知识入手,带领学生分析基于数域的扩大已有知识对等式性质是否依然成立的思考开展本节课的教学,引导学生体会数学知识的发展过程,感受数学问题的解决方法及在解决过程中运用的分类讨论思想、转化思想,培养学生解决问题的能力,培养学生符号语言及代数推理能力。第三版方案确立后,姜校长指出基于新课标理念,在日常教学中要注重代数推理的渗透,所以在性质探究过程中,要体现推理过程,但基于学生年龄特点和认知水平,又要注意不能过多增加本节课难度,最终确定对性质 1 关注严谨的推理过程,性质 2 弱化过程推理,同时在探究过程中,注重对学生分类讨论的培养,这样详略得当,在落实数学核心素养的前提下,兼顾全体学生的认识水平。最后通过沟通交流,在作业设计及引入方式上姜校长也给出了一些新的建议,终于第四版方案定稿。

在一次课堂上,我带领学生通过实验操作,使学生回顾小学等式性质,通过对已有等式性质分析,引导学生发现数域扩充后等式性质再研究的必要性,在对等式性质的探究过程中,不断的启发学生用已有知识解决问题,让学生充分感受数学问题的解决方法和思路,渗透代数推理和分类讨论的思想,整节课推进特别顺利,学生在不断的发现—思考—解决问题中参与本节课的活动,师生活动、学生活动得以高效开展。课后黄老师对本节课给予了充分肯定,特别指出本节课设计思路新颖,符合新课标理念要求,在授课过程中能引导学生不断思考,注重数学学习方法的统一性和数学知识的整体性,同时也指出本节课可以在发现问题、提出问题方面再稍作改进。通过黄老师的点评,我对本节课的理解更加深刻、全面,对学生的定位更加准确,对数学知识的整体性也有了新的认识,同时特别感谢姜杉校长和曹辰老师的精心指导,也特别感谢学校数学教研组老师的大力支持。

不等式的性质[①]

一、教学内容

本节课是义务教育教科书数学七年级下册第九章第一节第二课时的内容——不等式的性质。现实世界和日常生活中存在大量涉及不等关系的问题。在这一章,类比等式和方程,讨论不等式的性质,既让学生感受运算中的不变性,获得猜想,又能让学生从具体到抽象,用符号语言表述结论。理解不等式性质:一是辨析,二是应用,即利用不等式的性质将不等式逐步化为 $x<a$ 或者 $x>a$ 的形式。

二、学情分析

目前,学生会比较数的大小;理解等式性质并知道等式性质是解方程的依据;知道不等式的概念;具备通过观察、操作并抽象概括等活动获得数学结论的经验。在本节课的前测中,设计了三个问题:$x+3>6, 2x+3>7, -2x-1>-7$;通过前测的问题,发现学生已经有意识地在类比一元一次方程解不等式。但是,学生对于其中不等式的具体性质不能做出解释,对于前测第三个问题中需要不等式变号的情况普遍没有意识。

三、教学目标

(1) 探索不等式的性质。
(2) 会利用不等式性质对不等式进行简单变形。
(3) 通过类比等式性质,探索不等式性质,体会合情推理的作用,培养学生分析问题、解决问题的能力。

四、教学重难点

教学重点:探索不等式的基本性质,并应用性质对不等式变形。
教学难点:对不等式性质3的理解和应用。

五、教学过程

前测:① $x+3>6$,② $2x+3>7$,③ $-2x-1>-7$。
设计意图:通过前测的问题,了解学生现有的知识水平能够解决哪些一元

[①] 案例来源:北京市八一学校附属玉泉中学陈琳。

一次不等式问题,通过测试的 3 个问题,发现部分学生已经有意识地在类比一元一次方程解不等式。

环节一:复习引入

问题 1:"旅行的青蛙"手机游戏:现在已有 800 棵草苗,将草苗部分用于购买食物,一个比萨需 80 棵草苗,需要购买 3 个,一个三明治需 20 棵草苗,则购买多少个三明治后,还能剩余 300 棵草苗?

师生活动:学生列式得到方程,并说出解方程的步骤。

设计意图:利用贴近实际生活的问题以及学生学习过的一元一次方程知识解决问题,激发学生的学习兴趣。在解决问题时,带学生复习方程知识,为后面对不等式性质的学习做铺垫。

环节二:探索新知

变式:现在已有 800 棵草苗,将草苗部分用于购买食物,一个比萨 80 棵草苗,需要购买 3 个,一个三明治 20 棵草苗,则购买多少个三明治后,剩余不足 300 棵草苗?应怎样列式?

师生活动:学生列式得到不等式。

设计意图:建立新旧知识的联系,引出对不等式性质的研究。

教师追问:变式中的问题由一元一次方程问题转化成为一元一次不等式问题。比较所列方程与不等式的相同点与不同点。

师生活动:学生比较所列不等式与方程,找出相同点与不同点。

设计意图:从学生已有的经验出发,回答问题,渗透类比的方法,通过类比等式的概念,引出与等式性质的类比,即不等式的性质。

问题 2:在研究方程时我们的研究思路是什么?

师生活动:学生各抒己见,教师总结研究的思路,即从概念到解方程最后是应用。

教师追问:咱们学习了不等式的概念后,接下来要做什么?

师生活动:学生回答要研究如何解不等式。

设计意图:从过程中渗透学习方法的类比,让学生学会研究方法。

问题 3:怎么求解这个不等式呢?

师生活动:根据所列不等式,按照学生的想法去解不等式,大胆猜测不等式的性质。

设计意图:从学生的角度出发,发现问题,进一步探索不等式的性质,对解不等式的过程提出疑问。

问题 4:为什么可以这样做?

猜测 1:不等式两边加(或减)同一个数(或式子),不等号的方向不变。即:如果 $a>b$,那么 $a\pm c>b\pm c$。

教师追问:如何证明猜测是正确的呢?

师生活动:学生小组讨论,证明猜测正确。

设计意图:培养学生发现问题、分析问题及解决问题的能力,利用所学知识,证明猜测。

问题5:对不等式中的最后一步提出疑问,为什么变号或者不变号。

猜测2:不等式两边乘(或除)同一个不为0的数,不等号的方向不变。

师生活动:学生小组讨论,证明性质2与性质3的内容。

设计意图:针对学生计算结果出现的分歧,讨论证明的方法,通过对猜测的证明,得到性质2与性质3,从合情推理到演绎推理,从而突破难点。

环节三:运用新知

练习:若 $a>b$,用">",$"<"$填空,并指出利用哪条性质。

(1) $a+2$ ___ $b+2$;

(2) $a-3$ ___ $b-3$;

(3) $-4a$ ___ $-4b$;

(4) $\dfrac{a}{2}$ ___ $\dfrac{b}{2}$;

(5) $-7a+2$ ___ $-7b+2$。

师生活动:学生依据不等式的性质对不等式 $a>b$ 进行变形,得到结果。

设计意图:通过对不等式的变形,让学生能够应用不等式的性质,对不等式进行变形。

环节四:总结归纳

(1) 不等式的性质有几条? 分别是什么?

(2) 和等式相比区别和联系是什么?(结论虽然不同,但是研究方式是相同的)

(3) 怎么研究得到不等式的性质的?(类比思想)

(4) 在不等式的变形中,要注意什么?

六、教学设计说明

在学习研究不等式性质的过程中,需要学生推理得到不等式的性质,因此在课堂中教师需要设计有针对性的推理任务,以确保推理目标达成。本节课通过引入生活中的实际情景,让学生有兴趣研究问题。与之前相比,这次的课堂完成度有很大提高。笔者设计的题目是在学生已有的认知基础上继续研究不等式的性质,通过类比一元一次方程的学习研究方法来研究不等式,这样有效地渗透了类比的思想,同时在解不等式的过程中也让学生体会到了化归的思想,了解到如何利用不等式的性质求解不等式。

学生是在掌握如何求解一元一次方程的解法基础上学习的,等式变形时要依据等式的性质,那么在不等式变形时则需要不等式的性质。通过类比等式的性质,观察具体数值、数轴等方法,归纳出不等式的性质,让学生从中既感受出与等式的性质的相同点,又可以感受二者之间的不同。因为等号不具有方向性,不等号具有方向性,所以不等式的性质不能直接套用等式的性质。学生在活动中经历归纳、猜想与证明的过程,经历从特殊过渡到一般,从具体过渡到抽象的过程,学会研究的方法而不是简单的结论。通过此设计,学生能切实感受推理的全过程。推理能力发展过程缓慢且有自身特点及规律,需要学生自己在数学活动中"悟"出来,教师需要给学生提供思考和探索的空间,这样才能有效地培养学生的推理能力。

  本节课中,我一直想要强调的就是在数学学习过程中的一个重要方法:类比思想,因此在课堂的引入部分,虽然我表面上结合实际问题让学生列出等式与不等式,但是我所给的问题在学生的思维角度方面不够开放,还是让学生先列出方程,再变式得到不等式,这样学生就还是被动的思维,按照我所设定的问题再解决,在学生提出猜想的角度训练不够。在上课过程中,学生为证明自己的猜想还提出了从实际角度入手的方法,因为最开始的时候是在列方程求解问题,所以在求解不等式的时候,他们会从题目入手,再次列举具体数值验证性质3的猜想。但是从特殊过渡到一般情况时,我应该多给学生一些时间进行讨论,让学生充分思考,具体数值成立时怎么能够证明所有的实数都可以满足?在上课的过程中,学生会通过列举具体数值的方法证明猜想正确。在通过数轴进行验证时,我急于给出了提示,并且在学生说出数轴的方法后,我是将数轴的方法讲出来的,尤其是通过数轴上列举具体数值时猜想成立过渡到对于任意的 $a>b$ 都成立时,也是我主动提出问题解决的。

  课堂中,学生在求解不等式的过程中充分展现出了自己的智慧。在没有讲解不等式的性质时,他们已经有意识地在仿照解一元一次方程等式的解法求解,头脑中已经有了类比的概念,只是自己说不清楚为什么可以这样做。同时在求解不等式的最后一步中部分同学出现了意见的分歧,即在不等式的两边同时乘除一个负数不等号是否改变,这也是本节课的难点所在。同学们除了列举出具体数值证明自己的猜想,同时还提出从第一个问题解方程的结果入手,取一个具体的数证明不等式是否成立。这是在教学设计中我没有预料到的一点,也充分说明了学生思考的特点:从已有的结果入手,同样可以验证猜想是否正确,从这个角度也补充了性质3的内容,也是突破难点的一种方式,且这种方式更加直观,容易理解。

  针对课堂中的不足之处其实可以这样改进:在开始的问题中不规定解法,只给条件,让学生通过条件去求解问题中的可求解的结论。学生也会过渡到等量关系的求解。如果学生求解的均为等量关系,可以让学生自己思考,是否还可以求解其他关系呢？让学生自己编题,这样学生的思维可以不再局限,更加扩散。学生也可以由被动的解决问题化为主动研究。让学生体会如何提出问题,激发他们的求知欲,并且也解决了为什么要学习不等式的性质的问题。最后在学习本节课的难点时,放手让学生思考问题,如果课堂时间有限,可以提示学生数轴的方法,但是还是让他们来说。可以让学生说出不等式两边同时乘以一个数的情况,"除"的情况可以放在课下讨论。这样课堂中学生的思维才能够真正得到锻炼,才能成为课堂的主体。

二次函数与一元二次方程、不等式[①]

一、教学内容

人民教育出版社在2017年改版高中教材中,新增一章《一元二次函数、方程和不等式》,全章共分三节"2.1 等式性质与不等式性质""2.2 基本不等式""2.3 二次函数与一元二次方程、不等式",本节课为2.3第一节试教,主要内容是通过求解一元二次不等式,理解函数、方程和不等式之间的联系,体会数学的整体性,提升数学运算素养。用函数观点看一元二次方程和不等式,能使学生感受到二次函数与各方面数学知识的广泛联系和应用价值。

初高中的数学学习具有连贯性,初中阶段数学知识相对具体,高中阶段数学知识相对抽象,因此初中阶段的数学教学要在一定程度上为学生的高中数学服务,帮助学生完成从初中到高中数学学习的过渡,包括知识和技能、方法和习惯、能力和素养等。具体而言,教师在教学中需要契合学生的认知基础,激发学生分析问题的意识,渗透数学思想方法。

二、学情分析

本节课为高中教材的试教课程,学生为初三年级学生。可以预测学生对用函数观点看方程和不等式并不深入,创设情境中的问题可能会有不同解法,但不清楚哪种方法更具有一般性。在推广解一元二次不等式时,不知如何分类,所展示程序时语言叙述繁琐、表示不简洁。笔者所任教的班级为荣臻特色班,学生整体学习态度认真,习惯于独立分析问题后与同学讨论。笔者从九月任教初三年级以来一直倡导和实施学生自主学习、小组合作学习,学生具备一定的归纳与总结能力,但部分学生解决问题的能力还有待提高。

[①] 案例来源:北京市八一学校姜杉。

三、教学目标

（1）会结合二次函数的图像，判断一元二次方程根的存在性及根的个数，了解二次函数的零点与方程根的关系。

（2）经历从实际情境中抽象出与一元二次不等式的过程，了解一元二次不等式的现实意义，能够借助二次函数求解一元二次不等式。

（3）借助二次函数的图像，了解一元二次不等式与函数、方程的联系。

四、教学重难点

教学重点：借助二次函数的图像，了解一元二次不等式与函数、方程的联系。

教学难点：对二次函数与一元二次方程、不等式关系的理解。

五、教学过程

教学流程图如图 7.12 所示。

体验式问题解决教学流程

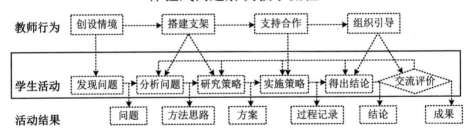

图 7.12 教学流程图

环节一：提出问题

问题 1：园艺师打算在绿地上用栅栏围一个矩形区域种植花卉（图 7.13）。若栅栏的长度是 24 m，围成的矩形区域的面积要大于 20 m²，则这个矩形的边长为多少米？

设这个矩形的一条边长为 x m，则另一条边长为 $(12-x)$ m。由题意，得

$$(12-x)x > 20$$

图 7.13

整理得

$$x^2 - 12x + 20 < 0 \qquad ①$$

这是一个关于 x 的不等式，只要求得满足不等式①的解集，就得到了问题的答案。我们把只含有一个未知数，并且未知数的最高次数是 2 的不等式，称

为一元二次不等式。

一元二次不等式的一般形式是 $ax^2+bx+c>0(a\neq 0)$ 或 $ax^2+bx+c<0$ $(a\neq 0)$，其中 a,b,c 均为常数。

设计意图：创设问题情境，发现问题，建立数学模型，类比一元二次方程自然生成一元二次不等式概念。

环节二：解决问题

求一元二次不等式 $x^2-12x+20<0$ 的解集。

学生独立思考后，小组合作讨论求解集的方法，将不同方法板演在大纸上（图 7.14）。

图 7.14　学生展示图片

设计意图：学生自主探索，合作学习，分享成果。学生讲解中与老师互动，共同分析，为学生搭建支架。

思考：在前面的学习中，我们知道了可以以一次函数的观点来解一元一次不等式。对于一元二次不等式，我们能以二次函数的观点来探究它的求解方法吗？

师生共同分析：根据二次函数与一元二次方程的关系，由方程 $x^2-12x+20=0$ 有两个实数根 $x_1=2, x_2=10$，可知二次函数 $y=x^2-12x+20$ 与 x 轴的两个公共点是 $(2,0),(10,0)$。

一般地，对于二次函数 $y=ax^2+bx+c$，我们把使 $ax^2+bx+c=0$ 的实数

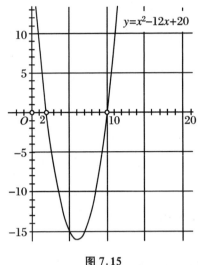

图 7.15

x 叫作二次函数 $y = ax^2 + bx + c$ 的零点 (zero point)。于是,二次函数 $y = x^2 - 12x + 20$ 的两个零点是 $x_1 = 2, x_2 = 10$。

从图 7.15 中可以看出,一元二次函数 $y = x^2 - 12x + 20$ 的两个零点 2 和 10 将 x 轴分成三段。当 $x < 2$ 或 $x > 10$ 时,函数图像位于 x 轴上方,此时 $y > 0$,即 $x^2 - 12x + 20 > 0$;当 $2 < x < 10$ 时,函数图像位于 x 轴下方,此时 $y < 0$,即 $x^2 - 12x + 20 < 0$。所以,一元二次不等式 $x^2 - 12x + 20 < 0$ 的解集是 $2 < x < 10$。

环节三:推广到一般方法

上述方法是否可以推广到求一般的一元二次不等式 $ax^2 + bx + c > 0 (a > 0)$ 或 $ax^2 + bx + c < 0 (a > 0)$ 的解集?我们可否由函数的零点与相应一元二次方程根的关系,先求出一元二次方程的根,再根据函数图像与 x 轴的相关位置确定一元二次不等式的解集。

学生独立思考后,小组合作讨论,以求一元二次不等式 $ax^2 + bx + c > 0 (a > 0)$ 为载体,探索二次函数与一元二次方程、不等式的关系(表 7.2)。

表 7.2 二次函数与一元二次方程、不等式的对应关系表

$\Delta = b^2 - 4ac$	$\Delta > 0$	$\Delta = 0$	$\Delta < 0$
$y = ax^2 + bx + c (a > 0)$ 的图像	图像(与 x 轴交于 x_1, x_2)	图像(与 x 轴交于 $x_1 = x_2$)	图像(与 x 轴无交点)
$ax^2 + bx + c = 0 (a > 0)$ 的根	有两个不相等的实数根 $x_1, x_2 (x_1 < x_2)$	有两个相等的实数根 $x_1 = x_2 = -\dfrac{b}{2a}$	没有实数根
$ax^2 + bx + c > 0 (a > 0)$ 的解集	$x < x_1$ 或 $x > x_2$	$x \neq -\dfrac{b}{2a}$	全体实数
$ax^2 + bx + c < 0 (a > 0)$ 的解集	$x_1 < x < x_2$	无解	无解

第七章　方程与不等式

设计意图:学生在求解一元二次不等式过程中研究策略,实施策略,得出结论,教师通过组织引导交流评价(图 7.16)。

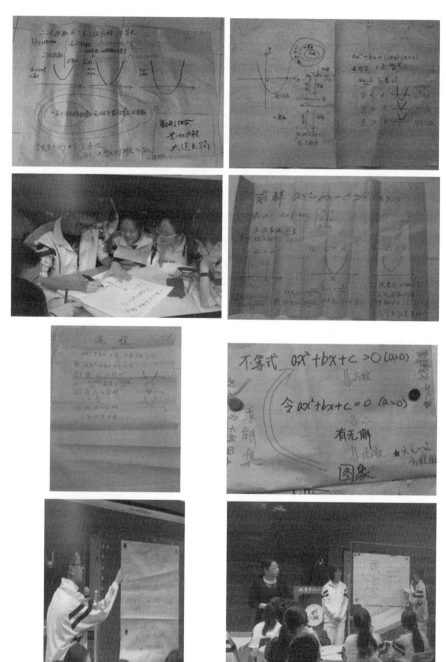

图 7.16　学生展示过程

环节四：回顾反思

① 学习内容；② 思想方法；③ 感悟体会。

环节五：布置作业

求一元二次不等式 $ax^2+bx+c>0(a<0)$ 或 $ax^2+bx+c<0(a<0)$ 的解集。

六、教学评价

关于"二次函数与一元二次方程、不等式"的问卷调查（表 7.3）。

(1) 如图 7.17 所示，直线 $y_1=kx+m$ 与抛物线 $y_2=ax^2+bx+c$ 在同一平面直角坐标系中，二者相交于点 $A(-2,2)$ 和点 $B(3,0)$，则当 x 满足什么条件时，$y_1>y_2$。

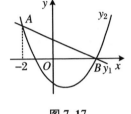

图 7.17

(2) 若 $b>a>0$，则不等式 $(x-a)(x-b)>0$ 的解集是（　　）。

A. $a<x<b$　　B. $b<x<a$

C. $x<a$ 或 $x>b$　　D. $x<b$ 或 $x>a$

(3) 一元二次不等式 $ax^2+bx+c<0$ 的解集是 **R**，则下列条件成立的是（　　）。

A. $a>0, b^2-4ac<0$　　B. $a<0, b^2-4ac>0$

C. $a>0, b^2-4ac>0$　　D. $a<0, b^2-4ac<0$

(4) 求不等式 $9x^2-6x+1>0$ 的解集。（请写出解答过程）

课后访谈：

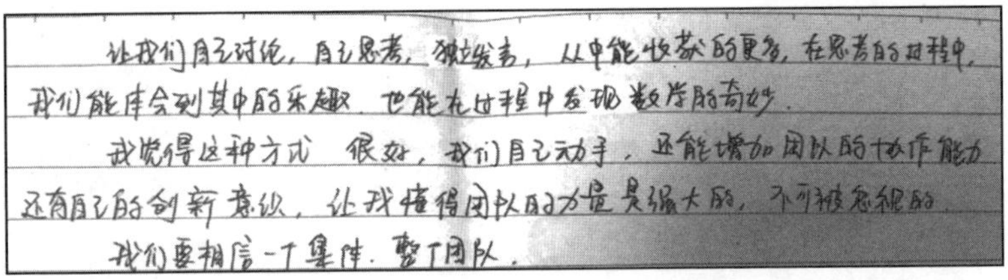

图 7.18

提取学生反馈的关键词：① 自己动手、动脑；② 站在系统角度思考问题；③ 给了深入思考的机会；④ 独立地思考问题；⑤ 多种方法，发散思维；⑥ 培养创新意识；⑦ 发现数学的奇妙；⑧ 同学们都参与其中；⑨ 每个人积极发表自己的看法；⑩ 锻炼了语言表达能力；⑪ 体会合作的重要性；⑫ 函数统领了方程和不等式；⑬ 一般性思考问题的方法。

表 7.3　持续性评价设计表

评价方式	评价目标	评价方案	评价指标
学生自评	诊断自己是否了解一元二次不等式的解法；是否积极参与求一元二次不等式解集的探究过程	利用思维导图呈现本节课的内容及探究方法	(1) 自己参与活动的态度
			(2) 自己参与活动的广度
			(3) 自己参与活动的深度
学生互评	诊断同学在探究求一元二次不等式解集的过程中反映出来的积极性、参与度和能力水平	是否具有较强的问题意识，通过合作探究，得出结论，交流结果	(1) 同学参与活动的态度
			(2) 同学参与活动的广度
			(3) 同学参与活动的深度
			(4) 同学解决问题的广度
			(5) 同学解决问题的灵活性和创造性
教师自评	诊断教师教学设计是否符合课程标准，课堂教学环节是否顺利推进，课堂气氛是否宽松、融洽，学生是否感受到探究的必要性	教学目标的确定依据学生学科素养培养的功能和价值。教学内容、活动的确定依据深度学习过程中学生能力发展脉络和问题解决思维	(1) 符合课程标准和学生实际的程度
			(2) 教学设计可操作的程度
			(3) 学习环境的创设
			(4) 学习资源的准备
			(5) 学习活动的设计
			(6) 课堂气氛的宽松度
			(7) 课堂气氛的融洽度
教师对学生评价	诊断学生在整节课反映出的积极性、参与度和问题解决过程中的活动表现进行评价和反馈	基于学生能力和已有知识基础上，观察学生是否积极思考，主动交流，注重合作探究，掌握本节课所渗透的主要思想（"数形结合""分类讨论"）	(1) 学生参与活动的态度
			(2) 学生参与活动的广度
			(3) 学生参与活动的深度
			(4) 学生问题解决的广度
			(5) 学生问题解决的灵活性和创造性
			(6) 学生交流反馈方式
			(7) 学生交流反馈效果

七、教学设计说明

推理是数学的基本思维方式。《义务教育数学课程标准(2022年版)》也指出,推理能力的发展应贯穿整个数学学习过程中,并在教材编写建议中指出无论是"数与代数""图形与几何"还是"统计与概率"的内容编排中,都要尽可能地为学生提供观察、操作、归纳、类比、猜测、证明的机会,发展学生的推理能力。但现实问题是:高中教师反映,初中生代数领域的推理能力难以应对高中阶段代数学习的要求,这固然有初高中的衔接问题。但是,也有必要重新审视初中代数教学中是否切实重视了学生的推理能力发展;有必要再次梳理代数领域发展学生推理能力的具体着力点,分析教材编写和教学中如何外显数学推理,从而更好地在代数领域加强数学推理的教学。本节课是初三学生使用高中教材的试教,恰好提供了研究初高中衔接的机会。

在初中数学教学中要强化代数推理的教学意识,把握代数推理阶段性与合理性相结合的教学原则,研究代数推理的教学策略。所谓阶段性,即尊重初中生的思维与认知特点,逐步提高代数推理要求。如七年级重在引导学生从特殊到一般寻找规律;八年级借助图形直观渗透代数推理;九年级以函数为载体,分析法与综合法相结合研究代数推理。本节课的授课对象为九年级学生,尤其注重分析法与综合法相结合,在从函数观点看一元二次方程和一元二次不等式的教学中,先以讨论具体的二次函数(系数确定的)变化情况为情境,引导学生发现一元二次函数与一元二次方程的关系,引出一元二次不等式的概念;然后进一步探索一般的一元二次函数(系数未知的)与一元二次方程、一元二次不等式的关系,从函数的角度把方程和不等式统一起来。借助二次函数的零点和图像确定一元二次不等式的解集,从而归纳总结出用一元二次函数解一元二次不等式的程序。

另外,从教学方式上,笔者正逐步树立学习发展观,即应关注指向学生学科能力发展的教学策略。本节课教学设计中注重关键性问题(任务驱动)的提出策略(唤醒学生主体性),关注问题解决过程中学生活动的设计策略(互动、支架、合作),从而帮助学生成为最好学习者的评价策略(激励、反思、改进)。教学中,鼓励学生自主探索、合作探究,课堂上给学生独立思考、表达交流的时间,让学生对自己的思考有一种满足感和成就感,进一步促进他们的思考和动脑。多关注思考的过程而不只是盯着结果,设计行之有效的可持续性评价,慢慢培养学生的思维能力,为深度学习奠定良好的基础。本节课采用了教师引导下的学生自主探索与合作交流有机结合的教学方式,突出体现学生是学习的主体和"以学生为本"的理念。教学中基于体验式问题解决教学流程设计教学环节。从引入开始,明确要探究的问题,在观察探索过程中,以问题引领学生步步深入,聚焦代数推理,逐步发现问题的关键要素,将特殊推广到一般,借助研究一元二次不等式解法探索函数与方程、不等式的关系,从而突出重点,突破难点。

"教师通过有效引导,让短短的四十分钟取得最大效益,实现教学效果的最优化",这是我今后努力的方向。波利亚说:"教师讲什么不重要,学生想什么比这重要一千倍!"我想教师只有在充分尊重学生主体地位的基础上,才能摆正自身角色,紧扣教学目标,引导学生主动参与学习活动,激活学生的思维,教给学生思考数学问题、解决数学问题的方法,帮助学生形成逻辑思维能力。

附本节课背景说明:人民教育出版社在2017年改版高中教材新增一章《一元二次函数、方程和不等式》。全章共分三节:2.1"等式性质与不等式性质",2.2"基本不等式",2.3"二次函数与一元二次方程、不等式"。本节课为第2.3节试教,共三课时。2016年11月16日人教社编审及北师大专家4人参与听课及问卷调查,北京教育学院刘春艳教授带领"国培计划(2016)"一线优秀教师培训技能提升研修项目100人,顿继安教授带领全国教研员培训班42人全程听课评课。另外,作为北京教育学院"协同创新项目——基于考试改革数学教学案例研究"项目组成员,这节课也是项目组的研究课,22人参与研讨。

图 7.19　教学片段展示

分 式 方 程[①]

一、教学内容

《分式》这一单元的主要内容包括:分式的概念,分式的基本性质,分式的约分与通分,分式的加、减、乘、除运算,整数指数幂的概念及运算性质,分式方程的概念及可化为一元一次方程的分式方程的解法。

全单元共包括三个微单元,如图 7.20 所示:15.1 分式,15.2 分式的运算,15.3 分式方程。

```
约需15课时,具体分配如下(仅供参考):
15.1  分式            3课时
15.2  分式的运算      6课时
15.3  分式方程        3课时
数学活动              1课时
小结                  2课时
```

图 7.20 分式

其中,"15.1"微单元,引进分式的概念,讨论分式的基本性质及约分、通分等分式变形,是全章的理论基础部分。"15.2"微单元,讨论分式的四则运算法则,这是全单元的一个重点内容,也是本单元教学中的一个难点。克服这一难点的关键是通过必要的练习掌握分式的各种运算法则及运算顺序。"15.3"微单元,讨论分式方程的概念,主要涉及可以化为一元一次方程的分式方程。解方程中要应用分式的基本性质,并且出现了必须检验(验根)的环节,这是不同于以前学习的解方程的新问题。根据实际问题列出分式方程,是本单元教学中的另一个难点,掌握它的关键是提高分析问题中数量关系的能力。

分式是不同于整式的另一类有理式,是代数式中重要的基本概念;相应地,分式方程是一类有理方程,解分式方程的过程比解整式方程更复杂些。然而,分式或分式方程更适合作为某些类型的问题的数学模型,它们具有整式或整式方程不可替代的特殊作用。借助对分数的认识学习分式的内容,是一种类比的认识方法,这在本单元学习中经常使用。解分式方程时,化归思想很有用,分式方程一般要先化为整式方程再求解,并且要注意检验是必不可少的步骤。

[①] 案例来源:北京市八一学校于静。

二、学情分析

学生在小学阶段已掌握了分数的学习脉络,如图 7.21 所示。

图 7.21 学生已掌握的分数学习脉络

八年级学生已经感受过分数的意义,是由平均分后,反映整体与部分的关系,掌握了整数、小数的四则运算并学习了整数和整除、倍数及因数等概念。本阶段学生的形象思维的作用仍然明显,在教学中可以利用数形结合帮助学生直观地理解学习中可能存在的障碍。虽然分式的应用范围非常广泛,但就接触到的生活范围而言,它比分数的接触机会要少得多,因此允许学生在认识上有一个转换过程。本单元运用类比来加强概念的建立和运用。

学生的认知起点是对整式方程比较熟悉,熟练掌握解法和应用,经验是"方程是有解的"。对于分式方程如何求解,转化为整式方程后可能产生增根,学生是比较难理解的。所以"解分式方程"的关键是通过去分母,把新知转化为旧知,掌握如何"找最简公分母"和"去分母解一元一次方程"是本单元的重点。对于"去分母解分式方程要检验"环节,要知其然并知其所以然,是本单元的难点。

三、教学目标

(1) 以描述实际问题中的数量关系为背景,抽象出分式的概念,体会分式是刻画现实世界中数量关系的一类代数式。了解分式的概念,认识分式是一类应用广泛的重要代数式;

(2) 类比分数的基本性质,了解分式的基本性质,掌握分式的约分和通分法则。了解最简分式的概念。

(3) 类比分数的四则运算法则,探究分式的四则运算,掌握这些法则,能进行简单的加、减、乘、除运算。

(4) 结合分式的运算,将指数的讨论范围从正整数扩大到全体整数,构建和发展相互联系的知识体系。了解整数指数幂的运算性质,能利用科学记数法表示小于1的正数。

(5) 结合分析和解决实际问题,讨论可以化为一元一次方程的分式方程,掌握这种方程的解法,体会解方程中的化归思想。

(6) 结合利用分式方程解决实际问题的实例,进一步体会方程是刻画实际问题数量关系的一种重要模型。

四、教学重难点

教学重点:分式的概念及其基本性质;分式的运算法则;分式方程的概念及其解法;分式方程的应用。

教学难点:分式的运算及分式方程的解法;分式方程的应用。

五、教学过程

1. 单元整体教学思路

(1) 知识体系梳理(如图 7.22 所示):从整体中把握局部,从局部中构建整体。

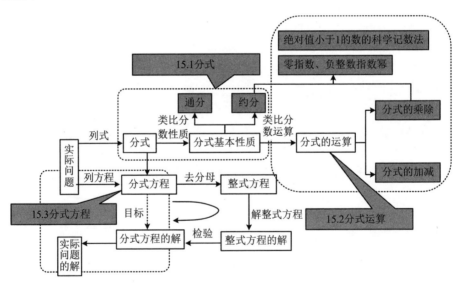

图 7.22 分式知识体系

(2) 理解教材中单元知识逻辑(如图 7.23 所示):式的认识—式的运算—式的比较。

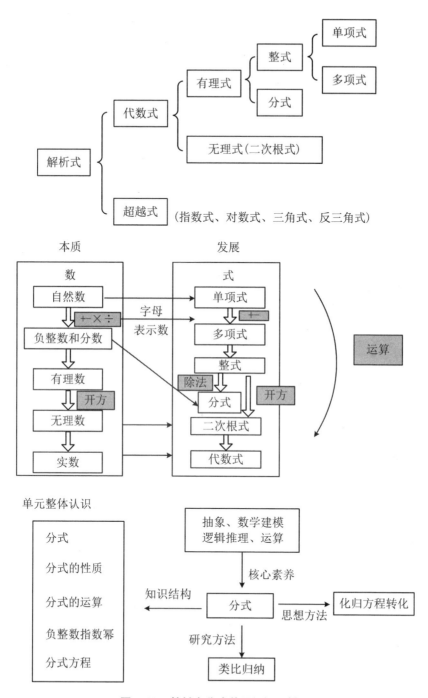

图 7.23 教材中分式单元知识逻辑图

2. 教学内容分析

在实际问题中抽象出量及量的关系,建立方程,求解方程,检验结果。体现数学建模的学科素养,蕴含模型意识、应用意识及创新精神。

3. 课时学习目标

(1) 理解分式方程的意义,能将分式方程转化为整式方程,从而找到解分式方程的途径。

(2) 掌握解分式方程的一般方法和步骤。

(3) 理解解分式方程时可能无解的原因,并掌握解分式方程中验根的方法。

(4) 在活动中养成乐于探究、合作学习的习惯。

重点:解分式方程的基本思路和方法;会解含字母系数的分式方程,会根据根的情况确定字母的取值范围。

难点:在探究过程中,明确解分式方程验根的必要性。

4. 学习评价设计

(1) 利用课堂上学生在小组活动中的表现来对小组及个人做出评价(表7.4)。

表7.4 评价表

姓　　名	自我评价	小组评价	老师评价
能分工合作	☆☆☆☆☆	☆☆☆☆☆	☆☆☆☆☆
能主动交流自己的想法	☆☆☆☆☆	☆☆☆☆☆	☆☆☆☆☆
能主动想办法克服困难	☆☆☆☆☆	☆☆☆☆☆	☆☆☆☆☆

(2) 课堂上小组代表的分享及同学们的反馈。

(3) 课后专题反馈练习。

设计意图:苏联教育家斯托利亚尔说:"数学教学是数学思维活动的教学。"在促进学生思维发展这项教学任务中,数学起着重要作用。单元教学法是落实学科核心素养的重要抓手,借助大思路、大框架进行高观点统领、结构化关联,能有效规避传统的课时教学整体感不强、知识分解过度、学习碎片化的现象。学生学科核心素养的培育要求教师的教学设计应从设计一个知识点或课时转变为设计一个大单元,把每节课的知识置于整体知识的结构和体系之中,让学生感受数学的整体性。以类比思想为导向的单元教学设计,可以帮助学生将新知识与已学知识建立联系,使学生参与发现新知识的全过程,既学会知识技能,又能掌握学习的路径与方法。

分式是刻画现实世界中数量关系的一类代数式,是整式的延伸和拓展,是描述实际问题中两个量之比的一类代数式。从运算角度看,分式表示两个整式相除的商,这与分数表示两个整数相除的商类似。正因为都是表示两个量相除的商,因此分式与分数具有相似的基本性质和运算法则、相似的研究思路和方法。分式是分数的分子分母分别进行符号抽象的结果,分式是分数的一般化,分数是分式中字母取一些特殊值时具体的结果。

分式单元是继整式之后对代数式的进一步研究,主要从以下三个方面展开讨论。一是密切分式与现实生活的联系,突出分式、分式方程的模型作用。分式是表示具体问题情境中数量关系的工具,分式方程则是将具体问题"数学化"的重要模型。在学习分式方程时,教材设置了现实中的速度问题以及工程问题等,让学生经历"建立分式方程模型"这一数学化的过程,体会分式方程的意义与应用,培养抽象、概括能力。二是注意数学思想方法的应用,突出培养学生的合情推理能力。教材十分重视观察、类比、归纳、猜想等思维方法的应用。在分式基本性质的探索过程中,教师采用观察、类比的方法,让学生在讨论、交流中获得结论,在分式加、减、乘、除运算法则的探索中,与分数进行类比,得到有关结论。这样既渗透了常用的数学思维方法,又培养了学生的推理能力。三是注重对算理的理解,分式的化简、求值、运算,是代数运算的基础,但它与分数非常类似。在分式运算方面,教材提供的例题难度都不大,课堂上补充例题更满足本班学生的需求,对分式方程,要注重对解的合理性的讨论。

5. 学习活动设计

环节一:复习巩固

教师活动:

(1) 下列关于 x 的方程中,哪些是分式方程?

① $\dfrac{1}{x-5} = \dfrac{10}{x^2-25}$, ② $2x + \dfrac{x-1}{5} = 10$, ③ $\dfrac{3-x}{\pi} = \dfrac{x}{2}$, ④ $x - \dfrac{1}{x} = 2$,

⑤ $\dfrac{x(x-1)}{x} = -1$, ⑥ $\dfrac{2x+1}{a} + 3x = 1$。

(2) 解方程:$\dfrac{1}{x-5} = \dfrac{10}{x^2-25}$。

学生活动(图 7.24):

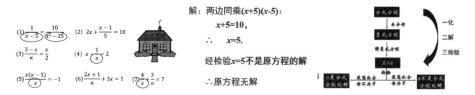

图 7.24 学生解题示例

方法总结:分母中含未知数的方程叫作分式方程。

设计意图:温故知新,唤醒学生的知识体系,为本节课做知识的铺垫。

环节二:典例精析

教师活动:

例1　解方程:$\dfrac{6x+12}{x^2+4x+4}-\dfrac{x^2-4}{x^2-4x+4}+\dfrac{16}{x^2-4}=-1$。

练1　从以下两方程中选择其一,解方程:

(1) $1-\dfrac{4x}{x^2-4}=\dfrac{x^2-2x}{x^2-4}-\dfrac{2}{2-x}$;

(2) $\dfrac{2}{y^2+y}-\dfrac{1}{y^2-y}=\dfrac{3}{y^2-1}$。

例2　关于 x 的方程 $\dfrac{2x+a}{x-1}=1$ 的解是正数,则 a 的取值范围是_____。

解析:去分母得 $2x+a=x-1$,解得 $x=-a-1$。

因为关于 x 的方程 $\dfrac{2x+a}{x-1}=1$ 的解是正数,所以 $x>0$ 且 $x\neq 1$。

所以 $-a-1>0$ 且 $-a-1\neq 1$,解得 $a<-1$ 且 $a\neq -2$。

所以 a 的取值范围是 $a<-1$ 且 $a\neq -2$。

学生活动(图7.25):

图 7.25　学生解题示例

方法总结:

(1) 解较复杂分式方程时,先变形整理,能约分的先约分,可方便确定最简公分母。

(2) 注意每一步变形都要有依据,去分母时,不要漏乘不含分母的项。

(3) 互为相反数的多项式,可通过对其中一个提取负号实现统一。

(4) 解分式方程一定要检验。

设计意图:解分式方程是程序性很强的基本技能,但又不是机械记忆的过程。我这个教学班的学生水平较高,选择相对复杂的分式方程求解能够激起学生挑战的欲望,在探究的过程中自然产生"思维碰撞",这些碰撞就是学生思维的生长点。最后一步是"检验",为什么要检验?学生肯定有疑问,这也是自然的反应。对比整式方程和分式方程,体会到检验的必要性,明白检验的原因,有助于学生理性思维的自然成长。

通过引导学生观察、反思、理解产生增根的原因,掌握并能灵活运用增根的知识,提升思维的深度。难点是让学生认识到分式方程无解与分式方程有增根所表达的意义是不一样的。分式方程有增根仅包括分式方程化为整式方程后,整式方程有解但使最简公分母为零的情况;分式方程无解不但包括分式方程有增根,而且包括使整式方程无解的情况。师生共同分析探究:分式方程的增根不是原方程的根,但是整式方程的根,据此可解决很多问题。方程无解的条件,关键是看转化后的整式方程解的情况,既要考虑整式方程无解的条件,又要考虑整式方程有解,但它是分式方程增根的可能性,考虑问题要全面、周到。

本环节通过例题讲解让学生掌握解分式方程的一般方法和步骤。通过学生板演,发现错误及时纠正,培养学生自我检查的良好学习习惯。教师预设两道练习题,让学生任选其一,体现分层教学的理念,让学有余力的同学加强巩固。

环节三:当堂练习

教师活动:

(1) 下列关于 x 的方程中,是分式方程的是(　　)。

A. $\dfrac{3+x}{2}=\dfrac{2+x}{5}$　　　　B. $\dfrac{x}{x+1}+\dfrac{x-1}{x}=2$

C. $\dfrac{x}{\pi}+1=\dfrac{2-x}{3}$　　　　D. $\dfrac{4x}{2+a}+\dfrac{3}{a}=7$

(2) 若关于 x 的分式方程无解,则 m 的值为(　　)。

A. $-1,5$　　B. 1　　C. -1.5 或 2　　D. -0.5 或 -1.5

(3) 解方程:$\dfrac{x}{x+1}+\dfrac{x^2-1}{x^2+x}=2$。

设计意图:知识的综合与拓展提高。当堂检测,及时反馈学习效果;通过拓展性训练提高学生分析问题、解决问题的能力。培养学生的归纳能力,为以后的学习积累方法。

环节四:课堂小结

略。

环节五:课后作业

(1) $\dfrac{1}{2-x}=\dfrac{1}{x-2}-\dfrac{6-x}{3x^2-12}$;

(2) $\dfrac{x-2}{x+3}=3-\dfrac{2x^2-13}{x^2-9}$;

(3) $\dfrac{2}{x^2-4}-\dfrac{1}{x^2-2x}+\dfrac{4}{x^2+2x}=0$;

(4) 若关于 x 的方程 $\dfrac{x-2}{x-3} = \dfrac{m}{x-3} + 2$ 无解,求 m 的值;

(5) 若关于 x 的方程 $\dfrac{x}{x-3} - 2 = \dfrac{m}{x-3}$ 有解,求 m 的取值范围。

六、教学设计说明

初中数学在图形与几何、数与代数领域均有推理或证明的内容。初中阶段加强代数推理能力,主要是加强依据初中代数的有关定义、法则、运算律等规则推出其他命题或结论的能力。现阶段,发展学生的代数推理能力不是简单地重演绎、轻归纳,而应从学情出发,整体设计阶段性的教学,使学生能够从小学的符号意识、数感和量感自然地发展到初中的推理能力。比如,有理数可以结合运算律等知识进行代数推理;代数式中可以强化符号表达能力,结合整式的相关运算进行代数推理;方程的学习可以结合解的定义与方程同解变化进行代数推理……这样才能有效落实代数推理,实现知识的进阶与核心素养的发展。本节课演绎推理过程简略,但我努力让推理的过程"看得见"。本节课解分式方程,要求学生说明道理,即每个等号一行,在每一行算式后面说出理由,从而让学生充分感受到代数推理的严谨性,养成言之有据的习惯。

1. 授课流程反思

让学生感受知识产生、发展的过程,学会观察、发现、归纳等学习方法,这是数学学习的意义所在。在教学中让学生经历含有字母系数的分式方程有解无解情况的探究过程,提高学生参与数学活动的积极性。同时也不轻视技能训练,让学生仔细辨别,深入探讨,使学生尝到了学习成功的喜悦,初步达到了知识的"内化"。要创造性地使用教材,教师可以根据学生的实际情况进行调整,因材施教。

2. 讲授效果反思

教师注意提醒,规范解题过程,注意检验。一定要让学生清楚为什么会出现增根,为什么要验根,强调验根的必要性。讲例题时,提前铺垫一个原分式方程无解会产生增根的情况较好,这样便于说明分式方程有时无解的原因,也便于讲清分式方程检验的必要性,也是解分式方程与整式方程最大的区别所在,从而强调解分式方程必须检验,不能省略这一步。

3. 师生互动反思

相信学生并为学生提供充分展示自己的机会。学生已经学习了含有字母系数的一元一次方程的解的情况,也学习了分式有意义的条件及通分,教师完全可以大胆放手让学生自己去探究含有字母系数的分式方程的解的情况。

4. 技术手段说明

本节课借助了希沃白板。它作为一种新型的现代教学辅助工具,与电子白板完美结合,实现自由书写、手写识别、视频播放、动态超链接等强大的多媒体动态效果,借助它可以轻松创建生动精彩的课堂,更好地吸引和引导学生全面实现多媒体互动教学。希沃白板的使用,方便了我完成课件的呈现、演示、交流、互动,拓展了课堂教学,让常态课堂教学极具动感。另外,我在课堂教学中将希沃白板的书写、批注、演示、互动等功能有效结合,使课堂教学资源不仅更形象直观地给学生演示,也可以让学生参与互动,学生学习的兴趣提高了。希沃白板与课堂教学的有效整合,为课堂教学增添了新的活力,优化了教学过程,使得课堂教学更加高效。

直接开平方法解一元二次方程[①]

一、教学内容

本节课为人教版第二十二章《一元二次方程》第二节一元二次方程解法,本节为一元二次方程解法的起始课。一元二次方程的求解是初中代数学习中非常重要的一部分,而直接开平方法则是解一元二次方程的基础方法,它看似简单,却是不容忽视的一节重要内容。首先"直接开平方解一元二次方程"是配方法解一元二次方程的前提和基础;其次,在一元二次不等式的求解及求二次函数与 x 轴交点等问题中都必须应用一元二次方程的解法;同时在"直接开平方法解一元二次方程"的学习中还突出体现了"换元、转化、类比、分类"等重要的数学思想方法。因此这一节不仅是为后续学习打下坚实基础的一节课,更是让学生体验并逐步掌握相关数学思想方法的一节课。

二、学情分析

(1)学生在学习本节课时需要对平方根概念有深入理解,因此复习巩固至关重要。恒等变形推理的过程为后面配方法的学习奠定基础。

(2)我所教授的班级为普通班,学生水平参差不齐,为了提高课堂有效性,我按成绩及学生个人意愿将学生分为 A、B、C 三层,80 分以上为 C 层,65 至 80 分为 B 层,65 分以下为 A 层,在课堂教学及布置作业上实施分层教学。本学期在班主任的配合下将学生分成 5 个小组,每组 8 人,每个小组中有 A 层学生 2 人、B 层学生 3 人、C 层学生 3 人,任命组织能力较强的同学为组长。每个组有队名和竞争口号,在平时的课堂和测试中进行 PK,通过合作与竞争以达到共赢的目的。

[①] 案例来源:北京市八一学校姜杉。

(3) 从学生心理特点看,学生具有思维活跃、好奇心强的特点,课堂上的分层教学激发各层学生的积极性,已初步形成合作交流、敢于探索和实践的良好学风,学生间可以做到相互评价、相互提问,有互动意识。

三、教学目标

(1) 知道形如 $x^2 = a(a \geqslant 0)$ 的一元二次方程可以用直接开平方法求解及求解依据。

(2) 较熟练地运用直接开平方法求一元二次方程的解。

(3) 体会"转化""化归""分类讨论"的数学思想及运用类比进行学习的方法。

(4) 在学习中体会愉悦与成功感,感受数学学习的价值。

四、教学重难点

(1) 较熟练地运用直接开平方法求一元二次方程的解。

(2) 探究关于 x 的方程 $(x-m)^2 = a$ 的解的情况。

五、教学过程

环节一:情境引入

首先放出学生去年合唱节获奖图片,激发学生的热情和团队意识,然后再引出实际问题:在 2011 年八一中学"唱红歌,诵经典"合唱节上,长方形背景幕布的长是宽的 3 倍,面积为 27 平方米,请问这块幕布的宽是多少米?

设幕布的宽为 x 米,则可列方程为＿＿＿＿＿＿＿＿＿＿＿＿＿。

在学生列出方程后,顺势引入:要求幕布的宽就要学会解一元二次方程,这节课我们就来学习一元二次方程的解法。观察方程的特点,可以用我们前面学过的什么知识解决?

设计意图:学生 5 月底将参加学校合唱节比赛,讲授本节课期间学生正在如火如荼练习,通过学生去年合唱节获奖图片,从学生身边的实际问题出发引出学习内容,激发学生的学习热情,明确本节课的学习任务,感受数学学习的价值。

环节二:复习与诊断

(1) 如果＿＿＿＿＿＿＿则 x 叫 a 的平方根,也可以表示为 $x =$ ＿＿＿＿＿＿。

(2) 平方根的性质。

设计意图:为下面第(3)小题的计算及正确理解直接开平方法解一元二次方程的依据做好铺垫。

(3) 写出下列各数的平方根。

A层：$4, \dfrac{49}{25}$ B层：$8, \dfrac{3}{16}$ C层：$\dfrac{3}{2}, 1.2$

设计意图：为直接开平方法解一元二次方程的准确计算做好铺垫。

（4）解方程：$x^2=4, x^2=12, 4m^2=16$。

$x^2=4$，则 $x=$ ＿＿＿＿＿＿。

想一想：求 $x^2=4$ 的解的过程，就相当于求什么的过程？

设计意图：帮助学生理解运用直接开平方法解一元二次方程的依据及解一元二次方程的本质。教师在学生归纳的基础上进行小结。

环节三：探究新知

形如 $x^2=a(a\geqslant 0)$ 的一元二次方程可以用求平方根的方法求出它的解，这种解法称为直接开平方法。

探究1：

（1）试解以下方程 $x^2=5, m^2=16, x^2-144=0$。

（2）你能求出一元二次方程 $-x^2+3=0$ 和 $x^2+1=0$ 的解吗？若能请写出求解过程，若不能说明原因。

（3）观察前面可以求解的一元二次方程的二次项系数与常数项的符号有何共同规律？

设计意图：通过实践、观察、交流与探究，使学生体会一元二次方程的二次项系数与常数项的符号相反时，方程有解，且有两个解，且这样的方程都可以化为 $x^2=a(a\geqslant 0)$ 的形式。

说明：切忌流于形式地交流与探究。要给学生较充分的时间和空间进行独立思考、小组交流，让学生的思维互相启发、互相碰撞，让个人智慧与集体智慧充分交融。在探究过程中教师应适当巡视，适时指导点拨，保证各小组探究学习的有效性。同时，教师应及时评价。

探究2：

（1）一元二次方程 $(a-8)^2=25$ 与 $x^2=4$ 的形式有何联系？

（2）对比 $x^2=4$ 的求解，要解一元二次方程 $(a-8)^2=25$ 首先要求出谁？试解出此方程。

设计意图：通过对 $(a-8)^2=25$ 的探究帮助学生体会换元与化归的数学思想；同时更加深入而准确地理解直接开平方法适用的一元二次方程 $x^2=a(a\geqslant 0)$ 的形式。

小结：直接开平方法适用于 $x^2=a(a\geqslant 0)$ 形式的一元二次方程的求解。这里的 x 既可以是字母、单项式，也可以是含有未知数的多项式。换言之，只要经过变形可以转化为 $x^2=a(a\geqslant 0)$ 形式的一元二次方程都可以用直接开平方法求解。

环节四:巩固应用

例 解一元二次方程:

(1) $2(x-8)^2 = 50$; (2) $(2x-1)^2 - 32 = 0$。

设计意图:学生与教师一起解方程,一方面帮助学生掌握并巩固一元二次方程的解法,同时通过教师规范的板书引导学生不仅要会解方程还要注意正确的解题格式。

练习:本环节分为小试身手、明察秋毫、灵活运用、实力比拼四个层次。

(1) 小试身手。判断下列一元二次方程能否用直接开平方法求解,并说明理由:

① $x^2 = 2$;② $p^2 - 49 = 0$;③ $6x^2 = 3$;④ $(5x+9)^2 + 16 = 0$;⑤ $121 - (y+3)^2 = 0$。

选择上题中一至两个方程求解,在小组中互批交流。

设计意图:深化学生对直接开平方法使用范围的正确理解,为学生在其他方程解法学习后做出正确选择奠定基础;自主选题,分层练习,分层指导,巩固新知,让每个学生都有发展;以小组形式互批互改,互帮互助,更好地发挥学生资源及合作精神。

(2) 明察秋毫。下面是李明同学解答的一道一元二次方程的具体过程,你认为他解的对吗? 如果有错,指出具体位置并帮他改正。

$$\left(\frac{1}{3}y+1\right)^2 - 5 = 0$$

解:$\left(\frac{1}{3}y+1\right)^2 = 5$

$\frac{1}{3}y + 1 = \sqrt{5}$

$\frac{1}{3}y = \sqrt{5} - 1$

$y = 3\sqrt{5} - 1$

设计意图:针对部分学生在平方根位置常出现的丢负解及计算错误予以前期预防。

(3) 灵活运用。解方程:$x^2 - 8x + 16 = 0$。

改头换面:解方程 $x^2 - 8x = -16$

$x^2 + 16 = 8x$

$-8x + 16 = -x^2$

$x^2 - 4(2x - 4) = 0$

谈谈你的解题体会!

设计意图:指出一些方程需要先移项、去括号等整理变形才可以用直接开平方法解,培养学生灵活解题能力。

(4) 实力比拼。探究$(x-m)^2=a$的解的情况,并交流展示。

设计意图:通过合作探究使学生深刻理解直接开平方法的使用条件,培养分类讨论的数学思想;培养学生的符号感,进一步提高问题解决能力;归纳形如$(x-m)^2=a$的一元二次方程解的一般形式。

教师出示问题后,首先让学生以小组合作探究的形式充分沟通启发完成问题的解决,然后通过部分小组代表的展示进行各小组间的交流,最终经过集体讨论得出:$(x-m)^2=a$。

当$a<0$时,此一元二次方程无解。

当$a\geqslant 0$时,$x-m=\pm\sqrt{a}$,$x_1=\sqrt{a}+m$,$x_2=-\sqrt{a}+m$。

环节五:课堂小结

(1) 直接开平方法的概念及依据。

(2) 直接开平方适合的一元二次方程的形式。

(3) 直接开平方法解一元二次方程应注意的问题,如计算的准确性,有分类讨论的意识等。

(4) 转化、化归、分类、类比的数学思想和方法。

环节六:分层检测与评价

A层:用求平方根的方法解一元二次方程的方法叫_____。

(1) 如果$x^2=121$,那么$x_1=$_____,$x_2=$_____。

(2) 如果$3x^2=18$,那么$x_1=$_____,$x_2=$_____。

(3) 如果$25x^2-16=0$,$x_1=$_____,$x_2=$_____。

(4) 如果$x^2=a(a\geqslant 0)$,$x_1=$_____,$x_2=$_____。

B层:用直接开平方法解下列方程:

(1) $(x-1)^2=8$;

(2) $(2x+3)^2-24=0$;

(3) $\dfrac{1}{3}\left(x-\dfrac{1}{2}\right)^2=9$;

(4) $4\left(\dfrac{1}{2}x+1\right)^2=121$。

C层:解下列方程:

(1) $(4x-\sqrt{5})(4x+\sqrt{5})=3$;

(2) $(x+b)^2=c$;

(3) $x^2-6x=-9$。

设计说明:让学生根据自身情况自主选择其中的一两组或三组完成。正确完成其中的任意一组均为100分,鼓励学生敢于挑战。在反馈与评价时,特别要注意学生自身的纵向比较,关注他们的点滴进步,及时给予表扬。

设计意图:让不同学生在学习过程中都有成功感,有收获,有发展。通过当堂检测,发现教与学的问题,便于课后及时调整教学。C层问题既可以提高优生的问题解决能力又可为下节配方法的学习埋下伏笔,激发并延续学生的求知欲望。

环节七:分层作业

A层:请大家帮帮忙,挑一挑,拣一拣,下列一元二次方程中,哪些更适宜用直接开平方法来解呢？选择 4 道题用直接开平方法来解方程。

① $x^2 = 3$；② $3t^2 - t = 0$；③ $3y^2 = 27$；④ $(y-1)^2 - 4 = 0$；⑤ $(2x+3)^2 = 6$；⑥ $x^2 + x - 9 = 0$；⑦ $x^2 = 36x$；⑧ $x^2 + 2x + 1 = 0$。

B层:解方程闯关。

① 第一关 $x^2 = 2$；② 第二关 $2x^2 = 8$；③ 第三关 $(x+1)^2 - 4 = 0$；④ 第四关 $x^2 - 10x + 25 = 0$；⑤ 第五关 $(2x + \sqrt{5})(2x - \sqrt{5}) = 4$；⑥ 第六关 $x^2 + 4x + 4 = 1$。

C层:(1) 解方程。

① $(y+2)^2 - 5 = 0$；② $12(2-x)^2 - 9 = 0$；③ $x^2 + 2 = 2\sqrt{2}x$；④ $(x-2)^2 = (3-2x)^2$。

(2) 是否存在实数 x,使代数式 $\dfrac{3x^2-1}{4}$ 与 $\dfrac{x^2+1}{3}$ 的值相等？

(3) 如果 a,b 为实数,满足 $\sqrt{3a+4} + b^2 - 12b + 36 = 0$,那么 ab 的值是_____。

六、教学设计说明

数学的产生源于生活实践,数学的课堂同样离不开实际生活。《义务教育数学课程标准(2022 年版)》中指出:通过对现实世界中基本数量关系与空间形式的观察,学生能够直观理解所学的数学知识及其现实背景;能够在生活实践和其他学科中发现基本的数学研究对象及其所表达的事物之间简单的联系与规律;能够在实际情境中发现和提出有意义的数学问题,进行数学探究。在数学教学中,我们要紧密联系学生生活实际,在现实世界中寻找数学题材,让学生贴近生活,让学生在生活中看到数学、摸到数学。数学教学活动应建立在学生认知发展水平和已有的知识经验基础上,同时为学生提供充分从事数学活动的机会,帮助他们在自主探究和合作交流的过程中真正理解和掌握基本的数学知识技能、数学思想方法,提高数学学习兴趣及问题解决能力。

本节课通过合唱节舞台情境的创设让学生将教材中抽象的数学知识与直观的生活实际建立了联系,使得数学学习变得更加有趣,而且实用性也更强。

这样学生在数学知识的学习过程中,易于理解掌握和应用。生活化的场景对学生来说更加熟悉,在这样的场景中更容易激发学生进一步学习和对数学问题进行探讨的兴趣,学生在课堂教学中的主观能动性也会进一步发挥出来。然后通过一系列的问题让学生在合作与探究中逐步理解并掌握直接开平方法解一元二次方程,同时在问题的解决过程中让学生体会类比的学习方法、转化与化归以及分类讨论的数学思想,从而培养学生良好的数学学习方法和数学思维方式。能力的发展绝不等同于知识与技能的获得。能力的形成是一个缓慢的过程,有其自身的特点和规律,需要学生自己"悟"出其中的道理、规律和思考方法等,这种"悟"只有在数学活动中才能得以进行。因而,教师设计的教学活动给学生提供探索、交流的空间,组织、引导学生经历观察、实验、猜想、证明等数学活动过程,并把推理能力的培养有机地融合在这样的"过程"之中。

分层教学激发了各层学生学习的积极性,每个人都积极参与到了问题的学习与探究中,大家在学习中主动合作、互帮互助,使每个同学都在学习中获得了不同程度的发展。同时学生积极思考,主动交流,尤其是在课堂检测中30%的同学能够正确解答C组题,70%的同学基本能够正确解答到B组题,95%的同学能够解决A组问题。可喜的是学生通过学习不仅掌握了直接开平方法解一元二次方程,更对类比、化归、转化的数学思想有了更加深入的理解和掌握。这节课总的来说是成功的。通过教师的感染和引导,学生的数学学习热情非常高,也使课前制定的教学目标逐一落到了实处,学生不仅在知识技能上得到了提高,更在数学思想方法方面有了深一层的理解和提高。

用发展的眼光来看,很有必要在初中阶段有意识渗透代数推理,原因有四:①《课程标准》提出了利用数量关系和符号进行推理教学的要求,教材也为代数推理提供了丰富的素材;② 代数推理是学生数学思维向更高层次发展的必备能力;③ 初中生已具备一定的抽象思维能力,代数推理可以促进学生思维方式的改变与优化;④ 抽象思维能力的培养是一个渐进的过程,需要贯穿数学教学的始终。初中代数推理是将代数式(或关系)变形为特定的目标结构(或关系),或用代数方法证明(或说理)。本节课利用平方根定义可以求出一元二次方程的解,求 $4x^2=16$ 和 $(x-m)^2=a$ 解的探究中学生思维活跃,出现了不同的解法,对分类讨论的思想认识更加深刻。

第八章 模型与函数

引言 "模型与函数"的重要性及对学生数学学习的意义

一、模型与函数的重要性

数学模型搭建了数学与外部世界联系的桥梁,是数学应用的重要形式。数学的研究对象是现实世界中的数量关系与空间形式,从中获得具有一般意义的模式,将这些模式应用到其他学科或日常生活就得到了各种各样的数学模型。从数学教育的角度来看,数学建模是数学应用的基本方式,模型思想是数学的一种基本思想。建立模型思想本质上是帮助学生体会数学与外部世界的联系。而培养学生模型思想的基本活动就是建立模型。数学建模是应用数学解决实际问题的基本手段,也是推动数学发展的动力。一个完整的数学建模过程包括:在实际情境中从数学的视角发现问题、提出问题,分析问题、建立模型确定参数、计算求解,验证结果、改进模型,最终解决实际问题。这一过程比较充分地反映了数学课程要培养的核心素养,即数学观察、数学思考与数学表达。

关于中小学数学课程中的数学建模,国际上主要有两种观点:一是把数学建模看作一种特殊的数学应用活动,侧重于构建新的数学模型去解决实际问题;二是把数学建模看作一种学习与理解数学的教学活动,侧重于用模型思想去理解数学的各种抽象模式,包括概念、关系与结构。这两种观点其实并不矛盾,在义务教育阶段主要是渗透数学模型的思想,到高中阶段可以完整地进行有实际意义的数学建模活动。

世界是处于运动变化中的,函数是研究运动变化的重要模型,在分析和解决一些实际问题中有着广泛的应用。20世纪初,德国数学家克莱因(Felix. Klein)在为中学数学教学起草的《米兰大纲》(1905年)中明确提出:"应将养成函数思想和空间观察能力作为数学教学的基础。"在初中的数学学习过程中,函数这一部分内容在初中教学中占有重要的地位,函数概念的出现,是大量现实问题的需要与数学内部发展的需要。它的引入,意味着学生对数学的学习从

"常量数学"转化为"变量数学",在数学思想上是一个飞跃,也是进入现代数学学习的一个标志。很多常量数学解决不了的问题,运用变量数学能够得到很好的解决,运用变量数学解决问题的这种思维方式,更能突出数学的理性思维。有大量关于初高中函数相关内容的研究文献,这说明函数对于初高中数学教学而言,确实是一个值得研究和探索的内容。

二、模型与函数对学生数学学习的意义

小学课程中的数概念、关系、运算、图形、数据等都直接源于现实生活,是对现实模型数学化的结果,而当这些数学对象被用于解决现实世界的问题时,又需要借助具体的模型表达实际意义。通过建立这种数学与现实世界的双向联系,学生可以形成初步的模型意识。与小学数学相比,初中数学课程可以提供更多的构造数学模型的"模具",如方程不等式、函数、反映分布特征的统计图表等。因此,一方面,初中阶段可以开展一些简单的数学建模活动;另一方面,初中代数的许多应用问题具备了数学建模活动的部分特点,有助于学生形成与发展模型观念。学生在建模的过程中通过建模对问题从哪里来/到哪里去的思考,很好地培养了学生系统性解决问题的思维,数学建模的过程实际上是让学生真正将大脑"动"起来,培养学生的思考力[69]。

函数的实质就是运动变化和联系对应。在建立和运用函数模型的过程中,变化和对应的思想是重要的基础,函数就是从数量的角度反映变化规律和对应关系的数学模型。函数的概念既来源于实际需要,又是数学自身发展的需要,是由常量数学过渡到变量数学的标志。在教学中可结合具体函数有效渗透,并逐步揭示函数的本质特征化,以及基本的思想方法。从现实中抽象出函数的有关概念和模型,研究它们的性质,然后运用函数解决或者解释现实世界中的问题,这是贯穿函数学习的主线。

函数内容一直是初高中数学教学的重点,对于学生思维的培养也十分重要。用函数的角度看问题,用函数的眼光看世界是学生应该通过函数学习掌握的。初中学生主要学习"一次函数""反比例函数"和"二次函数",高中学生在学习的概念性质的基础上继续学习"指数函数、对数函数、幂函数"。不同版本的教材,函数的学习顺序、所在的年级各有不同。我们的教学就不仅要对一节课或一章的内容进行设计,更要统领全局,引导学生在函数不同内容的学习过程中,逐步掌握探索任意一个具体函数的一般性方法。而代数推理能力,在学生研究函数研究方法中尤为重要。在《义务教育数学课程标准(2022年版)》中也强调发展学生的推理能力是数学教学的重要任务之一。有些教师错误地认为推理能力主要是在"图形与几何"领域中培养,因而在"数与代数"领域中往往忽视对推理能力的培养。事实上,"数与代数"领域存在着大量的培养学生推理能

力的素材。代数推理侧重数与式的运算、变形,具有一定的抽象性。代数推理以代数运算为基础,既有推理的特征,也有运算的特征。数与代数的内容蕴含着很多可以用来培养学生推理能力的素材,因此中学阶段应加强代数推理能力的培养。

第一节 "模型与函数"课标分析

一、内容要求

《义务教育数学课程标准(2011年版)》的课程内容已经明确提出了数感、符号意识、空间观念、几何直观、数据分析观念、运算能力、推理能力、模型思想、应用意识和创新意识10个核心词,这10个核心词是学生在数学学习中应该建立与培养的关于数学的感悟、意识、观念、思想与能力等,本质上体现的是数学的基本思想,是义务教育阶段数学课程中最应该培养的数学素养,是促进学生发展的重要方面。经过十年的课程改革,人们不仅普遍认可这10个核心词,而且已经在这方面积累了丰富的课程教学和评价方面的实践经验。

因此,《义务教育数学课程标准(2022年版)》在研究核心素养于各学段的行为表现时,既考虑到义务教育阶段数学课程和学生认知发展的特点,也照顾到整个中小学数学课程目标的一致性和发展性。下面将两版课标中关于"模型"的表述进行对比分析。

《义务教育数学课程标准(2011年版)》的课程内容核心词之一的"模型思想"的表述为:"模型思想的建立是学生体会和理解数学与外部世界联系的基本途径。建立和求解模型的过程包括:从现实生活或具体情境中抽象出数学问题,用数学符号建立方程、不等式、函数等表示数学问题中的数量关系和变化规律,求出结果并讨论结果的意义。这些内容的学习有助于学生初步形成模型思想,提高学习数学的兴趣和应用意识。"而《义务教育数学课程标准(2022年版)》核心素养的表现分别在小学和初中阶段提出了"模型意识"和"模型观念"。"模型意识"的内涵为:"对数学模型普适性的初步感悟。知道数学模型可以用来解决一类问题,是数学应用的基本途径;能够认识到现实生活中大量的问题都与数学有关,有意识地用数学的概念与方法予以解释。模型意识有助于开展跨学科主题学习,增强对数学的应用意识,是形成模型观念的经验基础。"初中的"模型观念"的内涵为:"对运用数学模型解决实际问题有清晰的认识。知道数学建模是数学与现实联系的基本途径;初步感知数学建模的基本过程,从现实生活或具体情境中抽象出数学问题,用数学符号建立方程、不等式、函数等表示数学问题中的数量关系和变化规律,求出结果并讨论结果的意义。模型观念有助于开展跨学科主题学习,感悟数学应用的普遍性。"

此外,义务教育阶段数学的四个学习领域课程内容也有部分调整,此处聚焦数与代数中的函数的内容变化。函数内容的变化主要集中在"函数的概念"和"二次函数"两个内容。首先,函数的概念中第一条对比《义务教育数学课程标准(2011年版)》做了少部分的删除和增补。具体是:① 结合实例(删除),了解函数的概念和三种(删除三种)表示法,能举出函数的实例;② 新增了解函数值的意义。其次,二次函数内容调整略大,将二次函数性质、应用与一元二次方程的关系的描述调整为:① 能画二次函数的图像,通过图像了解二次函数的性质,知道二次函数系数与图像形状和对称轴的关系;② 会求二次函数的最大值或最小值,并能确定相应自变量的值能解决相应的实际问题;③ 知道二次函数和一元二次方程之间的关系,会利用二次函数的图像求一元二次方程的近似解。另外,删除了已知给定不共线三点的坐标可以确定一个二次函数。

二、教学要求与学业要求

1. 教学要求

初中函数的教学要通过对现实问题中变量的分析,建立两个变量之间变化的依赖关系,让学生理解用函数表达变化关系的实际意义;要引导学生借助平面直角坐标系中的描点,理解函数图像与表达式的对应关系,理解函数与对应的方程、不等式的关系,增强几何直观;会用函数表达现实世界事物的简单规律,经历用数学的语言表达现实世界的过程,提升学习数学的兴趣,进一步发展应用意识。

在教学过程中,要关注数学知识与实际的结合,让学生在实际背景中理解数量关系和变化规律,经历从实际问题中建立数学模型、求解模型、验证反思的过程,形成模型观念;要关注基于代数的逻辑推理,如基于图像的函数想象;能在比较复杂的情境中,提升学生发现问题和提出问题、分析问题和解决问题的能力,以及有逻辑地表达与交流的能力。

对高中函数的教学,教师应把函数的内容视为一个整体,引导学生从变量之间的依赖关系、实数集合之间的对应关系、函数图像的几何直观等角度整体认识函数概念;通过梳理函数的单调性、周期性、奇偶性(对称性)、最大(小)值等,认识函数的整体性质,经历运用函数解决实际问题的全过程。

此外,在函数的教学中要鼓励学生运用信息技术学习、探索和解决问题。例如,利用计算器、计算机画出幂函数、指数函数、对数函数、三角函数等的图像,探索、比较它们的变化规律,研究函数性质,求方程的近似解等。

同时,可以组织学生收集、阅读函数的形成与发展的历史资料,结合内容撰写报告,论述函数发展的过程、重要结果、主要人物、关键事件及其对人类文明的贡献。

2. 学业要求

学生在教师的引导下学习了函数这一主题内容后,要达到以下要求:

能够从两个变量之间的依赖关系、实数集合之间的对应关系、函数图像的几何直观等多个角度,理解函数的意义与数学表达,理解函数符号表达与抽象定义之间的关联,知道函数抽象概念的意义。

能够理解函数的单调性、最大(小)值,了解函数的奇偶性、周期性;掌握一些基本函数类(一元一次函数、反比例函数、一元二次函数、幂函数、指数函数、对数函数、三角函数等)的背景概念和性质。

能够对简单的实际问题,选择适当的函数构建数学模型,解决问题,能够从函数观点认识方程,并运用函数的性质求方程的近似解;能够从函数观点认识不等式,并运用函数的性质解不等式。

重点提升数学抽象、数学建模、数学运算、直观想象和逻辑推理素养。

第二节 "模型与函数"学业水平分析

以下以北京中高考数学试卷当中的一些题目为例,分析函数定义、性质、图像、函数与方程函数思想等在解题过程中的应用。

一、初中阶段典型试题分析

(2023年第12题)在平面直角坐标系 xOy 中,若函数 $y=\dfrac{k}{x}(k\neq 0)$ 的图像经过点 $A(-3,2)$ 和 $B(m,-2)$,则 m 的值为_____。

分析:本题考查反比例函数图像上点的坐标特征,把点的坐标代入函数关系式是常用的方法。此外,因题干中所给 $A(-3,2)$ 和 $B(m,-2)$ 两点的纵坐标互为相反数,也可利用反比例函数的对称性结合函数图像,很快得到答案。

(2023年第26题)在平面直角坐标系 xOy 中,$M(x_1,y_1)$,$N(x_2,y_2)$ 是抛物线 $y=ax^2+bx+c(a>0)$ 上任意两点,设抛物线的对称轴为 $x=t$。

(1) 若对于 $x_1=1,x_2=2$,有 $y_1=y_2$,求 t 的值;

(2) 若对于 $0<x_1<1,1<x_2<2$,都有 $y_1<y_2$,求 t 的取值范围。

分析:本道题目是2023年北京中考解答题倒数第三道题目,属于整张卷子难度较大题目。题目主要考查二次函数的性质,其中(2)问根据题意判断出离对称轴更近的点,从而得出(x_1,y_1)与(x_2,y_2)的中点在对称轴的右侧,再根据对称性即可解答。熟练掌握二次函对称性是该道题目的解题关键。

二、高中阶段典型试题分析

(2023年北京高考第20题)设函数$f(x)=x-x^3e^{ax+b}$,曲线$y=f(x)$在点$(1,f(1))$处的切线方程为$y=-x+1$。

(1) 求a,b的值;

(2) 设函数$g(x)=f'(x)$,求$g(x)$的单调区间;

(3) 求$f(x)$的极值点个数。

分析:本题第(1)问先对$f(x)$求导,利用导数的几何意义得到$f(1)=0$,$f'(1)=-1$,从而得到关于a,b的方程组,解之即可;第(2)问由(1)得$g(x)$的解析式,从而求得$g'(x)$,利用数轴穿根法求得$g'(x)<0$与$g'(x)>0$的解,由此求得$g(x)$的单调区间;第(3)问结合(2)中结论,利用零点存在定理,依次分类讨论区间$(-\infty,0)$,$(0,x_1)$,(x_1,x_2)与$(x_2,+\infty)$上$f'(x)$的零点的情况,从而利用导数与函数的极值点的关系求得$f(x)$的极值点个数。本题以多项式函数为背景,构造了所要研究的函数。通过对函数性质的研究,全面考查了导数及其应用,这也是中学教学的重点与难点。试题的第(1)问面向全体考生,体现试题的基础性,利用求导数建立方程组就可以解决。试题的第(2)问体现了试题的选拔性,通过导函数的结构特点,利用不同函数的单调性,进而得到单调区间。试题的第(3)问考查了化归与转化的能力、分类讨论的能力、逻辑推理及代数推理能力、数学运算能力,具有较好的选拔功能。

第三节 "模型与函数"学习困难分析

初中阶段,函数思想贯穿中学数学整个学习阶段。用字母表示数让学生体验、认识到"变量";代数式中字母取值之间的相互关系,让学生初步感悟到"对应"的思想,感受到变量之间的相互联系;方程的教学,特别是"二元一次方程"的教学,进一步促进学生感受两个变量之间是彼此关联的。因此,经过一定的知识累积,学生对变量以及变量之间相互依存关系已经有了初步认识,并感受到现实生活中存在着大量的变量,且变量之间并不是独立的,而是相互联系的。这些都为函数的学习做好了准备。

尽管如此,初中阶段函数的学习仍然是难点。因为函数的概念相比数学学习中的其他概念是动态的,且较为抽象,更需要理性的思考,所以是初中数学中较难的内容。在教学中教师要善于引导学生联系身边的实际,从具体到抽象,从特殊到一般理解函数的意义。

高中阶段,函数的学习虽然有了初中学习的基础,但是由于没有学习的整体性,学生对函数大部分的认知还是仅仅靠图像得到性质,所以对函数问题的认识不够深刻。人民教育出版社中学数学室主任、人教版教材编者章建跃认为,造成函数概念学习困难的原因主要有函数概念本身的原因和学生思维发展水平方面的原因。前者包括变量概念的复杂性、辩证性和函数概念表示方式的多样性和函数符号的抽象性;后者则主要由于学生的辩证逻辑思维处于发展的初级阶段,与函数概念的运动变化联系的特点非常不适应,这是构成函数概念学习困难的主要根源。

此外,在高中函数教学过程中老师都有过这样的感受,新升入到高中的学生,即使初中成绩较好,也会在高中学习函数概念、性质的时候表现得吃力,有时候连最基本的问题也不能很好地理解和解答。这一现象是初高中知识衔接的问题。

从初高中学习课程总体安排分析,初中课堂教学量小、知识简单,教师通过课堂较慢的讲解速度,争取让同学们全面理解知识点和解题方法,课后老师布置作业,然后通过大量的课堂练习、课外指导达到对知识的反反复复理解,直到学生掌握。而高中课程开设多,这样集中数学学习的时间相比初中要少得多。

从初高中学习函数的思维习惯分析,初中数学中函数概念简单明了,容易理解,而且只研究了最基本、最简单的三类函数——一次函数、反比例函数和二次函数。初中数学中,题目、已知和结论用常数给出的较多,一般答案是常数和定量。学生在分析问题时,大多是按定量来分析问题,这样的思维和问题的解决过程,只能片面地、局限地解决问题,在高中数学学习中我们将会大量地、广泛地应用代数的可变性去探索问题的普遍性和特殊性。另外,在高中学习中我们还会通过对变量的分析,探索出分析、解决问题的思路和解题的数学思想。

从初高中函数的具体内容分析,初中函数的性质是使用文字来描述的,而高中基本都在使用符号表达,甚至有些题目的求解和证明过程也很少书写文字,这就使得高中函数教学起点非常高。内容上,初中三大函数中,二次函数已经是一个难点,然而对许多刚经历了中考的高一学生而言,对二次函数性质和特征的理解还不清晰,就在它的性质上继续深入研究。比如动轴定区间和定轴动区间的二次函数值域问题或对称性抽象符号表达式下的函数解析式求法等。初中的难点问题,高中教学过程作为最基本、最典型的函数类型来研究。而且,高中函数题目计算量的陡然增加也是一个相当大的跨度。

第四节 "模型与函数"教学策略分析

函数主题自身的特点决定学生在学习函数时,教师的科学引导和精心主导是关键。初中阶段的函数教学,我们可以尝试着做好以下几点。

一、重视数形结合思想方法的研究

中学阶段,函数的学习涉及函数与方程、数形结合、分类讨论、特殊与一般、模型等数学思想,以及归纳、类比、抽象概括等探索研究问题的一般方法。而教材在编写中,从函数的概念、各类具体的函数在解析式与函数的图像等方面,都有细致的安排。我们在教学中要明确数与形的互补作用,帮助学生体会二者间的转化对分析问题、解决问题的特殊作用。事实上,学生在日常解题过程中,"数形结合"可以直观地反映函数变量之间的关系,同时充分展现题目中所给条件之间的关系,从而能够起到降低解题难度的效果。

二、加强对实际问题的分析

函数的教学,要引导学生联系生活实际,培养学生感受变量、常量和它们之间的对应关系,让学生亲身经历函数概念的形成过程的同时,提高学生列函数表达式的能力,循序渐进地发展学生数学抽象的思维能力。进一步地,运用函数解决实际问题时,加强实际问题的分析,帮助学生顺利建模,充分体会函数的应用价值。

三、引导学生体会函数观点的统帅作用

函数的教学,要强化函数与方程、不等式及其他代数知识的关系。力求使学习函数能够在发展和构建一个较好的知识体系方面起一定作用。例如,一次函数、二次函数与一元一次方程,一元二次方程、一元一次不等式、二元一次方程组的联系。又如,学习函数时,学生会设计比赛场次、产量增长等知识的学习回顾。教师要带领学生站在更高处对函数进行动态的分析,加强知识间横向和纵向的联系,发挥函数对相关内容的统率作用,使学生逐步达到新旧知识的融会贯通,进一步体会函数的重要性,提高多角度地、灵活地分析问题与解决问题的能力。

四、做好初高中函数知识衔接

自课程改革以来,我国对初高中衔接教学的关注度逐步提高,对初高中函

数教学衔接的研究越来越多。针对初高中衔接的函数的研究内容包括：以集合与函数概念为例，对初高中数学衔接教学的有效性展开分析；从具体的函数出发研究初高中函数衔接问题；从概念出发研究了初高中函数教学衔接和初高中函数的性质不同。有必要对其进行深入研究，下面从四个方面进行综述。

1. 以集合与函数概念为例，对初高中数学衔接教学的有效性展开分析

以集合与函数概念为例，对初高中数学衔接教学的有效性展开分析，并给出相应的教学建议：第一，通过加强课堂预设让初高中数学的衔接教学变得顺畅；第二，寻找新知识的生长点。方静《跨越百年的障碍——在如何实现初高中函数概念的自然衔接》一文中给出了衔接教学的建议和措施，具体有：首先以问题的形式进行引入；其次函数概念的生成要以初中函数概念为基础找出一个函数模型，为新旧概念的过渡搭建桥梁；再次通过新旧概念的对比进行建构；最后介绍相关数学史。初高中函数部分的衔接可以采用科学性原则、适应性原则、直观性原则、启发性原则、与时俱进的原则，应用自主探索法、对比分析法、忆旧引新法、以新审旧法、校本辅助法。

2. 从具体的函数出发研究初高中函数衔接问题

在初高中数学教学中，存在的衔接点比较多，其中对二次函数进行再研究十分重要。在初中数学学习中，降低了二次函数的要求。到高中阶段学习后，学习二次函数的思想方法、教学要求等都发生了很大转变，学生在理解上受到很大限制。因此，教师要注重初高中二次函数的衔接，促进多个方面之间的连接，确保在学习二次函数的同时，可以实现整体的升级化。

3. 从概念出发研究了初高中函数教学衔接

"概念"非常重要，它是数学的细胞，教师要主动引领学生经历数学概念的产生和发展过程，并将数学概念抽象的学术形式转化为学生易于接受的教育形式，从而促进学生的学习，加深对数学概念的理解。

4. 初高中函数的性质不同，有必要对其进行深入研究

函数的性质内容丰富，从不同的角度刻画函数，既有总体的，如奇偶性、周期性，也有局部的，如单调性。函数的性质广泛应用于方程、不等式、最值。应始终围绕函数的对应法则这个核心，通过从特殊到一般、从一般到特殊、数形结合等手段，多角度地阐释函数概念的本质和形式，提升学生的数学抽象素养和数学表达能力。

对于教师而言，要更新教学理念，整体把握函数教学的主线，以逆向设计的逻辑对本单元的内容进行重构和整合。探究基于函数单元教学设计是否能够解决教师函数教学过程中的困惑和存在的问题，为其他单元的教学设计提供单元教学参考。

对于学生而言，在学习函数的过程中，循序渐进加深对函数概念的理解，每一阶段的学习,呈螺旋式上升趋势。解决目前学生学习函数存在的主要问题,形成良好的函数知识认知结构。

第五节 "模型与函数"教学案例

一次函数的图像和性质[①]

一、教学内容

本课内容隶属于数与代数下函数知识模块,其学习基础是函数的概念、函数的表示方法以及正比例函数的图像及性质;在本学段中,学生将学习实数、整式和分式、方程和方程组、不等式和不等式组、函数等知识,探索数、形及实际问题中蕴含的关系和规律,提高学生的逻辑推理能力、数学运算能力,初步掌握一些有效地表示、处理和交流数量关系以及变化规律的工具,发展符号感,培养学生的数学抽象能力,体会数学与现实生活的紧密联系,增强应用意识,提高运用代数知识与方法解决问题的能力。在教学中,应注重让学生在实际背景中理解基本的数量关系和变化规律,注重使学生经历从实际问题中建立数学模型、估计、求解、验证解的正确性与合理性的过程,应加强方程、不等式、函数等内容的联系,培养数学建模的意识和能力。

二、学情分析

学生已经学过函数定义及表示方法,正比例函数的定义及性质;学生在探究一次函数的图像与性质的同时,探究研究函数的一般方法,学会画图之前对解析式进行分析,从而对函数图像的大致形状和走向做到心中有数,可以将解析式的特点与图像的特点对应起来,提高数形结合的能力;学生经历从实际问题中抽象出一次函数关系式,并类比已学函数研究未知函数的图像和性质,再利用所学解决实际问题的过程。

三、教学目标

(1) 研究新函数,要先观察和分析其解析式,找到它与所学函数间的关系,

---

① 案例来源:北京市八一学校附属玉泉中学胡雁宇。

从而归纳出新函数的部分性质,通过描点作图验证,最后概括出其性质,将解析式的特点与图像特征一一对应起来,发展数学感知能力、数学表征和数学概括能力,体会数形统一的思想。

(2) 通过分析正比例函数与对应的一次函数解析式的区别,对应分析出其图像间的关系,从而由正比例函数的性质推断出一次函数的性质,体会类比的研究方法。

(3) 能根据已知条件确定一次函数的解析式,体会待定系数法求函数解析式的方法,培养数学运算能力。

(4) 能画出一次函数 $y = kx + b(k \neq 0)$ 的图像,根据图像和解析式探索并理解 $k>0$ 和 $k<0$ 两种情况下图像的变化情况,体会"分类讨论""数形结合""从特殊到一般"的数学思想,能通过所列表格和解析式初步分析出函数图像的大致形状及走向,培养数学运算等能力,培养学生数据分析的意识,培养学生的数学抽象的素养。

(5) 能用一次函数解决实际问题,培养数学抽象与数学建模的学习素养。

四、教学重难点

教学重点:由正比例函数图像性质并结合一次函数解析式,探究一次函数的性质。

教学难点:以坐标为中介,把函数图像特征解释成变量的对应关系和变化规律。

五、教学过程

环节一:问题引入

问题 1:什么是一次函数?请写出三个一次函数的解析式。

学生活动:回答问题,回忆旧知。

设计意图:从概念入手,熟悉一次函数的一般形式。

问题 2:什么叫正比例函数?从解析式看,正比例函数与一次函数有什么关系?

师生活动:根据教师提出的问题,思考一次函数和正比例函数的解析式的关系。

设计意图:通过比较,明确一次函数图像和性质的研究要类比正比例函数。

问题 3:正比例函数有哪些性质?是怎样得到这些性质的?

问题 4:对一次函数 $y = kx + b(k \neq 0)$ 我们该研究它什么内容?你打算如何研究?

学生活动:需要先研究函数的图像特征;研究分 $k>0$ 和 $k<0$ 两类。

研究方法:画图像—观察图像—由图像特征归纳函数性质。

设计意图:通过复习,引导学生理解函数的研究方法。

环节二:探究新知

全班分成两个小组研究两类一次函数的图像和性质。

探究1　当 $k>0$ 时。

组1任务:画出函数 $y=2x-3$ 与 $y=2x+3$ 的图像。

教师活动:从解析式能看出其图像特点吗?

学生活动:猜想由直线 $y=2x$ 下移3个单位后的直线是 $y=2x-3$;由直线 $y=2x$ 上移3个单位后的直线是 $y=2x+3$;描点法画图验证:画出函数 $y=2x-3$ 与 $y=2x+3$ 的图像。

① 自变量的取值范围;② 列表(表8.1);③ 描点、连线。

表8.1

x	...	-2	-1	0	1	2	...
$y=2x$	...						...
$y=2x-3$	...						...
$y=2x+3$							

探究2　当 $k<0$ 时。

组2任务:画出 $y=-\dfrac{1}{2}x+2$ 与 $y=-\dfrac{1}{2}x-2$ 的图像。

教师活动:从解析式能猜出其图像特点吗?

学生活动:猜想由直线 $y=-\dfrac{1}{2}x$ 下移2个单位后的直线是 $y=-\dfrac{1}{2}x-2$;由直线 $y=-\dfrac{1}{2}x$ 上移2个单位后的直线是 $y=-\dfrac{1}{2}x+2$;描点法画图验证:画出函数 $y=-\dfrac{1}{2}x-2$ 与 $y=-\dfrac{1}{2}x+2$ 的图像。

设计意图:通过观察解析式的特点分析出图像的特点,培养代数推理能力;描点画图验证,学习列表、描点画函数图像的基本方法。

教师活动:一次函数 $y=kx+b$ 的图像是什么形状,它与直线 $y=kx$ 有什么关系?

学生活动:自主归纳:一次函数 $y=kx+b$ 的图像是一条_____,当 $b>0$ 时,它是由 $y=kx$ 向_____平移_____个单位长度得到;当 $b<0$ 时,它是由 $y=kx$ 向_____平移_____个单位长度得到。

① 自变量的取值范围;② 列表(表8.2);③ 描点、连线。

表 8.2

x	…	-4	-2	0	2	4	…
$y=-\frac{1}{2}x$	…						…
$y=-\frac{1}{2}x-2$	…						…
$y=-\frac{1}{2}x+2$							

设计意图:培养学生从特殊到一般归纳性质。

例 1 用简便方法画出下列一次函数图像:

(1) $y=x+1$； (2) $y=3x+1$； (3) $y=-x+1$； (4) $y=-3x+1$。

探究 3 如何快速画出一次函数的图像？如何取点？

学生活动:思考并回答:两点法画直线,通常取 $(0,b)$ 和 $\left(-\frac{b}{k},0\right)$ 图像更精确。

设计意图:利用几何的基本事实解决函数问题。

问题 5:归纳 $y=kx+b(k>0)$ 的图像特征及函数性质。

问题 6:结合图像归纳出 $y=kx+b(k<0)$ 的图像特征及函数性质。

学生活动:自主归纳 $y=kx+b(k\neq0)$ 自变量取值范围:x 取任意实数,图像过 $(0,b)$ 的直线。

环节三:性质应用

(1) 函数 $y=3x+5$ 是由函数_____向_____平移_____个单位长度而得来的。

(2) 函数 $y=-2x-4$ 是由函数_____向_____平移_____个单位长度而得来的。

(3) 已知在一次函数 $y=kx+b$ 中,$k<0,b>0$,则这个一次函数的大致图像是(   )。

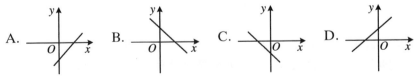

(4) 一次函数 $y=x+3$ 的图像不经过(   )。

A. 第一象限   B. 第二象限   C. 第三象限   D. 第四象限

(5) 若一次函数 $y=(m-3)x+5$ 函数值 y 随 x 的增大而增大,则(   )。

A. $m>0$ B. $m<0$ C. $m>3$ D. $m<3$

(6) 一次函数 $y=(m-3)x-2$ 的图像经过第二、三、四象限,则 m 的取值范围是_____。

(7) $P_1(-2,y_1)$,$P_2(3,y_2)$是一次函数 $y=-2x+3$ 图像上的两个点,则 y_1,y_2 的大小关系是(　　)。

A. $y_1>y_2$　　　　B. $y_1=y_2$　　　　C. $y_1<y_2$　　　　D. 不能确定

设计意图：考察直接运用性质解决问题的能力,熟悉函数增减性的符号语言表述,引导学生画图解决函数值的大小比较问题。

例 2　已知一次函数 $y=(2a+4)x-(3-b)$,当 a,b 为何值时：

(1) y 随 x 的增大而增大；

(2) 图像与 y 轴的交点在 x 轴上方；

(3) 图像经过第二、三、四象限。

例 3　函数 $y=kx+b$ 的图像平行于直线 $y=-2x$,与 y 轴交于$(0,3)$。

(1) 确定此函数的解析式；

(2) 求此函数图像与 x 轴的交点坐标；

(3) 求此函数图像与坐标轴围成的三角形的面积。

设计意图：通过不断追问解题依据,教会学生深入理解性质,并会利用性质解决问题。

六、教学设计说明

用发展的眼光来看,很有必要在初中阶段有意识渗透代数推理,因为代数推理是学生数学思维向更高层次发展的必备能力,而八年级学生已具备一定的抽象思维能力,代数推理可以促进学生思维方式的改变和优化。函数是培养学生代数推理能力的重要载体,用函数的思想去认识和表达变量间的关系是数学核心素养的一部分。一次函数是学生学习的第一个函数,通过对它的图像和性质的探究,不但要学习它的相关知识点,还要培养研究函数的方法。

学生在上一节已经学习完正比例函数的图像和性质,本节课的学习需要类比正比例函数的研究方法。所以该设计侧重学生通过对比与正比例函数解析式的不同猜想其性质,发展学生合情推理的能力,由数推形的意识。为了落实性质,则在应用环节不断追问推理依据,也使学生养成代数推理也要步步有据的意识。

一次函数与面积问题[①]

一、教学内容

本节课是在学习完一次函数之后进行的专题复习课,是学习一次函数及其

[①] 案例来源：北京市八一学校附属玉泉中学杨琳。

应用后的巩固与延伸,为高中乃至以后学习更多函数打下坚实的理论和思想方法基础。函数是初中数学中的一个重点,一次函数在中考中占有重要的地位,主要考察一次函数关系式的确定、图像和性质的分析以及实际应用等。一次函数与面积问题,是考查学生综合素质和能力的热点题型,已成为中考命题的焦点。它充分体现了数形结合思想、分类讨论思想和方程思想。通过本节课的学习,学生的几何直观素养可以得到提升,同时可以有效地进行代数推理的训练。

二、学情分析

从知识储备上看,学生已较好地掌握了一次函数的定义、图像和性质以及一次函数与一元一次方程、二元一次方程组之间的关系,会求简单图形的面积。从学科能力看,学生学习理解能力较好,但代数推理、创造迁移能力较弱。从成长需求看,学生对数学比较感兴趣,有较强的求知欲,大部分同学在解决一个问题后,能产生满足感。从学生发展需求看,学生不愿意听老师讲知识,更愿意通过自己思考得出答案,体验成功的乐趣。

一次函数与面积的相关问题,学生以前没有接触过,学生不知道怎么通过一次函数的解析式去求三角形的边长,从而求出图形的面积。另外,对于四边形或三条边都不与坐标轴平行(不在坐标轴上)的三角形的面积的求法会有一定困难。最后,已知三角形的面积求点的坐标的动点问题,学生容易丢一个解,另外学生不容易想到方程的方法。解决这类问题的关键是要把相关线段的长与恰当的点的坐标联系起来,灵活地将待求图形的面积进行分割,即选择一条恰当的直线,将三角形(四边形)分割成若干个便于计算面积的三角形,在利用方程的方法求点的坐标时,强调点的坐标与线段的长度不一样,点的坐标可正可负,线段的长度一定是正的,强调用点的坐标表示线段的长度一定要加绝对值。

三、教学目标

(1) 学生能利用一次函数解析式求三角形或四边形的面积,能利用面积求点坐标或函数解析式。

(2) 在已知一次函数解析式求图形面积或已知图形面积求函数解析式的过程中体会数形结合思想、化归思想、方程思想。

四、教学重难点

教学重点:根据一次函数解析式求三角形或四边形的面积,会根据面积求点坐标或函数解析式。

教学难点:不规则图形面积的计算,根据面积求点的坐标。

五、教学过程

环节一：复习引入

问题 1：

(1) 如图 8.1 所示，直线 $y=-2x+2$ 与 x 轴、y 轴分别交于点 A,B，请你说出 A,B 坐标。

(2) 直线 $y=-2x+2$ 与直线 $y=2x$ 的交点坐标是_____。

(3) 如何求△AOB 的面积？

师生活动：教师引导学生复习直线与坐标轴的交点的求法、两直线交点坐标的求法，然后提出本节课要研究的问题。学生思考问题 1 的第(1)、(2)问并回答，通过第(3)问明确本节课要研究的主要问题。

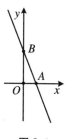

图 8.1

设计意图：复习本节课用到的知识点，并提出本节课要研究的问题，练习求直线与 x 轴、y 轴交点坐标，两直线交点坐标，为解决本节课要研究的面积问题进行知识上的铺垫。

环节二：探索新知

问题 2：如图 8.1 所示，已知直线 $y=-2x+2$ 与 x 轴、y 轴分别交于点 A，B，如何求△AOB 的面积？

师生活动：教师提问，给出一次函数解析式如何求三角形的面积。学生先独立思考，然后请有思路的同学讲解，同学之间互相启发，共同完成，最后学生归纳，教师板书(如图 8.2 所示)由一次函数解析式求图形面积的方法。

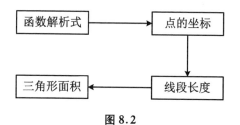

图 8.2

设计意图：问题 1 中的△AOB 有两条边在坐标轴上，是一个直角三角形。由直线与坐标轴的交点坐标，可以求出直角边的长度，进而求出△AOB 的面积。通过问题 1，学生归纳出由一次函数解析式求三角形面积的方法，即由函数解析式求出点的坐标，点的坐标转化为线段长度，再求三角形的面积，使学生的代数推理过程更加清晰。

问题 3：如图 8.3 所示，直线 $y=-2x+2$ 与直线 $y=2x$ 在同一平面直角坐标系内交于点 P。

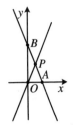

图 8.3

(1) 求两直线与 x 轴围成的三角形面积；
(2) 求两直线与 y 轴围成的三角形面积。

师生活动：教师引导学生思考，三角形的三条边选哪条边做底，容易求出三角形的面积。学生观察后，思考得出，选在坐标轴(或平行于坐标轴)的线段做三角形的底边，容易求出三角形的面积。

设计意图：问题 2 是有一条边在坐标轴上的三角形，通过问题 2，学生可以体会要求三角形的面积，要选择在坐标轴上(平行于坐标轴)的边作为底去求三角形的面积，而此时的高可通过两条直线的交点坐标求得。

问题 4：如图 8.4 所示，直线 $y=2x+6$ 交 x 轴、y 轴于点 D,C，与直线 $y=-2x+2$ 交于点 P，求四边形 $DOBP$ 的面积。

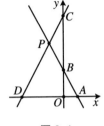

图 8.4

师生活动：学生独立思考，然后小组交流求四边形面积的方法，最后班级师生共同分享四边形面积的不同求法。讨论过后，教师再提出问题：① 连接 AC，如何求 $\triangle ACP$ 的面积？② 如果求四边形或三边都不平行于坐标轴的三角形面积，应该怎么处理？学生思考后回答上面问题，教师对板书进行如下补充，如图 8.5 所示。

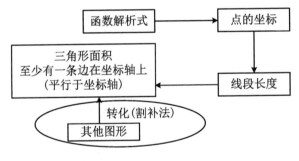

图 8.5

设计意图：问题 4 运用割补的方法求四边形的面积，强调了转化的思想方法。学生在求解图形面积的过程中，阐述并书写自己的求解过程，对代数推理能力得以训练。另外，学生从不同的角度求出四边形的面积，互相交流，有利于学生发散思维的培养，体验解决问题方法的多样性，发展创新意识。

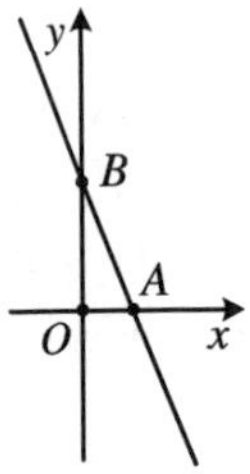

环节三：拓展提升

问题 5：如图 8.6 所示，已知：点 B 是 y 轴上一动点，点 A 坐标为 $(1,0)$。

图 8.6

(1) 当点 B 在 y 轴上运动时,△OAB 的面积如何变化?

(2) 当点 B 运动到什么位置时,△OAB 的面积为 1,求此时直线 AB 的解析式。

师生活动:对于第(1)小问,请学生来回答变化过程,然后教师演示几何画板,动态演示运动结果。对于第(2)小问,学生一般会由面积求出 OB 长度,确定点 B 坐标,再求 AB 解析式。学生回答这种解题思路后,教师补充板书如图 8.7 所示。

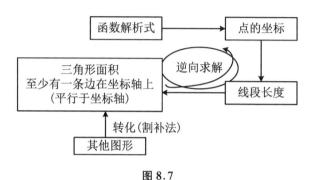

图 8.7

然后教师再引导学生思考是否可以进行正向推理,学生可以根据以往的经验,想到设未知数,让未知数参与运算,从而列出方程。教师补充板书如图 8.8 所示。

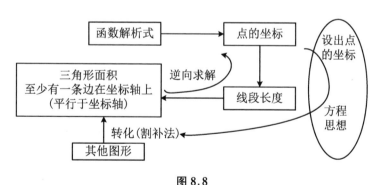

图 8.8

设计意图:问题 5 中第(1)小问,B 点在 y 轴上运动,学生思考△OAB 如何变化,从而培养学生用运动与变化的眼光去观察和研究事物。第(2)小问,由第(1)小问△OAB 变化规律可知,应分 B 点在 y 轴正半轴和 y 轴负半轴两种情况进行讨论,所以直线 AB 应有两条,这是活动 2 的逆向思考,由面积确定线段长度,转化为点的坐标,再求解析式,强调由线段转化为点的坐标有两种情况。然后再问学生是否能正向思考,从而启发学生用方程的方法解决问题。问题 5 第(2)小问可以从逆向推理得出结论,也可以通过方程的方法从正向推理能到结论,正反两个方向的求解过程可以让学生对代数推理有更深刻的理解。

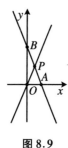

图 8.9

问题6:如图8.9所示,已知直线 $y=-2x+2$ 分别交两坐标轴于 A,B 两点,P 是直线 AB 上一个动点,当点 P 运动到什么位置时,$\triangle OPA$ 的面积为 $\frac{1}{2}$。

师生活动:学生先独立思考,然后请同学回答。

设计意图:问题6点 P 在直线 AB 上运动,点 P 也可以有两个位置,由 $\triangle OPA$ 面积可以求出 $\triangle OPA$ 的高,转化为点 P 的纵坐标时,有两种情况,可正可负。另外也可以用方程的方法,设出点 P 的坐标,根据面积关系列方程,解方程。

环节四:归纳总结

问题7:本节课你有什么收获?

师生活动:学生归纳总结本节课所学内容和方法,教师进行点评补充。

设计意图:对本节课所学的数学知识和方法进行归纳总结。

六、教学设计说明

一次函数是中学阶段接触到的最简单、最基本的函数,也是中考必考的知识点,一次函数有关面积问题体现出的数形结合思想,以及在求解过程中运用的代数推理是初学函数的学生较为薄弱的地方。所以本节课对本专题进行训练,进一步渗透数形结合思想,提高学生的代数推理能力。通过本节课的学习,大部分学生能通过一次函数解析式求出图形的面积,由图形面积求一次函数解析式,教学目标基本达成。整节课脉络清晰,符合学生的思维过程。从简单的正向推理入手,层层深入,然后条件结论互换,运用逆向推理解题,最后运用方程的方法,逆向问题用正向推理解决,条理清晰。学生在思考的过程中,经历分析问题、解决问题的过程,学习体验知识之间的联系,在教师的引导下总结通性通法,提高了学生探索问题,归纳概括的能力,提高了代数推理能力,发展了创新意识。

二次函数的对称性[①]

一、教学内容

北京中考代数综合题一般是对二次函数对称性和增减性的考查。学生在完成时有一定的困难,例如不能从题干中有效提取信息,并高效处理信息,即将

---

① 案例来源:北京市八一学校附属玉泉中学李佳。

题干中的文字信息转化为图形语言并进行合理地代数推理。因此,本节课的实施目的有两个,一是从知识的角度,希望学生能够通过二次函数性质的深入研究,对对称性和增减性的认识实现从定性到定量的过渡;二是从能力的角度,希望学生通过本节课的学习,能够对这一类型题目形成相对完整的思维链条,提升他们的几何直观与代数推理能力。此外,本节课的实施会进一步加强学生对数形结合、分类讨论等数学思想的认知。

二、学情分析

学生对二次函数的对称性和增减性已有一定理解与应用,同时也具备一定的探究能力。但学生在面对二次函数的综合类题目中,分析问题的能力有待加强,尤其将题目的文字信息,转化为对函数图像的认识,进而进行代数推理。

三、教学目标

(1) 根据二次函数图像上任意两点函数值的数量关系,探究这两个点自变量与对称轴之间的数量关系。

(2) 再次经历二次函数性质的探究过程,体会数形结合、分类讨论等思想方法。

(3) 体会多角度研究数学问题与代数推理的必要性。

四、教学重难点

教学重点:根据二次函数图像上任意两点函数值的数量关系,探究这两个点自变量与对称轴之间的数量关系。

教学难点:用二次函数的性质解决综合性问题。

五、教学过程

环节一:二次函数性质的应用

问题1:在平面直角坐标系 xOy 中,点 $M(1,4)$, $N(3,4)$ 在抛物线 $y=ax^2+bx+c(a>0)$ 上,设抛物线的对称轴为直线 $x=t$。求 t 的值?

师生活动:教师抛出问题,学生独立完成。

设计意图:从学生熟练的简单的问题着手,回顾二次函数的对称性,为接下来的研究做好准备。

环节二:二次函数性质的探究

问题2:在平面直角坐标系 xOy 中,$M(x_1,y_1)$, $N(x_2,y_2)$ 为抛物线 $y=ax^2+bx+c(a>0)$ 上任意两点,其中 $x_1<x_2$,若抛物线的对称轴为 $x=1$,当 x_1,x_2 为何值时,$y_1=y_2=c$。

师生活动:此问题的解决中学生有可能利用数形结合解决问题;也可能用纯粹的代数推理的思路解决。教师对这两种解决问题的方法予以分析。

设计意图:此问题在环节一的基础上,将点的坐标一般化。同时,给出了对称轴和函数值的相等关系,探究自变量的值,为后一问题的研究做好了铺垫。

问题3(变式1):在平面直角坐标系 xOy 中,$M(x_1,y_1),N(x_2,y_2)$ 为抛物线 $y=ax^2+bx+c(a>0)$ 上任意两点,其中 $x_1<x_2$,若抛物线的对称轴为 $x=t$,当 x_1,x_2 与 t 有什么关系时,$y_1=y_2$?

师生活动:学生在问题2的基础上,继续尝试用"数形结合"与"代数推理"的方法独立完成。

设计意图:该问题是上一问题的变式,对称轴从已知到未知,从求自变量的值到探究自变量与对称轴的关系。从特殊到一般的过程,既是对利用数形结合方法解决问题的一种锻炼,更是对如何多角度、多方法探究此类问题的一种培养。

问题4(变式2):在平面直角坐标系 xOy 中,$M(x_1,y_1),N(x_2,y_2)$ 为抛物线 $y=ax^2+bx+c(a>0)$ 上任意两点,其中 $x_1<x_2$,若抛物线的对称轴为 $x=t$,当 x_1,x_2 与 t 有什么关系时,$y_1<y_2$?

师生活动:如何从相等关系过渡到不等关系。学生小组讨论,教师引导学生从"形"和"数"的角度感知变化。

设计意图:此问题,在上一个问题中相等关系的基础上,演变为不等关系,进一步让学生体会函数值的大小关系,可以转化为对称轴与自变量的距离关系。

环节三:二次函数性质的再应用

(2022年北京)在平面直角坐标系 xOy 中,点 $(1,m),(3,n)$ 在抛物线 $y=ax^2+bx+c\ (a>0)$ 上,设抛物线的对称轴为直线 $x=t$。

(1)当 $m=n$ 时,求 t 的值;

(2)点 $(x_0,m)(x_0\neq1)$ 在抛物线上。若 $m<n<c$,求 t 的取值范围及 x_0 的取值范围。

师生活动:教师引导学生完成。

设计意图:教师这里将本节课所学加以应用,起到巩固提升的作用。进一步地,以中考题目为例,也让学生提高解决问题的能力,增强从容面对考试的信心。

环节四:二次函数性质小结

知识层面:根据抛物线上两个点的函数值的数量关系,利用对称性和增减性找到横坐标之间与对称轴之间的数量关系。

(1) $y_1 = y_2 \xLeftrightarrow{\text{对称性}} |t-x_1|=|x_2-t|$。

(2) $y_1 < y_2 \xLeftrightarrow[\text{增减性}]{\text{对称性}} |t-x_1|<|x_2-t|$。

思想方法层面:数形结合、分类讨论。

设计意图:此环节是本节课探究结果的提炼,该结论的提炼为学生后续解决二次函数相关问题提供了知识的储备和方法的工具。

环节五:课后作业

(2021年北京)在平面直角坐标系 xOy 中,点 $(1,m),(3,n)$ 在抛物线 $y=ax^2+bx(a>0)$ 上,设抛物线的对称轴为直线 $x=t$。

(1) 若 $m=3, n=5$ 时,求该抛物线的对称轴。

(2) 已知点 $(-1,y_1),(2,y_2),(4,y_3)$ 在该抛物线上,若 $mn<0$,比较 y_1, y_2, y_3 的大小,并说明理由。

六、教学设计说明

所谓数形结合即在前面"形"研究的基础上,用"数"(函数的语言及符号)来表达,从而完成以形助数、以数解形的过程,最终实现学生对题目的多维理解,提升他们的代数推理能力。本课中的探究所提出的问题,学生有数形结合与纯粹的代数推理两种解决问题的视角。而部分习惯使用几何直观来说明问题的学生,大多通过观察图像直接给出答案,这点不可取。因此,本节课重在明确这里的"形—函数图像"是几何图形或几何符号,是研究几何问题的出发点,也是几何直观感受的载体,接下来我们要进一步对函数图像对几何特征进行分析,进而得到函数的代数特征。相信通过本节课的学习,学生的代数推理的必要性有深刻的体会,同时对解决该类问题形成一个完整的思维链条。

二次函数复习[①]

一、教学内容

本节课作为初三第一轮复习课,主要目的是梳理基本数学知识,构建知识网络,有效提高学生的认知水平,巩固并优化解决问题的方法,从而提高学生的数学素养和代数推理能力。在构建知识网络环节,通过学生对二次函数解析式的分析,推理出其对应的性质,再通过画示意图进行验证,从而将二次函数解析式的特点与图像的特点对应起来,达到见数知形、见形知数的目的。通过对二

---

① 案例来源:北京市八一学校附属玉泉中学胡雁宇。

次函数的探索和深化,亲自参与"知识再发现"的过程,不断完善认知结构,提升代数推理的能力。本节课的知识准备与教学内容如图 8.10 所示。

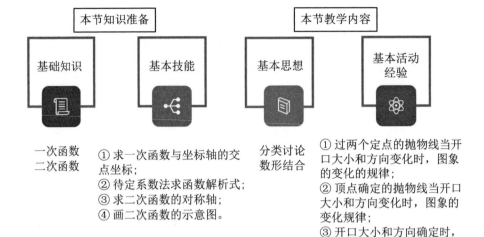

图 8.10　本节课的知识准备与教学内容

二、学情分析

学生第一轮复习基本结束,学生对函数基础知识有了一定的认识和一定的分析能力,但由于学生基础薄弱,所以解决综合问题的能力尚需提高,二次函数相关问题,在中考中属于代数综合的范畴,对学生解决综合问题的能力有较高要求,只有将难点分解,各个击破,在已知和求解之间搭足台阶,引导学生自行解决问题。能力的提升则需要给学生提供更多的时间和空间参与"知识的再发现"的过程,让学生自己去"悟",从而完成从感性到理性的提升。

三、教学目标

(1) 对确定的二次函数,能利用解析式得到关键元素(对称轴、顶点、与 x 轴的交点、与 y 轴的交点及它关于对称轴的对称点),并很快画出它的示意图。

(2) 对含参二次函数的探索和深化,学生亲自参与"知识再发现"的过程,不断完善认知结构(通过分析解析式,明确参数对图像的影响,画出示意图)。

(3) 培养学生在解决函数问题的过程中,遵循"数—数—形"这个思维规律将含参二次函数的解析式翻译成示意图,再按"形—形—数"的顺序解决应用问题,体会数形结合、分类讨论解决函数问题的思想方法,不断提升代数推理的能力。

四、教学重难点

教学重点:能很快识别出含参二次函数中传达的信息,找出其中的定元素(形状、对称轴、顶点、与坐标轴的交点等),理解参数的变化对图像的影响。

教学难点:能通过含参二次函数的解析式分析其性质,画出其示意图(动图)。

五、教学过程

环节一:问题引入

教师活动:二次函数解析式的三种形式?

学生活动:回忆并回答相关问题。

设计意图:复习旧知,为本节课的研究内容做铺垫。

环节二:探索新知

任务 1:在图 8.11 上画出二次函数 $y = x^2 - 2x - 3$ 的图像。

学生活动:在学案上画图。

设计意图:通过一个具体的抛物线解析式,复习抛物线图像的画法,让学生清楚顶点(对称轴)与 x 轴交点、与 y 轴交点及关于对称轴的对称点是确定图像的关键点。

任务 2:分小组探究下列二次函数的图像,并画出示意图,每组请一个同学代表大家汇报结论。

(1) $y = (x - 1)^2 + m$;

(2) $y = (x - m)^2 - 4$;

(3) $y = a(x - 1)^2 - 4 (a \neq 0)$。

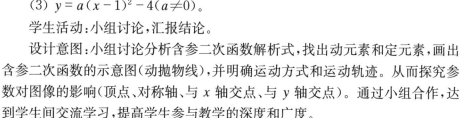

图 8.11

学生活动:小组讨论,汇报结论。

设计意图:小组讨论分析含参二次函数解析式,找出动元素和定元素,画出含参二次函数的示意图(动抛物线),并明确运动方式和运动轨迹。从而探究参数对图像的影响(顶点、对称轴、与 x 轴交点、与 y 轴交点)。通过小组合作,达到学生间交流学习,提高学生参与教学的深度和广度。

环节三:应用

教师活动:已知抛物线 $G: y = x^2 - 4x + c$,直线 $l: y = -1$。

(1) 若直线 l 与抛物线有两个交点,求 c 的取值范围;

(2) 若直线 l 与抛物线相交所成线段 $AB = 2$,求 c 的值。

学生活动:
(1) 数—形—数:化成顶点式,并分析解析式,说出抛物线的关键特点(对称轴定、开口方向定、开口大小定,顶点是直线 $x=2$ 上的动点),将抛物线和直线的示意图画出来。

(2) 方法 1:形—数—数:将"直线 l 与抛物线有两个交点"翻译成方程组有两个解的问题,从而翻译成"$\Delta>0$"问题;方法 2:数—形—数:依据抛物线顶点是直线 $x=2$ 上的动点,将"直线 l 与抛物线相交所成线段 $AB=2$"翻译成坐标 $A(1,-1)$,$B(3,-1)$,从而代入解析式求解。

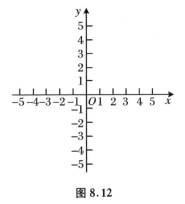

图 8.12

设计意图:方法的建构:含参二次函数的解析式为一般式时,要先化成顶点式,再分析其关键元素;类型的建构:开口大小及方向定、对称轴定,顶点纵坐标不定。

教师活动:在平面直角坐标系 xOy 中,已知抛物线 $y=ax^2-4ax+3a$。

(1) 求抛物线的对称轴;

(2) 过点 $T(0,t)$(其中 $1\leqslant t\leqslant 2$),且垂直 y 轴的直线 l 与抛物线交于 M,N 两点,若对于满足条件的任意 t 值,线段 MN 的长都不小于 1,结合函数图像(图 8.12),直接写出 a 的取值范围。

学生活动:利用公式求出对称轴;将解析式化成两根式,并画出示意图;将"若对于满足条件的任意 t 值,线段 MN 的长都不小于 1"翻译成图像,找出临界位置,写出 a 的取值范围。

教师活动:几何画板展示 a 的变化对图像的影响,如图 8.13 所示。

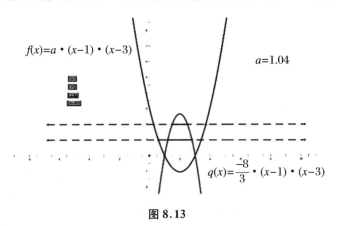

图 8.13

设计意图:引导学生分析解析式,提取信息,提升代数推理的能力;依据推理结论画出示意图,并利用图像解决问题,使学生充分体会数形结合的重要性。方法的建构:二次函数的解析式为一般式,且每项的系数均为同一个字母的单项式时,最好化为交点式,再提取信息,画出示意图;类型的建构:顶点定、对称轴定,开口大小及方向不定时,需要按 a 的符号进行讨论。

环节四:同步作业

(1) 作业目标

① 对确定的二次函数,能很快画出它的示意图。

② 对含参二次函数,并通过分析它的解析式,明确参数对图像的影响,画出示意图。

③ 利用二次函数的图像,数形结合、分类讨论解决简单综合问题。

(2) 设计思路

① 通过练习,能很快识别出含参二次函数中传达的信息,找出其中的定元素(形状、对称轴、顶点、与坐标轴的交点等),理解参数的变化对图像的影响。

② 能画出含参二次函数的示意图。

③ 培养数形结合、分类讨论的意识。

(3) 具体内容

说明:以下题组依据近几年的中考题对二次函数的考察方式进行改编,由于学生基础差,所以用小题将难点分散,循序渐进地提升学生分析问题、解决问题的能力,培养学生数形结合、分类讨论的意识,提升学生代数推理的能力。

题组一:解析式定,与动线段的交点问题。

① 直线 $y=t$ 与二次函数 $y=x^2+4x+3$ 有两个/一个/没有交点,求 t 的取值范围;

② 点 $A(t,0),B(0,0)$,求 t 的取值范围,使得线段 AB 与 $y=x^2+4x+3$ 有一个/没有交点;

③ 点 $A(t,0),B(t+1,0)$,求 t 的取值范围,使得线段 AB 与 $y=x^2+4x+3$ 有一个交点;

④ 点 $A(-1,a),B(-4,a)$,求 t 的取值范围,使得线段 AB 与 $y=x^2+4x+3$ 有一个/没有交点。

题组二:开口大小和方向定,顶点纵坐标定,对称轴变的抛物线与定线段的交点问题。

点 $A(-4,0),B(0,0)$,求 a 的取值范围,使得线段 AB 与抛物线 $y=x^2+2ax+a^2-1$ 有交点。

题组三:开口大小方向、对称轴定,顶点纵坐标不定的抛物线与定线段的交点问题。

点 $A(-4,0),B(0,0)$,求 a 的取值范围,使得线段 AB 与 $y=x^2+2x+a$

有一个交点。

题组四:顶点和对称轴定,开口大小和方向不定的抛物线与定线段的交点问题。

① 点 $A(-4,0)$,$B(0,4)$,求 a 的取值范围,使得线段 AB 与 $y=ax^2+4ax+4a+1$ 有一个交点;

② 点 $A(-1,3)$,$B(-4,3)$,求 a 的取值范围,使得线段 AB 与 $y=ax^2+4ax+3a$ 有一个交点。

六、教学设计说明

代数推理因其抽象性和综合性而处于初中数学思维的制高点,能力的提升不能一蹴而就,在教学中要尊重学生的思维与认知特点,逐步提高代数推理要求:七年级重在引导学生从特殊到一般寻找规律;八年级借助图形直观渗透代数推理;九年级以函数为载体,分析法与综合法相结合研究代数推理。所以,教学中要化抽象为直观,将代数推理的结论通过直观形象解释,这是帮助学生理解的好方法。

函数解析式是研究函数性质的核心载体,函数图像是运用函数的解析式研究出函数性质之后画出来的,是函数性质的直观表达,称之为函数示意图。从函数本质出发研究函数的逻辑是:先有函数的解析式,利用函数的解析式研究函数的性质,再将抽象的函数性质直观化,画出函数的示意图理解函数的性质。

二次函数是初中考查学生代数推理能力的重要载体,在二次函数的教学中,对于含参的解析式,让学生想象出其对应的函数图像,对于给定的图像,则能够想象出其对应的解析式。教学的过程是培养学生能力的过程,而能力的形成是一个缓慢的过程,有其自身的特点和规律,需要学生自己"悟"出其中的道理、规律和思考方法等。这种"悟"的过程只有在数学活动中才能得以进行。因而,教学设计必须能给学生提供探索、交流的空间,组织、引导学生经历观察、实验、猜想、证明等数学活动。

本节课要达到的目的是让学生看到解析式可以有条理的分析其性质,说出其对应图像的特征,并可以很熟练地画出其示意图,再借助图像解决相关问题。培养学生化抽象为直观,再借助直观解决函数问题的能力。该教学设计增加了小组活动环节,希望学生之间充分交流,力图加深学生对二次函数的理解,发展学生的几何直观和逻辑推理能力。例题应用的过程则是给学生提供探索的载体,经历了观察、思考、讨论、汇报、总结提升等五个阶段,力图使学生的代数推理由意识层转变到能力层。为了攻克难点,我将重要的知识点拆成一个一个的小问题,编成例题和课后习题,促使学生不断思考,逐个击破难点。

反比例函数的图像和性质[①]

一、教学内容

认识反比例函数是描述具有反比例变化规律的数学模型,反比例函数与一次函数、二次函数的最大区别是自变量不能取零,在 $x=0$ 没有定义,函数值不能取零,因此它的图像在原点处断开,其图像分布在 x 轴两侧、y 轴两侧,描述其变化规律时,需要分 $x>0$ 和 $x<0$ 两种情况,不能在整个自变量取值范围内描述。通过对反比例函数解析式的分析,得到反比例函数图像的特征:① 在 $x=0$ 这点没有定义,因此函数的自变量 $x\neq 0$,从而分析出函数图像有两支;② 通过分析表格中的数据得到反比例函数 y 随 x 变化的趋势,分析出图像的从左到右的走向;③ 通过观察解析式的特点,并计算验证,分析出图像关于直线 $y=x$ 对称和关于原点对称的特征;最后画图验证并归纳其性质。通过对反比例函数的研究,使学生对函数的认识进一步加深。探究反比例函数性质时,体会"数"与"形"的相互转化,理解函数图像的特点是由解析式的特点决定的,研究函数最重要的就是研究其解析式。本节课是新授课,学生是第一次接触反比例函数,在学习具体知识点的过程中也要学习探索研究未知函数的方法,有效提高学生的认知水平,不断完善认知结构,巩固并优化解决问题的方法,从而提高学生的数学素养和代数推理能力。

二、学情分析

学生已经学过正比例函数和一次函数、二次函数;学生在探究反比例函数的图像与性质的同时,巩固研究函数的一般方法,学会画图之前对解析式进行分析,从而对函数图像的大致形状和走向做到心中有数,可以将解析式的特点与图像的特点对应起来,提高数形结合的能力;学生应经历从实际问题中抽象出反比例函数关系式,并类比已学函数研究未知函数的图像和性质,再利用所学解决实际问题的过程。

三、教学目标

(1)认识反比例函数是描述具有反比例变化规律的数学模型,培养数学抽象的能力。

(2)能结合具体情境体会反比例函数的意义,能根据已知条件确定反比例

[①] 案例来源:北京市八一学校附属玉泉中学胡雁宇。

函数的解析式,培养逻辑推理能力和数学运算能力。

(3) 能依据具体的反比例函数的解析式分析其性质,初步分析出函数图像的大致形状及走向,再描点画出图像进行验证,探索研究未知函数的方法。

(4) 通过对具体反比例函数的探索研究总结出一般反比例函数的性质,培养学生数学抽象的素养,提升学生代数推理的能力,对反比例函数的理解完成了从感性认识到理性认识的转变。

(5) 应用反比例函数概念、性质解决实际问题,让学生从实际问题中抽象出反比例函数关系,建立反比例函数模型,增强学生应用数学知识解决问题的意识,感受到数学的应用价值。

四、教学重难点

教学重点:由反比例函数的解析式,探究反比例函数的性质。

教学难点:对"$x \neq 0$"的理解,以及在 $x = 0$ 这点没有定义。

五、教学过程

环节一:复习旧知,引入新知

问题1:反比例函数的定义是什么?举几个反比例函数的解析式。

学生活动:回忆并回答相关问题。

设计意图:复习旧知识,为本节课的研究内容做铺垫。

问题2:对反比例函数 $y = \dfrac{k}{x}(k \neq 0)$ 的图像及性质,我们该如何分类研究它?

学生活动:思考并回答相关问题。

设计意图:提出问题,引发思考,类比正比例函数的研究方法,培养分类研究的意识。

环节二:新知探究

问题3:自变量 x 的取值范围是什么?对应到函数图像上会有什么特点?y 的取值范围是什么?对应到函数图像上会有什么特点?

学生活动:交流探讨,得出结论:① 由于 $x \neq 0$,图像与 y 轴无不相交;② 因为 $k \neq 0$,所以 $y \neq 0$,图像与 x 轴也无交点。

猜想:反比例函数图像是两支曲线,分布在两个象限。

设计意图:反比例函数不同于一次函数、二次函数,它最重要的特点是自变量的取值不是全体实数。通过探究反比例函数的图像和性质,学习研究未知函数的方法:先研究其自变量的取值范围和函数值的范围,由此分析出函数图像在平面直角坐标系中的位置。

探究1:探究 $y=\dfrac{6}{x}$ 的图像及性质。

问题4:图像会分布在哪两个象限呢?为什么?

学生活动:根据 $xy=6>0$,分析出 x 与 y 同号。

猜想:图像分布在第一、三象限。

问题5:填写表8.3。

表8.3

x	...	-6	-5	-4	-3	-2	-1	1	2	3	4	5	6	...
$y=\dfrac{6}{x}$	...													...

追问:根据表格数据发现:点(-6,-1),(-1,-6),(1,6),(6,1)均在图像上,你能由此说出对应的图像特点吗?

学生活动:点(-6,-1)与点(6,1)关于原点对称;点(-1,-6)与点(1,6)关于原点对称。

猜想:图像关于原点对称。

理由:因为 $xy=(-x)(-y)=6$,所以若点 (x,y) 在图像上,则它关于原点的对称点 $(-x,-y)$ 也一定会在图像上,点(-6,-1)与点(-1,-6)关于 $y=x$ 对称,点(1,6)与点(6,1)关于 $y=x$ 对称。

猜想:图像关于 $y=x$ 对称。

理由:因为 $xy=yx=6$,所以若点 (x,y) 在图像上,则它关于 $y=x$ 的对称点 (y,x) 也一定会在图像上。

追问:通过表格数据分析函数值 y 随 x 的变化而变化的趋势?

学生活动:当 $x<0$ 时,y 随 x 的增大而减小;当 $x>0$ 时,y 随 x 的增大而减小。

猜想:图像的左支从左到右呈下降趋势,图像的右支从左到右呈下降趋势。

追问:图像是直线或射线或线段吗?为什么?

学生活动:图像是曲线,因为 y 随 x 的变化而变化不是匀速的。

追问:图像与坐标轴无交点,那么在靠近坐标轴的时候图像的趋势如何呢?为什么?

学生活动:当 x 无限趋近于0时,$\left|\dfrac{6}{x}\right|$ 无限大;当 x 的绝对值特别大时,$\left|\dfrac{6}{x}\right|$ 则无限趋近于0。

猜想:图像向左和向右无限接近 x 轴,永远不与 x 轴相交;向上和向下无限接近 y 轴,永远不与 y 轴相交(图8.14)。

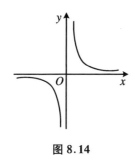

图 8.14

设计意图:通过分析解析式的特点,猜想函数图像在平面直角坐标系中的分布情况和变化趋势,将函数图像的特点和解析式的特点对应起来,对反比例函数性质的理解更加深刻。经历观察、猜想、证明的过程,提升学生的代数推理能力。

探究 2:画出反比例函数 $y=\dfrac{6}{x}$ 的图像。

(1) 自变量的取值范围见表 8.4。

(2) 列表见表 8.4。

(3) 描点、连线。

表 8.4

x	...	-6	-5	-4	-3	-2	-1	1	2	3	4	5	6	...
$y=\dfrac{6}{x}$	...													...

学生观察图像,得出结论:$y=\dfrac{k}{x}$($k>0$)的图像和性质,自变量取值范围:$x\neq 0$,图像是关于原点对称的两条双曲线(图 8.15)。

探究 3:研究 $k<0$ 时的图像及性质,画出 $y=-\dfrac{6}{x}$ 的图像。

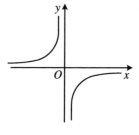

图 8.15

学生活动:法一:同例 1;法二:$y=-\dfrac{6}{x}$ 与 $y=\dfrac{6}{x}$ 关于 x 轴对称,所以可以根据对称性画出。

自主归纳:反比例函数 $y=\dfrac{k}{x}$($k\neq 0$),自变量取值范围:$x\neq 0$,图像是关于原点对称的两条双曲线。

设计意图:通过描点画图验证猜想,并根据图像归纳出反比例函数的性质,加深对反比例函数的认识。

环节三:知识应用

习题 1:反比例函数 $y=-\dfrac{1}{x}$ 的图像大致是( )。

习题 2:函数 $y=\dfrac{1}{3x}$ 的图像在第_____象限,在每个象限内,y 随 x 的增大而_____。

习题 3:反比例函数 $y=\dfrac{2a-1}{x}$,

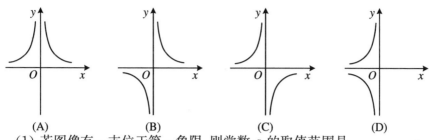

(A)　　　　(B)　　　　(C)　　　　(D)

（1）若图像有一支位于第一象限，则常数 a 的取值范围是_____；

（2）若当 $x>0$ 时，y 随 x 的增大而增大，则常数 a 的取值范围是_____。

设计意图：通过对性质的直接应用，加深对反比例函数性质的理解。

教学活动：例题应用

例1　已知反比例函数的图像经过点 $A(2,6)$。

（1）这个函数的图像位于哪些象限？y 随 x 的增大而如何变化？

（2）$B(3,4)$，$C\left(-2\dfrac{1}{2},-4\dfrac{4}{5}\right)$，$D(2,5)$ 是否在这个函数的图像上？

设计意图：第（1）小问可以根据点 A 在第一象限推理出图像位于第一、三象限，也可以用待定系数法求出解析式，再依据 k 的符号说出相应的性质；第（2）小问最优方法就是直接计算 xy 的值，等于12则为图像上的点；通过分析的过程，体会最优方法来源于对函数性质的深入理解。

例2　反比例函数 $y=\dfrac{3m-1}{x}$ 的图像如图 8.16 所示，$A(-1,n_1)$，$B(-2,n_2)$ 是该图像上的两点。

（1）求 m 的取值范围；

（2）比较 n_1 和 n_2 的大小；

（3）若点 $C\left(\dfrac{1}{2},b_1\right)$，$B\left(-\dfrac{1}{3},b_2\right)$ 也在该图像上，比较 b_1 和 b_2 的大小；

图 8.16

（4）在这个函数图像上任取两点 $A(x_1,y_1)$，$B(x_2,y_2)$，，如果 $x_1<x_2$，试比较 y_1 和 y_2 的大小。

例3　已知反比例函数 $y=\dfrac{6}{x}$，当 $1<x<3$ 时，求 y 的取值范围。

设计意图：利用函数图像比较函数值的大小可以更加直观地理解函数的增减性。

环节四：课后测试

（1）反比例函数 $y=-\dfrac{4}{3x}$ 的图像在（　　）。

A. 第一、三象限　　　　B. 第一、二象限
C. 第二、四象限　　　　D. 第三、四象限

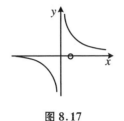

图 8.17

(2) 已知反比例函数 $y=\dfrac{1-2m}{x}$ 的图像如图 8.17 所示,则 m ＿＿＿＿。

(3) 若点 $A(-1,m)$,$B(-2,n)$ 在反比例函数 $y=\dfrac{k}{x}$ ($k>0$)的图像上,则 m ＿＿＿＿ n(填">""<"或"="号)。

(4) 若点 $(-2,y_1)$,$(1,y_2)$,$(2,y_3)$ 都在反比例函数 $y=\dfrac{1}{x}$ 的图像上,则下列结论正确的是(　　)。

A. $y_1>y_2>y_3$　　　　B. $y_2>y_1>y_3$
C. $y_3>y_1>y_2$　　　　D. $y_3>y_2>y_1$

(5) 若函数 $y=\dfrac{k}{x}$ 的图像在第一、三象限,则函数 $y=kx-3$ 的图像经过(　　)。

A. 第二、三、四象限　　　　B. 第一、二、三象限
C. 第一、二、四象限　　　　D. 第一、三、四象限

(6) 以下各图表示正比例函数 $y=kx$ 与反比例函数 $y=\dfrac{-k}{x}$ ($k<0$)的大致图像,其中正确的是(　　)。

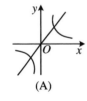 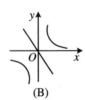 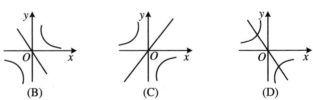 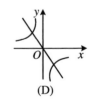

(A)　　　　(B)　　　　(C)　　　　(D)

六、教学设计说明

代数推理因其抽象性和综合性而处于初中数学思维的制高点,能力的提升不能一蹴而就,反比例函数是义务教育阶段学习的最后一个函数,学生通过前面的学习已经具备了一定的经验,教学内容安排在九年级下学期,我们以反比例函数为载体,在探究其性质的过程中加入代数推理进行严谨的证明。函数解析式是研究函数性质的核心载体,函数图像是运用函数的解析式研究出函数性质之后画出来的,是函数性质的直观表达,称之为函数示意图。从函数本质出发研究函数的逻辑是:先有函数的解析式,利用函数的解析式研究函数的性质,

再将抽象的函数性质直观化,画出函数的示意图,理解并归纳函数的性质。

本节课是初中阶段研究的最后一个函数,本节力求使学生对函数解析式的特点(数)与其图像特征(形)之间的一一对应关系有一个更深入的认识,也进一步巩固研究函数的一般方法,在教学的过程中,学生通过解析式分析出函数图像分别在两个象限,并利用表中数据分析出其所处的象限以及增减趋势,使得描点之前已对图像有了大概的认识,描点过程就比较容易,对函数的学习就更加看重数的分析。本节课要达到的目的是让学生看到未知函数的解析式可以有条理的分析其性质,说出其对应图像的特征,并可以很熟练地画出其示意图,再借助图像解决相关问题。培养学生化抽象为直观,再借助直观解决函数问题的能力。

本节课是笔者第一次尝试着在初中课堂上从分析解析式入手研究函数性质,学生基础相对比较差,但在分析解析式时的表现让我很是惊喜,把几乎所有的性质都推出来了。让同学们在"做一做"和"议一议"中学习如何从解析式入手分析函数性质,培养由数推形的能力,为以后进一步学习函数做准备。本节课让我反思,教师只有不断更新自己的教学观念,以创造性的教学劳动唤起学生的学习数学的创新意识,提高学生学习数学的积极性,让学生充分从事数学探究活动,发挥学生学习的自主性、主动性,才能让学生在探索中不断地发展。

函数的图像[①]

一、教学内容

恩格斯说:"笛卡儿变数的出现,是数学中的一个转折点,从此运动和辩证法进入了数学。"人教版数学八年级下册第 19 章所讨论的对象是一次函数,就是从运动变化和联系对应的角度认识函数,是对已学函数概念的延伸。函数的表示法之一是图像法,图像是直观地描述和研究函数的重要工具。函数的图像和性质是函数研究的主体内容,通过对函数图像和性质的研究,从数量和图形两个角度及其相互联系中,显示出函数的本质特征是联系和变化的,这是函数教学的主线。作为初等函数的起始章节,教学力求能在具体的数学内容中渗透体现变化与对应和数形结合的思想,使学生能潜移默化地感触函数内容中最基本的东西,在对数学思想方法的学习方面有所收获。

《义务教育数学课程标准(2011 年版)》对本节课的要求是:体会"变化与对

---

① 案例来源:北京市八一学校王秀丽。

应"的思想,初步掌握函数的三种表示方法(列表法、解析法和图像法),能利用函数图像,数形结合地分析简单的函数关系。《义务教育数学课程标准(2022年版)》对"函数"主题的内容要求是:① 能结合图像对简单实际问题中的函数关系进行分析;② 能用适当的函数表示法刻画简单实际问题中变量之间的关系。

二、学情分析

在"第7章 平面直角坐标系"中,学生已能够根据已知点的坐标在坐标系中描出点的位置,以前我们曾多次提到数学思想方法是通过数学知识的载体来体现的,而对于它们的认识需要一个较长的过程,既需要教材的渗透,也需要教师的点拨,最后还需要学生自身的感受和理解。结合本节内容可以对数形结合的方法顺势自然地理解,并逐步加以灵活运用,发挥从数和形两个方面共同分析解决问题的优势。本次授课班级的学生思维活跃,勤于动脑,语言能力强,擅长从图像上获取相应的生活信息,但相对细心程度不够,不习惯书写,希望本次授课能利用细致的画图过程,真正地解决学生的动静结合问题,培养学生用心思考和动手实践能力。

三、教学目标

(1) 会用描点法画简单函数的图像;初步了解函数的三种表示方法。

(2) 学生经历观察、猜想、动手实践画图的过程,学会函数图像的基本画法,渗透数形结合思想。

(3) 通过细心画图,培养严谨细致的学习作风;在活动过程中,养成独立思考、合作交流的学习习惯,体验获得成功的乐趣;在与他人的交流过程中,初步形成评价与反思的意识。

四、教学重难点

教学重点:画简单函数的图像,初步掌握描点法画图的一般步骤。

突破重点的方法:根据函数概念中的"对应"关系确定自变量和函数值,描点画图。

教学难点:数学思想方法的理解和运用。

突破难点的方法:从数和形两个方面共同分析解决问题。

五、教学过程

图8.18为教学过程流程图。

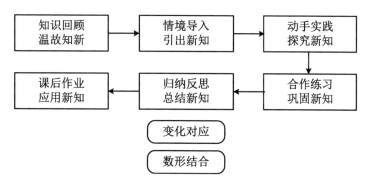

图 8.18 教学过程流程图

环节一:知识回顾,温故知新

问题 1:复习常量、变量、函数的概念;回顾教材 73 页的两个思考题(如图 8.19 所示)。

 思考

(1) 图 19.1-2 是体检时的心电图,其中图上点的横坐标 x 表示时间,纵坐标 y 表示心脏部位的生物电流,它们是两个变量.在心电图中,对于 x 的每一个确定的值,y 都有唯一确定的值与其对应吗?

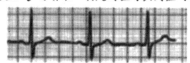

图 19.1-2

(2) 下面的我国人口数统计表(表 19-2)中,年份与人口数可以分别记作两个变量 x 与 y. 对于表中每一个确定的年份 x,都对应着一个确定的人口数 y 吗?

表 19-2 中国人口数统计表

年 份	人口数/亿
1984	10.34
1989	11.06
1994	11.76
1999	12.52
2010	13.71

图 8.19

师生活动:用数学语言概括描述常量、变量和函数;观察图像和表格,获得关于常量和变量以及函数的相关信息,初步体会函数的三种表达方式。

设计意图:通过复习函数的概念,理解变量之间的单值对应关系,两道思考题分别用图像和表格表示变量间的对应关系,帮助学生从不同角度理解抽象的函数概念,并为学习本节课的函数图像的识图、画图做准备。

环节二:情景导入,引出新知

问题2:图8.20是自动测温仪记录的图像,它反映了北京的春季某日气温 T 如何随时间 t 的变化而变化。

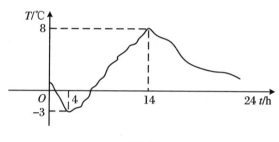

图 8.20

师生活动:开放式的问题设计,学生从不同角度观察这个图像,结合生活经验,获得信息,教师引导学生从变化的角度看气温随时间的变化情况,如由这个图像可以得到以下相关信息:

(1) 这一天中在什么时间有最高气温和最低气温,分别是多少摄氏度。

(2) 在哪一时间段气温呈上升趋势,哪一时间段气温呈下降趋势。

(3) 从图像上能否判断,气温 T 和时间 t 函数。

设计意图:这个"思考"的活动是为学习由图像分析函数的变化趋势而设计的,由图像分析数量变化规律是研究问题的方法之一。通过坐标系中曲线上的点的坐标反映两个变量之间的对应关系,这种表示方法将数量关系直观化、形象化,从而可以数形结合地研究问题。

环节三:动手实践,探究新知

问题3:已知正方形的边长为 x,面积为 S;思考:

(1) 写出 S 与 x 之间关系的表达式。

(2) 面积 S 是不是边长 x 的函数?其中自变量 x 的取值范围是什么?

(3) 从式子 $S=x^2$ 来看,边长 x 越大,面积 S 也越大,能否用图像直观地反映出来呢?

(4) 自变量与函数值的对应关系还可以用什么样的形式来体现?

师生活动:根据正方形面积公式回答上述问题,得出结论:函数关系式为 $S=x^2$,因为 x 代表正方形的边长,所以自变量 $x>0$,将每个 x 的值代入函数式即可求出对应的 S 值。如果我们在直角坐标系中,将所填表格中的自变量 x 及对应的函数值 S 当作一个点的横坐标与纵坐标,即可在坐标系中得到一些点。

问题4:动手实践计算并填写表8.5。

表8.5

x	0.5	1	1.5	2	1.5	3
S						

问题:思考一下,表示 S 与 x 的对应关系的点有多少个? 如果全在坐标系中描出的话是什么样子? 可以讨论一下,然后发表你们的看法,建议大家不妨动手画画看。

学生活动:这样的点有无数多个,如果全描出来太麻烦,也不可能。我们只能描出其中一部分,然后根据点的走势猜想其他点的位置,用光滑曲线连接起来。

教师活动:很好! 这样我们就得到了一幅表示 S 与 x 关系的图(如图8.21所示),图中每个点都代表 x 的值与 S 的值的一种对应关系,如点(2,4)表示 $x=2$ 时,$S=4$。

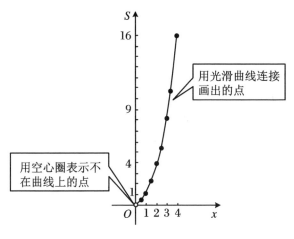

图8.21

问题5:归纳小结。一般地,对于一个函数,如果把自变量与函数的每对对应值分别作为点的横、纵坐标,那么坐标平面内由这些点组成的图形,就是这个函数的图像,图8.21中的曲线即为函数 $S=x^2(x>0)$ 的图像。

通过上面的画图实践经历,引导学生归纳描点法画函数图像的有哪些步骤。

描点法画函数图像的一般步骤:① 列表。在自变量取值范围内选定一些值。通过函数关系式求出对应函数值列成表格。② 描点。在直角坐标系中,以自变量值为横坐标,相应函数值为纵坐标,描出表中对应各点。③ 连线。按照坐标由小到大的顺序把所有点用平滑曲线连接起来。

设计意图:以课本例题中的实际生活为素材,使学生感受到数学来源于生活,激发学生学数学的兴趣,师生共同参与合作,完成几个问题的探讨。通过列表法画函数图像,加强对基础知识和基本技能的掌握,提高基本能力。通过画图理解刻画函数的三种表达方式,文字语言(函数的概念)、图形语言(函数的图像)、符号语言(函数的表达式),体会数学语言对学习数学知识的重要性,领会和掌握函数图像的意义和画法,培养学生的实践探究能力,注重引导学生观察、归纳、概括。

环节四:合作练习,巩固新知

问题6:用描点法画出函数 $y = x + 0.5$ 和函数 $y = \dfrac{6}{x}(x>0)$ 的图像。

教师活动:启发引导学生完成练习,然后请同学上讲台板演,师生相互交流。

学生活动:独立思考并与同伴交流,归纳画出函数图像的方法。

(1) 从函数 $y = x + 0.5$ 的表达式可看出(如图 8.22 所示),x 取任意实数式子都有意义,所以 x 的取值范围是全体实数。从 x 的取值范围中选取一些数值,算出 y 的对应值。列表见表 8.6。

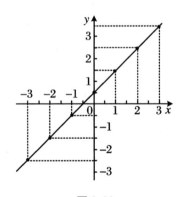

图 8.22

表 8.6

x	…	-2	-1	0	1	2	…
y	…	-1.5	-0.5	0.5	1.5	2.5	…

(2) 从函数 $y = \dfrac{6}{x}(x>0)$ 的表达式可以看出,自变量的取值为 $x>0$ 的实

数,即正实数。按条件选取自变量值,并计算 y 值,列表见表8.7。

表8.7

x	…	0.5	1	1.5	2	2.5	…
y	…	12	6	4	3	2.4	…

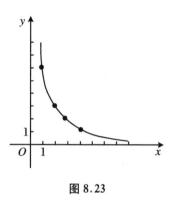

图8.23

据表中数值描点(x,y)并用光滑曲线连接这些点,就得到图像。如图8.23所示。

从函数图像可以看出,曲线从左向右下降,即当 x 由小变大时,$y=\dfrac{6}{x}$ 随之减小。

学生活动:在教师引导下,积极思考、大胆参与、探求答案,掌握画图像的方法。

活动结论:通过练习,进一步巩固加深函数图像的绘制过程。

师生活动:观察上面活动中的三个函数图像,寻找图像的特征,包括:图像的形状,所在的象限,自变量的取值范围,增减性以及最值等,师生互动、学生互动,总结出本节课的知识点,教师在学生总结的基础上进行概括、完善。

设计意图:让学生学会函数图像的绘制过程,教师要充分发挥学生的主观能动性,引导学生通过合作交流和动手操作切身体会函数的绘制,为后续研究各种函数的性质作铺垫。

① 通过图像进一步认识函数意义;② 体会图像的直观性、优越性;③ 提高对图像的分析能力、认识水平;④ 掌握函数变化规律。

环节五:归纳反思,总结新知

通过本节课的学习:对自己说,你有哪些收获?对同学说,你有哪些提示?对老师说,你有哪些疑惑?

设计意图:通过师生活动,较全面地总结本节课的知识点。学生总结之后,教师给出系统的知识结构,有助于学生记忆、理解和应用。

环节六:课后作业,应用新知

(1) 画出函数 $y=2x-1$ 的图像。

(2) 判断点$(1,1),(-1,0),(-2,3)$是否在函数 $y=2x-1$ 的图像上。

(3) 若点 $P(m,9)$ 在函数 $y=2x-1$ 的图像上,求 m 的值。

设计意图:课后作业让学生亲身体验数学来源于生活,并利用数学知识和方法解决实际问题。

六、教学设计说明

1. 本节课的亮点

(1) 在"环节一"的知识回顾中,重新回顾教材中"思考"的两个问题,从生活中常见的图像入手,贴近生活常识,简单易懂;在"环节二"情境导入中,尝试将教材中的思考和引例的顺序做一个调整,从生活中的实际问题情境引入,将气温随时间的变化图像获取的信息设置为开放式的问题,给学生预留更多的思考和发散的空间,最终引导学生用数学语言从几个方面归纳论述获得信息和图像的特征,为后面研究函数的基本性质作铺垫;在授课时将"思考"和"引例"交换了一个顺序,教学过程设计画图本着由特殊到一般的规律,用"问题串"的形式以引导学生的数学思维活动;为节省时间,提高效率,事先给学生准备好坐标纸。

(2) "问题6"同时抛出两个问题,用描点法画出函数 $y = x + 0.5$ 和函数 $y = \dfrac{6}{x}$ ($x>0$) 的图像,有利于从多个角度体会对比两个函数的解析式、自变量的取值范围、图像的形状特征和性质的不同,以形助数,突出运动变化和数形结合的思想方法,是后续研究具体函数的基础。函数概念本身比较抽象,突破这个难点的方法是借助图像加深对函数概念的理解。这种表示方法的产生,将数量关系直观化、形象化,提供了数形结合研究问题的重要方法,这在数学发展中具有重要地位。

(3) "环节五"的归纳反思,小结学过的知识,从三个不同的角度引导学生梳理本节课的知识,总结收获提示和疑惑。对于描点法画函数图像的一般步骤进行了归纳,为后面画几种常见的函数图像打下基础,这对后续学习很重要,同时,通过学习函数的三种表示方法,理解刻画数学模型的三种语言。学习了本节课之后不仅要知道有关函数的图像,更要体验图像的作用和数形结合的方法。数学思想方法是具体的数学知识的灵魂,数学思想方法对一个人的影响往往要大于具体的数学知识。

2. 需要改进的地方

(1) 在本节课的教学和学习中,不能仅仅着眼于具体题目的解题过程,而应不断加深对相关数学思想方法的领会,从整体上认识问题的本质。教学过程中,在函数解析式与图像的结合方面应有细致的安排设计,注意二者的互补作用,体现二者的联系,突出二者间的转化对分析解决问题的特殊作用。

(2) 注意:画函数图像时,要明确函数图像的意义,规范画图像的要求:① 关于列表:如何取点,省略号意义;可让学生自己取,然后谈经验,明确要求;② 关于描点连线:从左到右(自变量从小到大),多取点看趋势;③ 学生容易出现问题要提前有预设:自变量取值有遗漏,不标注坐标轴,两轴单位长度不统一,不标注解析式,不用平滑曲线连接等。

(3) 函数图像可以更加形象直观地掌握函数关系,借助函数图像表示函数关系,可以让学生从整体上直观形象地掌握函数的变化。

3. 对本节课的再思考

"函数"关联的核心素养:函数在"数与代数"领域占有非常重要的地位,在数学思维上是一个飞跃,从本质上看,函数是变量之间一种对应的依赖关系。通过函数的图像获取信息,用数学的眼光发现问题并提出(转化为)数学问题,用数学的思维探索、分析和解决具体情境中的现实问题,用数学的语言描述、解释和评估问题。

本章是学习函数的第一阶段,重点在于初步认识函数概念,并具体讨论最简单的初等函数——一次函数。本章教学力求能在具体的数学内容中渗透体现变化与对应的思想,使学生能潜移默化地感触函数内容中最基本的东西,在对数学思想方法的学习方面有所收获。函数的图像以几何形式直观地表示变量间的单值对应关系,是研究函数的重要工具。学习函数的图像不仅要了解它的一般意义和作法,更重要地是了解其中包含的数形结合地研究问题的思想,学习如何使用这种工具讨论函数。

随着现代信息技术的不断进步,画函数图像的手段已迅速发展,使用计算机或具有画图功能的计算器可以方便地画出某些函数的图像。但是,使用这些工具代替不了经历使用描点法的感受,要对函数的图像形成正确的理解,离不开亲历描点法画函数图像的过程。

函数的单调性[①]

一、教学内容

函数是现代数学最基本的概念,是描述客观世界中变量关系和规律的最为基本的数学语言和工具,在解决实际问题中发挥重要作用。函数是贯穿高中数学课程的主线,函数性质的学习是培养学生思维能力的关键。通过对数形结合、分类讨论、转化等数学思想运用,进一步提升学生数学抽象、逻辑推理、数学运算的学科素养。

二、学情分析

此阶段的学生具有一定的理性分析能力和概括能力,已掌握了函数的定义

[①] 案例来源:北京市八一学校附属玉泉中学郑雪。

以及基本要素,对一次函数、二次函数、反比例函数的知识内容有较充分的认识,并且熟悉由观察到抽象的数学活动过程,但不太喜欢单纯的数学知识,而是喜欢对专业有帮助的数学知识,愿意尝试新事物。

三、教学目标

(1) 理解函数单调性概念,并能作简单的函数单调性的判断及应用。

(2) 借助函数图像,会用符号语言表达函数的单调性、理解它们的作用和实际意义。

(3) 培养学生细心观察、认真分析、严谨论证的良好思维习惯,培养学生数形结合的思想。

(4) 让学生在观察、思考、发现中学习,进而体会解决问题的乐趣。

四、教学重难点

教学重点:函数单调性的概念;函数单调性的判断。

教学难点:运用定义判断函数的单调性。

五、教学过程

环节一:创设情境,引入概念

问题1:回顾我们上节课对函数相关概念的学习,判断此图像是函数图像吗?

师生活动:

同学A:函数的定义域为[0,24],值域为[-2,9],一天中最高气温为9℃,最低气温为-2℃。

同学B:0~4时气温下降,4~14时气温上升,而14~24气温又下降。

教师根据学生的回答情况,提取关于函数变化趋势的观点,引导学生回忆他们初中已经学过的三种函数。

设计意图:让学生更好地参与课堂,活动设计过程中,首先以日常生活中的气温变化为例,让同学们对函数抽象的理解能具体化,并能体会数学来源于生活,又应用于生活。

问题2:教师根据学生的回答情况,提取关于函数变化趋势的观点,引导学生回忆他们初中已经学过的三种函数,提出问题:观察它们的图像,同样具备此种变化趋势,请分别说明是如何变化的?

师生活动:

同学C:图8.24中一次函数的图像,y随着x的增大而减小,呈下降趋势;图8.25中的二次函数的图像,以对称轴为界,对称轴左侧y随x的增大而减小,对称轴右侧,y 随 x 的增大而增大,整体呈先上升后下降的趋势;图 8.26 中反比例函数的图像,在 $(-\infty,0)$ 上 y 随 x 增大而减小,在 $(0,+\infty)$ 上 y 随 x 的增大而减小。

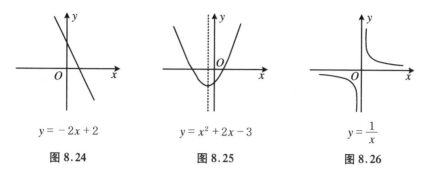

$y=-2x+2$　　　　$y=x^2+2x-3$　　　　$y=\dfrac{1}{x}$

图 8.24　　　　　　图 8.25　　　　　　图 8.26

设计意图:以初中阶段学过的三种函数为例,不但帮助学生寻找易接受的"平台",也能真正帮助学生建构起初高中数学知识的联系。

环节二:观察归纳,形成概念

问题 3:我们刚才已经对函数的单调性做了定性的分析,现在如何从"量"的角度来刻画这种性质,你能给出一个确切的定义来吗?

师生活动:教师引导学生从数学抽象符号的角度来描述上述的上升和下降趋势,与学生们共同总结归纳函数单调性的概念,学生认真思考,遵循教师的引导,体会"数形结合"的思想,并能深入理解函数图像的变化趋势是如何转变为文字叙述的(图 8.27)。

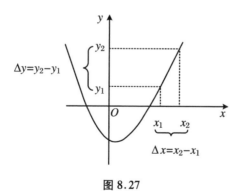

图 8.27

设计意图:帮助学生牢固掌握函数单调性的含义,并注重引导学生对定义中关键词的理解,与此同时,培养学生抽象的概括能力和逻辑推理能力,为后续数学学科的学习奠定了基础。教师层层深入提出问题,学生根据教师的诱导,思考问题并积极回答问题,加深对定义的理解,并且通过由数到形、由形到数的过程,可使学生加深对本节内容的理解。

问题4：x_1, x_2 的选取有什么要求吗？（存在？任意？）

师生活动：注重 x_1, x_2 选取的"任意"性，实际上，可以采取让变量 x "动起来"，突出函数单调性是函数本身具备的一般性质，帮助学生们理解新知识，并引导学生共同板书定义，然后强调定义中的几点注意。

设计意图：加强学生对定义的理解，突破易错环节，形成系统的知识体系，为函数性质的学习奠定了方法，对函数性质的应用达到本质的理解，增强学生的函数代数意识。

环节三：例题分析，应用定义

问题5：教师演示课件并提出问题：证明函数 $f(x) = 2x + 1$ 在 $(-\infty, +\infty)$ 上是增函数。

师生活动：教师引导学生抓住函数单调性的关键步骤，规范书写步骤，并总结证明函数的单调性的方法：① 取值；② 作差变形；③ 定号；④ 下结论。学生认真思考，小组交流，进行思维碰撞，教师解答疑惑，最后师生共同配合，整理解题思路：

证明：任取 x_1, x_2，且设 $x_1 < x_2$，则

$\Delta x = x_2 - x_1 > 0$

$\Delta y = f(x_2) - f(x_1)$

$\quad = 2(x_2 - x_1) > 0$

所以函数 $f(x) = 2x + 1$ 在 $(-\infty, +\infty)$ 上是增函数。

设计意图：帮助学生熟练运用函数单调性的定义，体会证明函数的单调性的步骤以及数形结合思想在函数中应用，通过不同题型的转换，夯实基础，巩固课堂新知识，并培养学生数学问题与实际联系的意识。

问题6：自主练习：证明函数 $f(x) = \dfrac{1}{x}$ 在 $(-\infty, 0) \cup (0, +\infty)$ 上是减函数。

师生活动：教师着重注意学生的书写规范情况，并给予正确的指导，对去黑板板演的学生给予适当的鼓励与评价，对出现的问题及时给予纠正。学生独自练习，并要求学生去黑板板演证明过程。

证明：任取中的 x_1, x_2，设 $x_1 < x_2$。

$\Delta x = x_2 - x_1 > 0$

$\Delta y = f(x_2) - f(x_1)$

$\quad = \dfrac{1}{x_2} - \dfrac{1}{x_1} = \dfrac{x_1 - x_2}{x_1 x_2}$

又 $x_1 - x_2 < 0, x_1 x_2 > 0$，则可得 $\Delta y < 0$。

所以函数 $f(x) = \dfrac{1}{x}$ 在 $(-\infty, 0)$ 上减函数。

设计意图：通过对实例的研究，也能使学生对数学的高度抽象性、严密的逻

辑性和广泛的应用性有进一步的认识,培养学生分析、解决问题的能力。通过师生互动、学生互动,让学生体会成功的愉悦,培养学生热爱数学的态度,提高数学学习的兴趣,树立学好数学的信心。

环节四:课后测试(可选)

测试题:

(1) 证明 $f(x) = x^2 - 2x$ 在 $(1, +\infty)$ 单调递增。

(2) $f(x)$ 的定义域为 $(0, +\infty)$,且对于一切 $x > 0, y > 0$ 都有 $f\left(\dfrac{x}{y}\right) = f(x) - f(y)$,当 $x > 1$ 时有 $f(x) > 0$。

① 求 $f(1)$;

② 判断 $f(x)$ 的单调性并证明;

③ 若 $f(6) = 1$,解不等式 $f(x+5) - f\left(\dfrac{1}{x}\right) < 2$。

学生作答:

(1) 证明:任取 $x_1, x_2 \in (0, +\infty)$,不妨设 $x_1 < x_2$,则 $\Delta x = x_2 - x_1 > 0$,
$$\Delta y = f(x_2) - f(x_1) = (x_2^2 - 2x_2) - (x_1^2 - 2x_1)$$
$$= x_2^2 - x_1^2 = (x_2 - x_1)(x_2 + x_1)$$

又 $x_2 - x_1 > 0, x_2 + x_1 > 0$,所以 $\Delta y > 0$。

所以,$f(x) = x^2 - 2x$ 在 $(1, +\infty)$ 上单调递增。

(2) ① 令 $x = y = 1$,则 $f(1) = f(1) - f(1) = 0$,所以 $f(1) = 0$。

② 任取 $x_1, x_2 \in (0, +\infty)$,且 $x_1 < x_2$,则 $f(x_2) - f(x_1) = f\left(\dfrac{x_2}{x_1}\right), x_2 > x_1 > 0$,所以 $x_2 > x_1 > 0, \dfrac{x_2}{x_1} < 1$,故 $f\left(\dfrac{x_2}{x_1}\right) > 0$,所以 $f(x_2) - f(x_1) > 0$,即 $f(x_2) > f(x_1)$。所以,函数 $f(x)$ 在 $(0, +\infty)$ 上是增函数。

③ 略。

测试意图:学习函数的单调性,很大程度上能帮助学生打开学习函数性质的大门,在测试环节设计典型试题,不仅能加强双基的训练,也能促进知识的灵活运用,突出知识整合,进而考查学生的综合能力,由易到难,由浅入深,实现学生学科能力进阶。

六、教学设计说明

函数具有代数与几何双重身份。从代数角度来讲,函数的解析式是研究函数性质的主要载体,通过函数解析式得到函数性质的过程可以有效帮助学生培养数学抽象思维能力,然而从几何角度来看,函数图像却又能够提供更直观的变化趋势与规律,帮助学生更好地理解所面临的抽象的函数问题。因此,在引导学生进行理解函数问题的思维活动时,要遵循函数思维特征,在开展解决函数问题的思维活动时,要依据解决函数问题的思维规律进行,将代数与几何有机地结合在一起。

本节课是一节概念课,以生活中的温度变化为学习背景,拉近学生与新知识之间的距离,激发学生的学习兴趣,生动形象地展示函数曲线的变化趋势,促进学生的描述与理解,经过不断师生合作、学生合作,从特殊到一般,运用数形结合思想,从理解到生成定义,提升了学生的参与度,也为课堂教学提供更多的可能性。从知识、能力、情感多角度凸显函数的单调性的重要性。

事实上,函数单调性的本质便是利用解析的方法来研究函数图像的性质,因此,如何将图形特征用严谨的数学语言来刻画是本节课的难点之一;另一难点是学生在高中阶段第一次接触代数证明,如何进行严格的推理论证并完成规范的书面表达,围绕以上两大难点,我着重注意了以下几个问题:

(1) 重视学生的亲身体验。一是将新旧知识建立联系,如:学生对一次函数、二次函数和反比例函数的认识,学生对"y 随 x 的增大而增大"的理解;二是运用新知识尝试解决新问题。

(2) 重视学生的发现过程。如:充分暴露学生将函数图像(形)得到特征转化为函数值"数"的特征的思维过程;充分暴露在正、反两个方面探讨活动中,学生认知结构升华、发现的过程。

(3) 重视学生的动手实践过程。通过对定义的解读、巩固,让学生动手去实践运用定义。

(4) 重视课堂问题的设计。通过对问题的设计,引导学生解决问题。

(5) 重视学生小组合作学习。允许学生在课堂中交流讨论,共同解决问题,并将小组合作学习情况作为本节课的教学评价之一。

对数的运算性质[①]

一、教学内容

本节课是高中数学必修第二册第四章"4.2.2 对数的运算法则",是在系统学习研究函数的一般方法、指数的概念及运算性质,基本掌握指数函数的概念及性质的基础上引入的,既是指数有关知识的承接和延续,又是后续研究对数函数、探讨函数应用的基础。对数是中学数学的重要内容之一。具体来说,它是在学生学习了指数的基础上进行的,是对指数的运用与巩固,对数的运算

---

① 案例来源:北京市八一学校曹梦娟。

性质更是对指数的运算性质的运用;同时,对数的学习为对数函数的学习做好充足的准备,起到承前启后的作用。本节内容无论是传承,还是数学思想方法的强化渗透,都具有非常重要的奠基作用。

复习对数的定义,回顾对数与指数的联系与转化,进而猜测对数的运算性质与指数的运算性质的相关性;列举指数的运算性质,并推导出对数的运算性质;例题巩固,尝试对数运算性质的应用;在学习过程中进行猜想得出规律,再进行证明,体现了化归的数学思想。

二、学情分析

经历了义务教育阶段学习的高一学生,思维正处于由经验型向理论型过渡的转型期,思维的发散性与聚敛性基本成型,已具有研究函数和从事简单数学活动的能力,加之指数及指数函数等知识铺垫,对于本单元学习奠定了必要的知识和经验基础。在这些基础上,学习了对数的概念。通过对大量对数式化简的总结归纳,发现对数的基本性质和恒等变形公式有 $\log_a 1 = 0$, $\log_a a^n = n$, $\log_a a = 1$, $a^{\log_a N} = N$。

学生思维活跃,求知欲强,但在思维习惯上还不够严谨,逻辑不够清晰,需要教师合理的引导,充分发挥学生主动性,创设疑问,主动思考,归纳总结,逻辑验证,逐步解决问题。学生已经掌握了指数的相关知识,虽然学习了对数的定义和有关恒等式,但是相比之下,对数的理解和运算还相对陌生,难度较大。本节更注重已有知识的运用,从而获得新知识,补充已有的知识结构。

三、教学目标

(1) 通过实例发现并推导对数的运算性质,准确地运用对数的运算性质进行运算,求值、化简,并掌握化简求值的技能。通过对数的运算性质的推导,巩固指数的运算性质,熟练指数与对数的转化。

(2) 经历对数的运算性质的推导,运用类比的数学思想,猜想并证明三个运算性质,尝试运用性质求解例题,体验对数的运算性质的运用。

(3) 由指数、对数的联系入手,善于寻求事物之间的联系;在知识探究的过程中养成合理猜想、大胆探索和实事求是的精神,感受学习数学的乐趣。

四、教学重难点

教学重点:对数运算性质及其推导过程。
教学难点:对数运算性质发现过程及其证明,指对数符号的理解。

五、教学过程

环节一:复习巩固,引入问题

(1) 对数的概念:一般地,如果 a 的 x 次方等于 $N(a>0$ 且 $a\neq 1)$,那么数 x 叫作以 a 为底 N 的对数(logarithm),记作 $x = \log_a N$。其中,a 叫作对数的底数,N 叫作真数。

(2) 指数式与对数式的关系(图 8.28)。

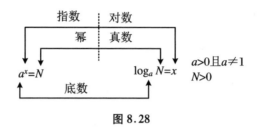

图 8.28

(3) 重要公式:

负数和零没有对数(指数式中 $N>0$)。

$\log_a 1 = 0$;$\log_a a^n = n$;对数恒等式 $\log_a a = 1$;$a^{\log_a N} = N$。

(4) 指数的运算性质(积、商、幂):

$$a^m \cdot a^n = a^{m+n}(m, n \in \mathbf{R})$$
$$(a^m)^n = a^{mn}(m, n \in \mathbf{R})$$
$$(ab)^n = a^n \cdot b^n(n \in \mathbf{R})$$

问题 1:对数运算是否有上述指数运算同样的结论?

设计意图:通过对数的定义、指数式与对数式的关系、重要公式的复习,回顾对数的形成过程,加深指数式和对数式的互化意识。复习指数的运算性质,为对数的运算性质的发现和推导做准备。同时,暗含对数运算性质的研究方向:积、商、幂。

环节二:合作探究,猜想归纳

计算下列对数式的值:① $\log_2 8$;② $\log_2 32$;③ $\log_2(8 \times 32)$;④ $\log_2\left(\dfrac{8}{32}\right)$。

答案:① 3;② 5;③ 8;④ -2。

问题 2:③④与①②的真数有何联系?结果呢?猜想一下,是否蕴含一般性的结论?

观察归纳:③的真数是①②真数的积,计算结果是①②的和,即 $\log_2(8 \times 32) = \log_2 8 + \log_2 32$;④的真数是①②真数的商,结果是①②的差,即 $\log_2\left(\dfrac{8}{32}\right) = \log_2 8 - \log_2 32$。

猜想:如果 $a>0, a\neq 1, M>0, N>0$,有 $\begin{cases}\log_a(MN) = \log_a M + \log_a N \\ \log_a\left(\dfrac{M}{N}\right) = \log_a M - \log_a N\end{cases}$。

证明: $\log_a(MN) = \log_a M + \log_a N$。

方法 1:由 $a^m \cdot a^n = a^{m+n}(m, n \in \mathbf{R})$,令 $a^m = M>0, a^n = N>0$,则 $m = \log_a M, n = \log_a N$。所以 $a^m \cdot a^n = a^{m+n} = MN$。由对数的定义得: $m + n = \log_a(MN) = \log_a M + \log_a N$。

方法 2:令 $\log_a M = m, \log_a N = n$,则 $a^m = M>0, a^n = N>0$。所以 $MN = a^m \cdot a^n = a^{m+n}$。由对数的定义得: $m + n = \log_a(MN) = \log_a M + \log_a N$。

在上述证明过程中,我们运用了等价转化的数学思想,这两种代数推理方法的论证角度不同。方法 1 从指数的运算性质入手,通过对数的定义得到对数的运算性质;方法 2 先通过假设,将对数式化成指数式,并利用指数的运算性质进行变形,然后再根据对数定义将指数式化成对数式。

简易语言表达"积的对数等于对数的和",真数的范围是 $(0, +\infty)$。

证明: $\log_a\left(\dfrac{M}{N}\right) = \log_a M - \log_a N$。

方法 1:由 $\dfrac{a^m}{a^n} = a^{m-n}(m, n \in \mathbf{R})$,令 $a^m = M>0, a^n = N>0$,则 $m = \log_a M, n = \log_a M$。所以 $\dfrac{a^m}{a^n} = a^{m-n} = \dfrac{M}{N}$。由对数的定义得 $m - n = \log_a\left(\dfrac{M}{N}\right) = \log_a M - \log_a N$。

方法 2:令 $\log_a M = m, \log_a N = n$,则 $a^m = M>0, a^n = N>0$。所以 $\dfrac{M}{N} = \dfrac{a^m}{a^n} = a^{m-n}$。由对数的定义得 $m - n = \log_a\left(\dfrac{M}{N}\right) = \log_a M - \log_a N$。

简易语言表达"商的对数等于对数的差",真数的范围是 $(0, +\infty)$。

设计意图:本节没有直接给出对应的对数运算法则,而是力图通过让学生观察—归纳—猜想—证明,由学生独立思考探究。通过分小组进行讨论,最后得出结论。通过讨论的方式,让学生自己得出结论,从而能更好地理解和掌握对数的运算性质。培养学生的观察能力和思考能力以及类比、分析、归纳的能力。最后,引导学生利用指数的运算性质将归纳的结论进行严谨论证,从而得到对数的运算性质。这是本节课的难点。

问题 3:针对指数式的运算性质,"积的对数等于对数的和""商的对数等于对数的差",那么"幂"的对数等于什么呢?

猜想并证明: $\log_a M^n = n \log_a M (n \in \mathbf{R})$。

方法 1:由 $\log_a(MN) = \log_a M + \log_a N$,不难看出,这个结论可以推广到真数

为有限多个正因数相乘的情形,即 $\log_a(M_1M_2\cdots M_n) = \log_a M_1 + \log_a M_2 + \cdots + \log_a M_n$。特别地,当正因数全部相等时,可得 $\log_a M^n = n\log_a M$($n \in \mathbf{N}^*$)。问题是 $n \in \mathbf{R}$ 是否成立呢?

方法 2:由 $(a^m)^n = a^{mn}$($m, n \in \mathbf{R}$),令 $a^m = M > 0$,则 $m = \log_a M$。所以 $M^n = a^{mn}$。由对数的定义得:$mn = \log_a M^n = n\log_a M$。

方法 3:令 $\log_a M = m$,则 $a^m = M > 0$。所以 $M^n = a^{mn}$。由对数的定义得:$mn = \log_a M^n = n\log_a M$。

简易语言表达"幂的对数等于对数的 n 倍",真数的范围是 $(0, +\infty)$。

设计意图:这一性质较前两条而言,难度增加,但基本步骤仍未改变,学生已经熟悉。先由学生尝试自己推导,教师引导,提升学生能力。

问题 4:$\log_a\left(\dfrac{M}{N}\right) = \log_a M - \log_a N$ 还有其他的证明方法吗?

方法 3:"除法是乘法的逆运算","积的对数等于对数的和","幂的对数等于对数的 n 倍",则有 $\log_a\left(\dfrac{M}{N}\right) = \log_a\left(M\dfrac{1}{N}\right) = \log_a M + \log_a\dfrac{1}{N} = \log_a M + \log_a N^{-1} = \log_a M - \log_a N$。

设计意图:这一证明方法进一步让学生体会代数推理之间的关系,结论的灵活运用。

学生总结:积、商、幂的对数运算法则。如果 $a > 0, a \neq 1, M > 0, N > 0$,有

$$\log_a(MN) = \log_a M + \log_a N$$

$$\log_a\left(\dfrac{M}{N}\right) = \log_a M - \log_a N$$

$$\log_a M^n = n\log_a M \ (n \in \mathbf{R})$$

说明:① 简易语言表达,便于理解和记忆。② 任何情况下,必须满足真数的范围是 $(0, +\infty)$。③ 可以正用和逆用公式。

环节三:性质运用,巩固新知

例 1 下列等式,其中 $a > 0$ 且 $a \neq 1, M > 0, N > 0$ 且 $M > N$。

① $\log_a(M+N) = \log_a M + \log_a N$;

② $\log_a\dfrac{M}{N} = \dfrac{\log_a M}{\log_a N}$;

③ $\log_a\dfrac{\sqrt{M}}{N} = \dfrac{1}{2}\log_a M - \log_a N$;

④ $\log_a(MN) = \log_a M \cdot \log_a N$;

⑤ $\log_a(M-N) = \log_a M - \log_a N$;

⑥ $\log_2[(-3)(-5)] = \log_2(-3) + \log_2(-5)$;

⑦ $\log_{10}(-10)^2 = 2\log_{10}(-10)$。

将其中正确等式的代号写在横线上_____。

解:只有③是正确的,所以填③。因为 $\log_a \dfrac{\sqrt{M}}{N} = \log_a \sqrt{M} - \log_a N = \log_a M^{\frac{1}{2}} - \log_a N = \dfrac{1}{2}\log_a M - \log_a N$。

例2 计算:

① $\log_2(4^7 \times 2^5)$;

② $\log_2 12 - \log_2 3$;

③ $\lg \sqrt[5]{100}$。

解:① $\log_2(4^7 \times 2^5) = \log_2 4^7 + \log_2 2^5 = \log_2 2^{14} + \log_2 2^5 = 14 + 5 = 19$;

② $\log_2 12 - \log_2 3 = \log_2 \dfrac{12}{3} = \log_2 4 = 2$;

③ $\lg \sqrt[5]{100} = \dfrac{1}{5}\lg 10^2 = \dfrac{2}{5}\lg 10 = \dfrac{2}{5}$。

例3 计算 $\lg 14 - 2\lg \dfrac{7}{3} + \lg 7 - \lg 18$。

方法1:$\lg 14 - 2\lg \dfrac{7}{3} + \lg 7 - \lg 18 = \lg 14 - \lg\left(\dfrac{7}{3}\right)^2 + \lg 7 - \lg 18$

$= \lg \dfrac{14}{\left(\dfrac{7}{3}\right)^2} + \lg \dfrac{7}{18}$

$= \lg \dfrac{14 \times 7}{\left(\dfrac{7}{3}\right)^2 \times 18} = \lg 1 = 0$

方法2:$\lg 14 - 2\lg \dfrac{7}{3} + \lg 7 - \lg 18$

$= \lg(2 \times 7) - 2\lg \dfrac{7}{3} + \lg 7 - \lg(2 \times 3^2)$

$= \lg 2 + \lg 7 - 2(\lg 7 - \lg 3) + \lg 7 - (\lg 2 + 2\lg 3) = 0$

设计意图:死记硬背对数运算性质,不易记住而且往往容易记错,这是对数运算中常出现的问题。只有对对数概念深刻理解,在此基础上才能更牢固准确地掌握对数的运算性质。对数的运算性质的推导过程是建立在指数运算基础上,所以要求学生首先要理解实数指数幂的运算,能够独立推导出对数的运算,还能更加深刻地理解对数符号,灵活正用、逆用对数的运算性质。

环节四:课堂小结,细化新知

问题5:通过本节学习,你获得了哪些知识?

对数的运算性质:如果 $a > 0, a \neq 1, M > 0, N > 0$,则

① $\log_a(MN) = \log_a M + \log_a N$;

② $\log_a \dfrac{M}{N} = \log_a M - \log_a N$；

③ $\log_a M^n = n \log_a M (n \in \mathbf{R})$。

问题6：对数的运算性质有何功能？

一是将复杂的真数（积、商、幂的形式）化为相对简单的真数；二是将多个同底对数式的和差合成为一个对数式。

设计意图：总结是一堂课内容的概括，有利于学生系统地掌握所学内容。同时，将本节内容纳入已有的知识系统中，发挥承上启下的作用，为下一课时对数的换底运算打下扎实的基础。

六、教学设计说明

本节课通过对教学内容的上下联系，对高一学生情况进行深度剖析，确立了学习目标。设计意图是通过实例让学生探究合作学习，培养学生观察类比推理探究的能力，体验从特殊到一般的类比过程，即确立启发探究式教学、互动式教学法，体现了认知心理学的基本理论。如何得到对数的运算性质并严格论证是本节课的难点。为了打破这一难点，本节课先复习对数的概念、指数式和对数式的关系、对数恒等式、指数的运算性质，加深指数式和对数式的互化意识，为对数的运算性质的发现和推导做准备。

教学过程实施中，首先将学生们分成几个学习小组，通过实例练习对数的有关运算，理解和熟练对数的性质，并在练习的基础上大胆猜想归纳出对数的运算性质。为了验证同学们的猜测是否成立，通过合作学习得到指对数相互转化来证明，准确得出对数的运算性质。让学生在合作探究中，增加学习兴趣，使学生学习由被动变成主动。最后通过几道例题的训练，巩固了新知识，加深了学生对对数运算性质的理解。

本节课的亮点是对数的运算性质的证明，即代数推理过程。代数推理题往往由数与式、方程、不等式、函数等知识组合而成，解题的思想方法也是各类方法相互联系、相互渗透、相互转化。指数与对数的互相转化不仅仅给出了对数的定义，进一步还得到了对数的运算性质。具体来说，由指数的运算性质，对数的定义，完成指对互化的过程中，得到了对数的运算性质。两种不同形式的符号理解和运算，相辅相成地对 $a^x = N$ 完成了各种运算和深度剖析。

新课标要求把课堂还给学生，把课堂上的话语权还给学生，所以本节课在课堂小结时让学生大胆地说出自己的理解。总的来说，这节课通过实例引导学生发现问题、分析问题和解决问题，基本上达到了预期目标，完成了本节课的教学任务。

第八章　模型与函数

指数函数的性质与图像[①]

一、教学内容

随着数学的发展和社会的进步,人们越来越意识到:函数是描述现实世界变化规律的,德国数学家克莱因在他的著名论著《高观点下的初等数学》中就强调:函数的"灵魂"应该成为中学数学的基石,应该把算术、代数和几何方面的内容,通过几何的形式用函数为中心的观念综合起来。在他主持制定的《米兰大纲》中谈道:经过百年努力,在中小学数学课程中,函数从无到有,逐步从附属地位发展到今天已经成为内容主线。函数应用主要体现在两个方面:一是运用函数的思想方法思考,解决数学问题;二是运用函数的思想方法描述、分析、解决实际问题。先来看在数学方面的应用,在高中阶段,主要表现在用函数的思想方法研究和求解代数方程的根,研究和求解不等式,讨论极值和最值问题。

本章在教学时,应向学生强调兴趣的重要性。伟大的科学家爱因斯坦曾说过"兴趣是最好的老师",有了学习数学的兴趣,就有了学习数学的信心,学生学习数学也就有了动力。学生在初中阶段已经接触了一次函数、二次函数、反比例函数,对于函数的基本概念有了一些认识,在此基础上,高中会深化这样的函数概念。本章是在上一章学习函数及其性质的基础上,详细研究指数函数、对数函数、幂函数这三类基本初等函数的性质与图像。这是高中函数学习的第二个阶段,目的是使学生获得较为系统的函数知识,并初步了解研究函数的一般方法,培养函数应用的意识,为今后的学习打下坚实的基础,同时使学生对函数的认识由感性上升到理性。因此,这一章起到了承上启下的重要作用。本章所涉及的一些重要的思想方法,对学生掌握基础的数学语言乃至学好高中数学都是不可或缺的。

幂函数、指数函数与对数函数是最基本的、应用最广泛的函数,是进一步学习数学的基础。本单元的学习,可以帮助学生学会用函数图像和代数运算的方法研究这些函数的性质;理解这些函数中所蕴含的运算规律;运用这些函数建立模型解决简单的实际问题,体会这些函数在解决实际问题中的作用。

作为不等式内容的回应,分数指数幂引入之后,教材给出了"如果 $a>b>0$,n 是大于 1 的自然数,那么 $\sqrt[n]{a}>\sqrt[n]{b}$"的证明,并为理解指数函数的单调性做好了充分的准备。在呈现实数指数幂的知识时,修订后的教材用 2^π 代替了原有的 $3^{\sqrt{2}}$,这主要是考虑到学生对 π 的近似值更加熟悉的缘故,从而也就降低了理

[①] 案例来源:北京市八一学校附属玉泉中学陈琳。

解的难度。

指数函数的性质与图像是通过碳14的衰变来引入的,而且其中简洁地介绍了知识的背景,减轻了学生负担。与原教材不同的是,现教材是在得出函数 $y=2^x$ 的性质和图像之后,根据 $y=2^x$ 与 $y=\left(\dfrac{1}{2}\right)^x$ 的关系得出后者的性质与图像的。这主要是提醒学生,在学习新的知识时,可以借助已有知识来简化研究过程,从而达到教会学生认知的目的。

在呈现指数函数知识的基础上,教材介绍了对数和对数的运算法则、换底公式等,然后在此基础上展示了对数函数及其性质和图像。所以指数函数的学习是后续函数学习的基础。

另外,学生的学习首先还是要基于兴趣的。丘成桐先生指明了可以培养数学兴趣的方法之一:了解有趣的题目、数学背景、数学家的故事以及数学学科是如何发展的。这就是说,学生对数学的兴趣一方面来源于生活,但更多的是来源于数学课堂,也就是数学知识本身对学生的吸引。也正因为如此,建议教师在上数学课时,不要只关注数学中的解题技巧,而应尽可能地拓宽学生的知识面,例如介绍有关数学史的知识等。其次,丘成桐先生的这段话点明了教师在帮助学生建立数学学习信心中的作用。建议教师在平常的教学中,通过一切机会鼓励学生发表自己的意见和看法,让他们"不会害怕,勇敢地表达出来",以此帮助学生养成敢于尝试、勇于表达的习惯,从而真正做到"以学生为中心"。

二、学情分析

在初中阶段学生已经有了学习函数的经验,不同的是,初中阶段学生对函数的认识停留在比较具体的函数上,例如,正比例函数、一次函数、二次函数、反比例函数等。对于函数研究的一般方法有所了解。在高中阶段,本章是在上一章学习函数及其性质的基础上,详细研究指数函数、对数函数、幂函数这三类基本初等函数的性质与图像。这是高中函数学习的第二个阶段,目的是使学生获得较为系统的函数知识,并初步了解研究函数的一般方法,培养函数应用的意识,为今后的学习打下坚实的基础,同时使学生对函数的认识由感性上升到理性。因此,这一章起到了承上启下的重要作用。本章所涉及的一些重要的思想方法,对学生掌握基础的数学语言乃至学好高中数学都是不可或缺的。

三、教学目标

(1) 掌握指数函数的性质与图像。

(2) 通过观察函数值归纳指数函数性质,感悟通过解析式研究函数性质的一般方法。

(3) 能根据指数函数的性质进行同底数及不同底数的指数的大小比较,利用性质解决相关问题。

四、教学重难点

教学重点：指数函数的性质与图像。
教学难点：指数函数性质的应用。

五、教学过程

环节一：情境与问题

问题1：细胞分裂，每个细胞每次分裂为2个，则1个这样的细胞第一次分裂后变为2个细胞，第二次分裂后就得到4个细胞，第三次分裂后就得到8个细胞……

分裂的次数是一个变量，我们把它看成自变量，用 x 表示；每次分裂后细胞的个数也是一个变量，显然这个变量是自变量 x 的函数，用 y 表示。你能说出两个变量之间存在什么关系吗？

师生活动：学生通过细胞分裂的知识，找到 x,y 的关系。

$$y = 2^x$$

教师追问：观察 $y=2^x$ 函数的特点。

师生活动：自变量出现的位置在指数。

设计意图：从细胞分裂的生物问题入手，体现了数学知识在生物学中的应用，可以提升学生学习数学的兴趣，教学更有趣味性；通过问题串的设计，引导学生思考其中变量之间的关系，培养学生的数学阅读能力和获取新知识的能力。

环节二：定义理解

教师总结：一般地，函数 $y=a^x$ 称为指数函数。其中 a 是常数，$a>0$ 且 $a\neq1$。

师生活动：学生通过细胞分裂问题，总结得出指数函数的定义。

问题2：指数函数的定义中，为什么要规定 $a>0$ 且 $a\neq1$？

预设答案：

① 如果 $a<0$，如 $y=(-2)^x$，则 $\frac{3}{4},\frac{1}{2},\frac{1}{4}$ 等类似的有理数都不在定义域内，函数的定义域会过于复杂，为确保指数函数的定义域为实数集 **R**，要限定底数 $a>0$。

② 如果 $a=0$，则 $y=0^x$，函数定义域为 $(0,+\infty)$，且 $y=0$，性质非常简单。

③ 如果 $a=1$，则 $y=1^x$ 恒等于1，那么这个函数就变成了 $y=1$ 这个常函数，没必要在指数函数中进行研究。

指数函数是基本初等函数，通过观察发现指数函数解析式中 a^x 的系数必须为1。

师生活动:学生思考问题,通过举例或者证明的方式说明指数函数对于常数 a 的取值范围的要求。

问题3:想一想:下列函数是否是指数函数?

① $f(x)=\dfrac{1}{2^x}$; ② $f(x)=2 \cdot 2^x$; ③ $f(x)=2^{2x}$; ④ $f(x)=-2^x$;

⑤ $f(x)=x^2$; ⑥ $f(x)=2^{x^2}$。

师生活动:通过理解指数函数的定义后,学生利用指数函数的定义,判断所给函数是否为指数函数。

设计意图:通过问题2培养学生的问题意识,理解指数函数中对底的范围要求的必要性;通过问题3进一步理解指数函数的定义。

环节三:性质探究

问题4:研究一个函数的性质一般要从哪几个方面入手?

预设答案:定义域、值域、奇偶性、单调性。

问题5:根据指数运算的定义,尝试得到指数函数 $y=2^x$ 的性质:

① 定义域是_____。

② 值域是_____。

③ 奇偶性是_____。

④ 单调性是_____。

预设答案:

① **R**。

② $(0,+\infty)$:无论 x 取正数、零、负数,还是分数、整数,所对应的函数 y 都是正数,事实上,由指数幂的定义等,可以知道 $y=2^x>0$。

③ 非奇非偶函数:当 x 取互为相反数的两个值时,函数值既不相等又不互为相反数。

④ 增函数:随着 x 取值的逐渐增大,可以发现函数值 y 也在逐渐增大,因此可以猜测函数在定义域 **R** 上是增函数。

我们也可以利用上一节练习B第3题的结论来理解函数 $y=2^x$ 在定义域 **R** 上是增函数。

具体如下:首先"如果 $a>1$,s 是正有理数,那么 $a^s>1$"这个结论可以推广到"如果 $a>1$,s 是正实数,那么 $a^s>1$";然后,设 $x_1,x_2\in\mathbf{R}$ 且 $x_1>x_2$,则 $x_1-x_2>0$,从而 $\dfrac{2^{x_1}}{2^{x_2}}=2^{x_1-x_2}>1$,因此 $2^{x_1}>2^{x_2}$,从而可知 $y=2^x$ 在定义域 **R** 上是增函数。

师生活动:学生思考研究函数的一般方法。通过函数解析式,分析研究 $y=2^x$ 的定义域、值域、奇偶性、单调性。

问题6:利用网络画板,尝试画出 $y=2^x$ 的图像。

根据以上信息可知,函数 $y=2^x$ 的图像都在 x 轴上方,而且从左往右是逐渐上升的,通过网络画板,可以作出 $y=2^x$ 的图像。

师生活动:学生用网络画板作出指数函数 $y=2^x$ 的图像,并与之前对函数解析式的分析对比。

设计意图:通过对 $y=2^x$ 的性质的探究过程,渗透"观察函数值可以归纳函数性质"的方法,在此过程中进一步熟悉研究函数的一般方法与思维过程,体会对解析式的分析与解读是研究函数的重要方法,最后结合性质通过描点得到函数图像,对 $y=2^x$ 的性质有直观认识。

环节四:图像研究

通过网络画板,学生作出指数函数 $y=6^x, y=8^x, y=\left(\dfrac{1}{9}\right)^x, y=\left(\dfrac{1}{10}\right)^x$ 的图像,并根据所得图像,总结图像性质。

师生活动:学生利用网络画板作出指数函数 $y=a^x(a>0$ 且 $a\neq 1)$ 的性质特点。

设计意图:经历从具体指数函数的研究结果归纳总结出一般指数函数性质的过程,并从代数与几何的角度理解指数函数的性质,渗透函数研究的一般方法与思维方式。

环节五:归纳总结

问题7:通过作图得到指数函数的特点:$y=a^x(a>0$ 且 $a\neq 1)$ 的性质。

(1) 定义域是实数集 **R**;
(2) 值域是 $(0,+\infty)$;
(3) 函数一定过定点 $(0,1)$;
(4) 当 $a>1$ 时,$y=a^x$ 是增函数;当 $0<a<1$ 时,$y=a^x$ 是减函数。

师生活动:学生归纳总结得到指数函数的性质。

设计意图:经历从具体指数函数的研究结果归纳总结出一般指数函数性质的过程,并从代数与几何的角度理解指数函数的性质,渗透函数研究的一般方法与思维方式。

六、教学设计说明

信息技术和数学课堂的融合就成为改变现状的一种有效途径,它可以打开生数学思维活动的空间,从而提高课堂效率。

1. 创设教学情境,提高学生学习兴趣

在新课改的背景下,教师需要对课堂教学进行变革,相较于原来的"灌输式"课堂,利用信息技术可以让抽象的数学知识更为生动直观,更加便于引导学生进行深入地理解数学问题,同时也使因为缺乏思维活动而"枯燥"的课堂增添数学的"味道",进而提高学生的学习兴趣,积极参与到课堂学习中。只有学生在课堂中主动思考,才是真正落实"以学生为主体"的课堂地位。

2. 丰富教学资源,拓展学生知识的宽度

高效课堂的构建,需要学生的主动思考和参与,这就要求教师在课堂的教学设计中要吸引学生,激起学生的学习热情。高中的数学知识与初中相比较,更为抽象,传统的教学模式往往让学生失去主动学习的热情。因此,在课堂设计中,作为教师要充分理解教材的内容,抓住知识的本质,结合生活中或是其他学科中的知识,对需要讲解的内容进行拓展或者是与其他学科相融合,让学生能够体会所学知识的有效性,达到学以致用的目的,而不仅仅是为了应付考试。为此,教师可以通过信息技术搜集相关的教学资源,在课堂教学中作为教学的素材。这样不仅能在有限的时间拓展学生学习的视野,而且能促进落实培养学生的数学核心素养。

3. 提高课堂效率,培养学生数学思维能力

培养学生的数学思维能力是高中数学教学的核心任务,也是数学核心素养导向下的教学目标。高效课堂下学生不仅仅要获得数学知识和技能,还要促进学生思维的发展,促使学生在学习中,循序渐进提升自身的思维能力[68]。但在高中数学课堂教学的过程中,由于知识的抽象性与复杂性,教师讲解知识时往往不能给学生更多的时间思考,学生主动探究问题的空间也很小。在教学中应用信息技术不是利用信息技术代替学生思考,相反,合理利用信息技术可以释放出更多的时间和空间,学生可以更主动地去探究、思考数学知识所蕴含的问题,提高课堂的有效性,培养学生数学思维能力得到强化。在讲解指数函数时,学生已有函数学习的基础,因此,教师在教学设计中,可以把更多的时间留给学生从函数的定义域、值域、单调性、奇偶性等方面探究函数的性质,预测函数图形的特点。在学生充分思考探究后,可以利用网络画板等信息技术软件帮助学生快速绘制函数图像,验证学生的思考是否正确。如此,可以把更多的时间留给学生思考如何探究函数的性质,实现培养学生数学思维能力的教学目标。

函数的零点①

一、教学内容

函数的零点是函数与方程的思想体现的重要载体,加强学生通过函数观点认识方程、不等式的意识,建构起了代数与几何知识体系之间的桥梁。本节课

---

① 案例来源:北京市八一学校附属玉泉中学郑雪。

通过研究函数零点问题的分析和处理,提高学生的自主探索、数形结合、分类讨论、化归思想的应用,重点提升数学抽象、数学建模、数学运算、直观想象和逻辑推理的素养。

二、学情分析

高三学生已经基本掌握函数零点基本知识内容,对函数的零点存在性定理也有一定的应用经验,但是对于含参的函数问题常产生畏难情绪,知识的迁移和综合运用能力还是比较薄弱的,但在综合复习阶段,他们比较有兴趣去提升自我学习能力,会比较积极地去探索新方法、新变式。

三、教学目标

(1) 掌握函数零点的定义,能解决函数零点的含参问题,能尝试解决函数零点不含参问题(即动与定的问题)。

(2) 体验函数零点的代数与几何的双重身份;能联系函数特点处理函数的零点、方程的根、图像的交点问题。

(3) 让学生体会函数与方程相互转化的思想,体会数形结合的思想。

四、教学重难点

教学重点:函数零点的概念及求法,以及函数存在定理,函数与方程相互转化,数形相互结合等思想。

教学难点:分段函数含参问题,动与定问题的结合。

五、教学过程

环节一:复习回顾,构建体系

问题1:研究函数可以从哪些角度入手呢?函数的性质有哪些?

师生活动:教师强调函数性质的重要性,明确函数的零点在研究函数问题上起到关键作用,并通过 PPT 演示,帮助学生从代数、几何两个维度出发,建立函数章节的知识体系和思想方法。学生认真思考,回顾函数零点的特点及基础知识概念,与教师共同完成 PPT 演示内容中的知识梳理,形成知识体系。

设计意图:调动学生已有的函数零点的知识内容,补全学生知识框架中的漏洞,帮助不愿做知识梳理的同学形成好习惯,为学生们在高三一轮复习数学的过程中逐步规范自己的学习行为。

环节二:巩固旧知,解题应用

问题2:教师演示 PPT,请完成以下问题:

(1) 已知函数 $f(x)=\begin{cases}(x+1)e^x, x<1,\\ x^2-2x, x\geqslant 1,\end{cases}$ 则函数 $f(x)$ 的零点是_____。

(2) 函数 $f(x) = \ln(x+1) - \dfrac{1}{x}$ 的一个零点所在的区间是( )。

A. $(0,1)$ B. $(1,2)$ C. $(2,3)$ D. $(3,4)$

(3) 函数 $f(x) = x - \sqrt{x} - 6$ 的零点的个数是_____。

师生活动：教师引导，学生依次做答。

(1) 解：当 $x<1$ 时，令 $(x+1)e^x = 0$

当 $x \geq 1$ 时，$x^2 - 2x = 0$

…………

(2) 解：$f(1) = \ln 2 - 1 < 0, f(2) = \ln 3 - \dfrac{1}{2} > 0$

…………

(3) 解：① 画图；② 求导研究单调性；③ 令 $f(x) = 0$。

设计意图：作为复习课，避免知识的机械性和复习的叠加性，通过简单问题引入，勾起学生回忆的同时，摸清学生此部分内容的记忆情况，通过作答情况显示学情，并作为后续重点关注的教学点，也为教学评价丰富了参考维度。选取学生作答的差异性与多样性，给学生思路展示的空间，以学生为主体，增加课堂的实效性。解题过程中，也可以发现不同学生对同一问题掌握的不同情况，进而有针对性地进行指导，做好分层教学。

环节三：由浅入深，层层递进

问题3：解决以下问题，体会问题间的关联与不同。

(1) 已知函数 $f(x) = \begin{cases} |2^x - 1|, & x<1, \\ -(x-1)^2, & x \geq 1, \end{cases}$ 若函数 $g(x) = f(x) - k$ 有两个不同的零点，则实数 k 的取值范围是( )。

A. $(-\infty, 0]$ B. $(0,1]$ C. $(-1, 0]$ D. $[0, 1)$

变式1：已知函数 $f(x) = \begin{cases} |e^x - 1|, & x<1 \\ -(x-1)^2, & x \geq 1 \end{cases}$，若函数 $g(x) = f(x) - k$ 有两个不同的零点，则实数 k 的取值范围是多少？

师生活动：教师根据例题中学生解答的情况，进行点评，进而给出第二组问题，关注学生对含参的函数零点问题的应用情况，结合学生答题情况，给与相关指导、点评。学生思考，借鉴前面不含参问题的解法。关注含参问题中参数的位置、对问题的影响，利用数形结合的思想，研究动与定的联系。解决参量的取值范围问题。

学生作答：

(1) 解：画分段函数 $f(x)$ 图像（图8.29），利用图像与 $y = k$ 图像的交点个数变化情况，得到 k 的取值。

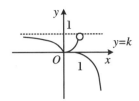 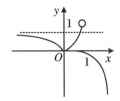

图 8.29

变式 1:类比原题,画图,求 k。

设计意图:从简单的变式问题入手,体会参量位置对于本题的影响,体会变与不变,深层次达到练习的目的,也为下一变式活动做铺垫,削弱对于含参问题的畏难情绪。

问题 4:请解决以下变式问题,观察题目的联系与思维进阶。

变式 2:已知函数 $f(x)=\begin{cases}|e^x-1|,x<1\\-(x-1)^2,x\geqslant1\end{cases}$,若函数 $g(x)=f(x)-x-k$ 有两个不同的零点,则实数 k 的取值范围是多少?

环节四:例题应用,强化知识

问题 5:请尝试分析以下问题并解决:

变式 3:已知函数 $f(x)=\begin{cases}|e^x-1|,x<1\\-(x-1)^2,x\geqslant1\end{cases}$,若函数 $g(x)=f(x)-kx$ 有两个不同的零点,则实数 k 的取值范围是多少?

变式 4:已知函数 $f(x)=\begin{cases}|e^x-1|,x<k\\-(x-1)^2,x\geqslant k\end{cases}$,若函数 $f(x)$,有两个不同的零点,则实数 k 的取值范围是多少?

变式 5:已知函数 $f(x)=\begin{cases}|e^x-k|,x<1\\-(x-k)^2,x\geqslant1\end{cases}$,若函数 $f(x)$ 有两个不同的零点,则实数 k 的取值范围是多少?

师生活动:教师根据例题中学生对函数零点应用的分析解决情况,再对原题改变参量位置,体会动直线与定曲线、动曲线与定直线相交过程,进而体会解决零点问题的三种转换:$f(x)=0,f(x)=c,f(x)=g(x)$。

设计意图:通过例题的练习起到函数零点多种题型的应用,在学生对例题的逐步解决过程中,完善学生知识的空缺,及时补充数形结合问题串,帮助学生形成知识体系,体会函数零点在代数与几何两个角度下的运用。

六、教学设计说明

函数是中学数学的核心概念,与其他知识具有广泛的联系性。函数的零点就是其中的一个衔接点,它从不同角度,将数与形、函数与方程有机地结合在一起。本节课的教学有两条线,一条是明线:知识目标线,另一条是暗线:思想方法线。教学中通过不断调整参量位置对题目进行变式,改变函数的代数结构,利用图像所呈现的变化结果,实现数与形的统一。

问题是课堂教学的灵魂,以问题为主线贯穿始终。本节课体现了新课标的基本理念,首先,设置问题具有启发性和开放性,能激发学生探究的兴趣,能启发学生的思路和策略,能引起学生的认知冲突。其次,设置的问题串有探究空间,有探究层次,有探究深度,能促进学生逻辑思维能力培养。最后,探究的问题紧扣教材重点内容,但又不拘泥于教材,注重学生的认知发展和拓展思维训练。本节课的教学特色:

(1) 注重知识线与方法线的齐头并进,在知识内容的教学中,注重数学思想和数学方法的渗透,引导学生对函数与方程的内在练习融会贯通。

(2) 注重学生在课堂的主导地位,鼓励学生在黑板上用数学的形式表达自己的思想,鼓励学生采用不同的途径来获得自己需要的数学知识。

(3) 注重抓住学生数学思想运用与深入的机会,通过对学生熟悉的函数、熟悉的题目入手,不断提升问题难度,逐步提升学生思维,也加强学生思考、解决问题时,多角度、多方面入手的创新能力。

函数思想运用举例[①]

一、教学内容

函数是高中数学的一条主线,在高中数学整套教科书中,多本教材都编排了函数的内容,或蕴含了函数的思想方法。最开始系统学习函数始于必修1的第二章,这一章学习了函数的定义域、值域、单调性、奇偶性、对称性、零点等各方面性质,更重要的是这一章教给了学生研究一个新函数的方法,以及方程与函数之间的转化想法。打好这章基础对后续的学习也很有帮助,如必修5第二章所讲的数列,也是特殊的函数,可以用函数观点解释很多数列问题,又如必修5第三章"不等式"里,解一元二次不等式也是要用函数的方法。

必修1的第三章和必修4的第一章介绍了数学中所有的基本初等函数,特别是高中阶段重点学习的指数函数、对数函数、幂函数和三角函数这四大基本初等函数。其中必修1的第三章"基本初等函数(Ⅰ)"紧紧安排在第二章"函数"之后,是让我们运用研究函数的方法研究清楚指数函数、对数函数、幂函数的图像和性质,而只有这些基本初等函数研究清楚了才能研究由其构成的复杂

① 案例来源:北京市八一学校下达。

的函数。高中函数的内容非常丰富,复杂的函数都是由简单函数构成的,所以掌握将复杂函数转化为简单函数的能力,对学生学好整个高中数学起着关键的作用。近些年的考试中也越来越着重考查学生主动运用函数各种性质解决问题及函数转化的能力。如选修2-2中的导数,高考中不再简简单单考查求个导去得一个函数的单调区间或极值,而是更多的考查先通过对函数的变形、转化、寻找简单的新函数再去研究,以及把导数当作工具,主动运用导数去研究你想研究的函数性质。所以通过必修1第三章"基本初等函数(Ⅰ)"的学习,教材不仅仅要求学生认识这几个基本初等函数,更希望学生能够结合前面学习的函数知识,掌握和具备将复杂函数转化为基本初等函数、简单函数的能力。本节课教材为人教B版数学必修1第三章基本初等函数(Ⅰ)指数函数。《函数思想运用举例》是自学生学完指数函数后,以指数函数等基本初等函数为支撑,以几道例题为载体,进一步深化学生的函数思想。

二、学情分析

本节课上课班型为北京市八一学校高一年级普通班(高一5班)。班内共有学生42人,21名男生、21名女生,班风正,女生踏实用功,有的成绩很好;男生思维活跃,学术氛围浓厚,课下爱讨论问题。学生生源大多是统招生及名额分配学生,但也有分数比较低的特长生。学生中考数学分数有120分的同学,也有分数特别低的同学。全班学生已经学完必修1第二章"函数",总体学生对函数与方程这一节有过初步了解,现在全班学生刚刚学完指数函数的全部内容。

三、教学目标

本节课通过几道例题,目标是想提高学生运用函数思想(函数性质、函数图像)解决问题的能力,提高学生函数、方程、不等式之间转化的能力,提高学生将复杂函数转化为基本初等函数、简单函数的能力。在落实高中学生数学核心素养方面,拟提高学生逻辑推理、数学建模、直观想象、数学运算、数据分析的高中数学核心素养。

四、重点难点分析

教学重点:运用函数思想,借助函数性质、函数图像解决数学问题。

教学难点:函数与方程的灵活转化;看上去不是函数的问题合理地转化为函数问题;复杂函数的问题合理转化为基本初等函数、简单函数的问题。

五、教学过程

例1 将 $\left(\dfrac{2}{3}\right)^{-\frac{1}{3}}, \left(\dfrac{3}{5}\right)^{\frac{1}{2}}, \left(\dfrac{5}{3}\right)^{-\frac{1}{3}}, \left(\dfrac{3}{2}\right)^{\frac{2}{3}}$ 从小到大排列为 _____。

解析:将各数值与 1 对比大小,见表 8.8。

表 8.8

①	②	③	④
$\left(\dfrac{2}{3}\right)^{-\frac{1}{3}}$	$\left(\dfrac{3}{5}\right)^{\frac{1}{2}}$	$\left(\dfrac{5}{3}\right)^{-\frac{1}{3}}$	$\left(\dfrac{3}{2}\right)^{\frac{2}{3}}$
>1	<1	<1	>1

$0<②<③<1<①<④$。

设计意图:单纯估计一个数的大小、比较两个数的大小也可以想到借助函数的图像和函数的单调性进行。

预设方法:

预设方法一:将四个数转化为根号形式后进行比较。

预设方法二:画四个函数,看四个点的高低比较它们的大小。

预设方法三:画两个函数,利用函数单调性比较两个数的大小。

例2 函数 $f(x) = x \cdot 2^x - 1$ 零点的个数为 _____。

设计意图:通过本题,考查学生函数与方程相互转化的能力,直接研究函数 $f(x) = x \cdot 2^x - 1$ 的性质、图像困难重重,仅应用零点存在定理也不能解决零点个数的问题。本题需要先将研究函数 $f(x) = x \cdot 2^x - 1$ 的零点转化成研究方程 $x \cdot 2^x - 1 = 0$ 的根,再由方程变形、转化,使得出现两个简单函数,这样最终将一个复杂函数零点的问题转化成了两个简单函数图像交点的问题。本题可以转化成 $2^x = \dfrac{1}{x}$,也可以转化成 $x = 2^{-x}$,两种方式都可以实现问题的解决。

预设方法:

预设方法一:零点存在定理(不能判断零点的个数)。

预设方法二:整理成 $2^x = \dfrac{1}{x}$,转化成两个基本初等函数 $y = 2^x$ 与 $y = \dfrac{1}{x}$ 图像交点的问题。

预设方法三:整理成 $x = 2^{-x}$,转化成两个基本初等函数 $y = x$ 与 $y = 2^{-x}$ 图像交点的问题。

例3　设 $a \in \mathbf{R}$，若 $x>0$ 时均有 $[(a-1)x-1](x^2-ax-1) \geqslant 0$，则 a = _____。

设计意图：运用函数观点，将本题不等式左端的两个因式看成两个独立的函数，分析函数的特征，巧妙解决本题。

解析：根据图像易分析出，当 $x>0$ 时，函数 $f(x)=(a-1)x-1$ 与 $g(x)=x^2-ax-1$ 的值须同正、同负、同为零，故 $f(x)$ 与 $g(x)$ 恰好穿过 x 轴上的同一个点（学生也要分析出 $a \neq 1$ 这个结论），将 $f(x)$ 与 x 轴的交点的横坐标代入 $g(x)$，得

$$\left(\frac{1}{a-1}\right)^2 - a \cdot \frac{1}{a-1} - 1 = 0$$

整理求得 $a=0$ 或 $a=\frac{3}{2}$，检验当 $a=0$ 时不成立，当 $a=\frac{3}{2}$ 时成立，所以 $a=\frac{3}{2}$。

预设方法：

预设方法一：把题干中的不等式左端打开，整理不等式（不现实）。

预设方法二：两个因式看成两个独立的函数分别去研究，再结合不等式深入分析。

小结：函数思想运用；函数图像使用；函数合理转化。

变式思考题

(1) 设 $a \in \mathbf{R}$，若不等式 $(x-1)(a^x-2) \geqslant 0$ 对任意的实数 x 恒成立，则 a = _____。

(2) 设 $a>1$，若不等式 $[(a-1)x-1](a^x-2) \geqslant 0$ 对任意的实数 x 恒成立，则 a = _____。

设计意图：变式训练，课后思考。第2道变式思考题的解题过程中还会继续涉及函数观点。

六、教学设计说明

本节课的设计是想通过几个问题提高学生函数思想的运用，提高学生函数同方程、不等式之间转化的能力。教学过程例1是比较 $\left(\frac{2}{3}\right)^{-\frac{1}{3}}$，$\left(\frac{3}{5}\right)^{\frac{1}{2}}$，$\left(\frac{5}{3}\right)^{-\frac{1}{3}}$，$\left(\frac{3}{2}\right)^{\frac{2}{3}}$ 这四个数的大小关系。本题设计的是让学生自由发挥，展示学生的各种方法，再进行对比。而实际上课时学生确实展示出了各种各样的做法，符合预设。学生在作答的过程中，进行了全面的巡视，确保每个学生都能被巡视到，根据不同学生的作答情况，按照顺序叫相应的学生做了展示和讲解。

第一位学生，纯用代数的方法计算，比较出了最后的结果，初中的计算功底

扎实，高中实数指数幂的运算掌握得也不错（见图8.30）。第二位同学虽说也是用代数的方法计算的，但并不是计算的题目所给的几个数，而是对它们进行了转化，将这几个数均作了6次方，将不好比较的开根号数的比较转化成了乘方后的数的比较，使得计算复杂度大大简化了（见图8.31）。

图8.30　　　　　　　　　　　图8.31

接着展示的同学又给出了函数的方法，将这四个数想象成四个函数在各自某点处的函数值。本是数的问题，本没有函数，无中生有变出函数，函数思想运用得很好。最后通过画函数图像看函数值的高低就比较出了数的大小。这位同学对于不同底数的几个指数函数在同一平面直角坐标系中的位置掌握得也非常透彻（见图8.32）。

但是同学们也发现了，这种方法图画得稍有不准，几个数的大小关系就有可能比错。所以最后一位同学给出了最好的方法。有对四个数底数的观察，有对指数幂的恰当变形，最终把画四个不同函数图像的问题，转化成了只画两个函数图像即可。把从两个函数图像上看点的高低的问题，转化成了在一个函数图像上，利用函数的单调性比较两个数的大小关系。代数特征观察得好，函数思想运用得好（见图8.33）。

图8.32　　　　　　　　　　　图8.33

例2　研究函数 $f(x) = x \cdot 2^x - 1$ 零点的个数，本题也是想通过学生展示的各种方法来深化学生的函数思想，考查的是学生函数与方程相互转化的能力。

上来的第一位同学直接研究函数 $f(x)=x\cdot 2^x-1$ 的性质,他分析函数的能力超乎寻常。他通过将函数拆分成基本初等函数 $y=x$ 与 $y=2^x$,分析出了函数 $y=x\cdot 2^x$ 函数值的正负,函数是过原点和第一、三象限的,所以再减去1,函数向下平移1个单位后,$f(x)=x\cdot 2^x-1$ 不可能有小于0的零点,所以可以只研究函数 $f(x)$ 在 $[0,+\infty)$ 那部分的图像与性质即可。又分析出了函数 $f(x)$ 在 $[0,+\infty)$ 上是单调递增的,所以感觉函数有且只有一个零点。虽然没有很好地解决是不是一定有零点的问题,但是已经几乎解决这个问题了(见图8.34)。后面第二位同学对其进行了补充。他采用了零点存在定理,找出了这个函数零点存在的一个区间。虽然仅应用零点存在定理不能解决零点个数的问题,但他的工作和第一位同学相结合正好完美地解决了这个问题(见图8.35)。

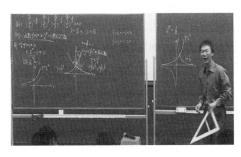
图 8.34

图 8.35

但是我们发现,直接研究函数 $f(x)=x\cdot 2^x-1$ 的性质、图像就是困难重重。这就需要函数与方程的转化思想了。第三位同学先将研究函数 $f(x)=x\cdot 2^x-1$ 零点的问题转化成研究方程 $x\cdot 2^x-1=0$ 的根的问题,再对方程变形,得到方程 $x\cdot 2^x=1$。接下来,他又将方程变形为 $2^x=\dfrac{1}{x}$,在我的追问下,他也讲出了这样变形是等价的、可行的。这样,他又转化成了两个基本初等函数图像的交点问题。这样最终将一个复杂函数零点的问题转化成了两个简单函数图像交点的问题(见图8.36)。

当然,经过我的提示,后来同学们也想到了本题除了可以转化成 $2^x=\dfrac{1}{x}$,也可以转化成 $x=2^{-x}$,这样可能画图上会更加方便(见图8.37),总之两种方式都可以实现问题的解决。

本题方法这样多,无论学生用的哪种方法,他都展现了不错的数学素质。后面例3因为时间关系没有开展,留给了学生课后完成,也希望学生在课后做完以后,能相互讨论,开展思维碰撞,交流不同的解题思路。课后我也看到了,比较快接近最后答案的同学就是运用了函数观点,将本题不等式左端的两个因式看成两个独立的函数,分析函数的特征,去尝试解决本题的。

图 8.36　　　　　　　　　　　　　图 8.37

几道例题下来,学生收获了很多,加强了对基本初等函数的应用,加深了对函数思想的理解,深化理解了函数图像在解题中的作用。这与指导过我这节课的北京教育学院的刘春艳老师、八一学校高中数学组的李新萍老师等老师倾力的帮助、耐心的指导、反复的磨稿是分不开的。而且通过做这节公开课,我的收获可能更多,对例题的选择、改编、设问方式都进行了反复的思考与修改,目的是在这节课给学生呈现最核心的函数思想方法。我觉得我的收获很大,也只有我先有了较大的收获,学生才会有那样大的收获。

参 考 文 献

[1] 曹一鸣,王竹婷.数学"核心思想"代数思维教学研究[J].数学教育学报,2007(1):8-11.

[2] 黄荣金,李业平.数学课堂教学研究[M].上海:上海教育出版社,2012:112-113.

[3] 黄荣金,李业平.数学课堂教学研究[M].上海:上海教育出版社,2010:115.

[4] 中华人民共和国教育部.义务教育数学课程标准:2011年版[M].北京:人民教育出版社,2011.

[5] 中华人民共和国教育部.义务教育数学课程标准:2022年版[M].北京:人民教育出版社,2022.

[6] 中国社会科学院语言研究所词典编辑室.现代汉语词典[M].7版.北京:商务印书馆,2016:1330.

[7] 中华人民共和国教育部.义务教育数学课程标准:2022年版[M].北京:北京师范大学出版社,2022:56,144,9.

[8] 侯宝坤.高中生数学逻辑推理能力的影响要素及评价指标[J].教学与管理,2021,(4):39-42.

[9] 中华人民共和国教育部.普通高中数学课程标准:实验[M].北京:人民教育出版社,2003:27.

[10] 中华人民共和国教育部.普通高中数学课程标准:2017版[M].北京:人民教育出版社,2018:75-79.

[11] 聂艳军.代数推理的内涵、价值及教学[J].小学数学教育,2023(Z2):4-7.

[12] 杨张彩."由数及形"代数推理和几何直观的融合:以"反比例函数的图像与性质"为例[J].中学数学,2023(10):51-53.

[13] 张景中.张景中教育数学文选[M].上海:华东师范大学出版社,2021:308.

[14] 谢春艳.小学数学课程中的代数推理及其教学研究[D].南京:南京师范大学,2020.

[15] 黄秀旺,薛莺.初中代数推理及其教学要义[J].教育研究与评论(中学教育教学),2022(12):16-21.

[16] 钱德春.关于初中代数推理的理解与教学思考[J].中学数学教学参考,2020(11):2-4.

[17] 王彦蓉.高一学生代数推理能力现状调查与对策研究[D].天津:天津师范大学,2021.

[18] Walle, John V D. Elementary and middle school mathematics: Teaehing developmentally [M].5th ed. Boston: Pearson, 2004.

[19] Kieran C. The early learning of algebra: A structural perspective[M]//Wagner S, Kieran C. Research issues in the learning and teaching of Algebra. Hillsdale, NJ:

Lawrence Erlbaum Associates,1989:33-56.

[20] 曹一鸣,王竹婷.数学"核心思想"代数思维教学研究[J].数学教育学报,2007(1):9.

[21] 史宁中.漫谈数学的基本思想[J].数学教育学报,2011,20(4):8.

[22] 郑毓信,肖伯荣,熊萍.数学思维与数学方法论[M].成都:四川教育出版社,2001(94):337-338.

[23] 邓铸.思维的本质与定义新论[J].徐州师范大学学报(哲学社会科学版),2010,36(4):139-144.

[24] 徐文彬.试论算术中的代数思维:准变量表达式[J].学科教育,2003(11):6-10,24.

[25] 毛新薇.准变量思维:赋予学生代数思维生长的力量[J].江苏教育,2014(5):40-41.

[26] Kaput J J. Teaching and learning a new algebra[M]//Fennema E, Romberg T. Mathematics classrooms that promote understanding. Mahwah, NJ: Lawrence Erlbaum Associates,1999:133-155.

[27] Kaput J J, Carraher D W, Blanton M L. Algebra in the early grades[M]. New York: Lawrence Erlbaum Associates,2008:9-15.

[28] Piaget J. Development and learning[M]//Conference on cognitive studies and curriculum development. Ithaca, NY: Cornell University Press,1964.

[29] Resnick L B. Syntax and semantics in learning to subtract[M]//Carpenter T P, Moser J M, Romberg T A. Addition and subtraction: a cognitive perspective. Hillsdale, NJ: Lawrence Erlbaum Associates,1982:136-155.

[30] 鲍建生,周超.数学学习的心理基础与过程[M].上海:上海教育出版社,2009:326-327.

[31] 周建武.科学推理:逻辑与科学思维方法[M].北京:化学工业出版社,2017:16-18.

[32] 数学辞海编辑委员会.数学辞海:第一卷[M].北京:中国科学技术出版社,2002:8.

[33] 高希圣,郭真,高乔平.社会科学大词典[M].昆明:世界书局,1929.

[34] 严士健,张顺燕.推理与证明[M].北京:高等教育出版社,2006:65-66,133-138,116-117.

[35] 孔凡哲.强化符号意识提高代数推理能力[J].中学生数理化(七年级数学)(配合人教社教材),2015(9):5-6.

[36] 李娜.几何推理与代数推理的关系研究[D].武汉:华中师范大学,2015.

[37] 华志远.走出代数推理教学的困境[J].中学数学教学参考,2000(4):38-40.

[38] 黄泽.代数推理问题[J].中学数学教学参考,2007(5):34-35,37.

[39] 吴宝莹.代数推理问题的思维方略[J].中学数学月刊,2015(1):49-52.

[40] 张海强.代数推理,一项需要长期培养的能力[J].江苏教育,2017(51):59,61.

[41] 金雯雯,张宗余.关注数式通性·加强代数推理·提升运算能力:2022年中考"数与式"专题命题分析[J].中国数学教育,2023(5):14-23.

[42] 黄辉,韩劲松.精心设问提升能力:"与二次函数有关的代数推理"的教学实践与思考[J].初中数学教与学,2023(17):1-3,47.

[43] 张宗余.加强代数推理,寻找代数教学的理性回归:从四节"代数推理"展示课说起[J].中国数学教育,2022(21):17-21.

[44] 丁银杰.基于二次函数发展代数推理的教学实践与思考[J].数学通报,2023,62(8): 26-28,49.

[45] Kaput J J, Blanton M. Algebrafying the elementary mathematics experience[C]// Stacey K, Chick H, Kendal M. The twelfth ICMI study, on the future of the teaching and learning of Algebra. Melbourne, Australia: University of Melbourne, 2001: 344-352.

[46] Blanton M L, Kaput J J. Characterizing a classroom practice that promotes algebraic reasoning[J]. Journal for Research in Mathematics Education, 2005, 36(5): 412-446.

[47] Usiskin Z. Conceptions of school algebra and uses of variables[M]//Coxford A F, Shulte A P. The Ideas of Algebra, K-12. Reston, VA: NCTM, 1988: 8-19.

[48] Kieran C. The changing face of school algebra[C]//Alsina C, Alvarez J, Hodgson B et al. 8th International congress on mathematical education: selected lectures. Spain: Seville, 1996: 271-290.

[49] Chrysostomou M, Pitta-Pantazi D, Tsingi C, et al. Examining number sense and algebraic reasoning through cognitive styles[J]. Educational Studies in Mathematics, 2013, 83 (2): 205-223.

[50] Kieran C. Concepts associated with the equality symbol[J]. Educational Studies in Mathematics, 1981, 12: 317-326.

[51] Herscovics N, Linchevski L. A cognitive gap between arithmetic and algebra[J]. Educational Studies in Mathematics, 1994, 27(1): 59-78.

[52] Kieran C. The learning and teaching of school algebra[M]//Grouws D. Handbook of research on mathematics teaching and learning. New York: Macmillan, 1992: 390-419.

[53] Pillay H, Wilss L, Boulton-Lewis G. Sequential development of algebra knowledge: A cognitive analysis[J]. Mathematics Education Research Journal, 1998, 10(2): 87-102.

[54] Powel S R, Fuchs L S. Does early algebraic reasoning differ as a function of students' difficulty with calculations versus word problems[J]. Learning Disabilities Research and Practice, 2014, 29(3): 106-116.

[55] Fuchs L S, Fuchs D, Hamlett C L, et al. Problem solving and computational skill: Are they shared or distinct aspects of mathematical cognition[J]. Journal of Educational Psychology, 2008, 100(1): 30-47.

[56] MacGregor M, Stacey K. Cognitive models underlying students' formulation of simple linear equations[J]. Journal for Research in Mathematics Education, 1993, 24(3): 217-232.

[57] Owen A. In search of the unknown: A review of primary algebra[M]//Anghileri J. Children mathematical thinking in the primary years: perspectives on children's learning. London: Cassell, 1995: 124-147.

[58] Stainberg R M, Sleeman D H, Ktorza D. Algebra students' knowledge of equivalence of equation[J]. Journal of Research in Mathematics Education, 1990, 22: 112-120.

［59］ Carraher D, Schliemann A, Brizuela B. Can young students operate on unknowns [C]//Proceedings of the 25th conference of the international group for the psychology of mathematics education. The Netherlands:Utrecht,2001:130-140.

［60］ Kücherman D. Algebra[M]//Hart K M. Children's understanding of mathematics: 11-16. London:John Murray,1981:102-119.

［61］ 张奠宙.数学教育学导论[M].北京:高等教育出版社,2003:198-199.

［62］ 冯德雄,章明富.数学"符号语言"教学的层次性[J].数学通报,1999(3):12-14.

［63］ 中华人民共和国教育部.义务教育数学课程标准:2022年版[M].北京:北京师范大学出版社,2022.

［64］ 周颖娴.初一学生从算术思维过渡到代数思维中的困难分析[D].苏州:苏州大学,2009:36-37.

［65］ 喻平.教学中的常量与变量[J].教育研究与评论(中学教育教学),2020(11):1.

［66］ 周颖娴.初一学生从算术思维过渡到代数思维中的困难分析[D].苏州:苏州大学,2009.

［67］ 陆书环.数学教学论[M].北京:科学出版社,2004.

［68］ 兰小银,朱文芳.数学建模进入中学课程的意义与价值[J].数学教育学报,2023,32(3):8-12.

［69］ 王伟君.基于信息技术的高中数学高效课堂的教学策略分析[J].考试周刊,2021(18):67-68.